루터 그랜드 투어:

독일 종교개혁과 통일

드림북

루터 그랜드 투어
독일 종교개혁과 통일

발행일 · 2020.09.11

저자 · 공제하 | 김명희 | 박기철 | 박정훈 |
신영광 | 신영찬 | 용헌경 | 한채영
펴낸이 · 민상기
편집장 · 이숙희
디자인 · 민다슬
펴낸곳 · 도서출판 드림북

가격 · 22,000원

루터 그랜드 투어:

독일 종교개혁과 통일

공제하 · 김명희 · 박기철 · 박정훈
신영광 · 신영찬 · 용헌경 · 한채영 함께 씀

영은교회 영은문화아카데미 엮음

드림북

목 차

2부 독일의 통일 그리고 한반도에도

추천사

독일의 종교개혁가 마르틴 루터는 세계 역사의 흐름을 바꾼 주요 인물 중 한 사람입니다. 1517년 10월 31일, 그가 비텐베르크 성당에 내건 95개 조 반박문은 당시 유럽의 정신과 다름없었던 가톨릭에 대한 정면 도전이었습니다. 구원을 면죄부와 맞바꿀 정도로 세속화된 교회를 향해 젊은 수도사는 뼈아픈 자성의 목소리로 외쳤습니다. 오직 믿음의 본질을 회복하겠다는 신념에서 비롯된 용기 있는 행동이었습니다. 그의 개혁은 부패한 신앙으로 빛과 소금의 역할을 상실한 당대 종교계뿐 아니라 구습에 얽매여 진리를 분별하지 못하던 많은 사람을 일깨우는 사이렌이 되었습니다. 루터가 세계사에서 자주 회자 되는 이유가 여기 있는 것 같습니다. 지극히 당연하다고 여겨 온 무언가가 잘못된 관습이라면, 담대하게 아니라고 말하고, 돌이켜 행동할 수 있어야 함을 전 생애를 통해 보여준 것입니다.

그런 점에서 루터가 활동했던 종교 개혁지는 초대교회 지역을 돌아보는 고전적인 성지순례 못지않게 많은 사람이 주목해 왔습니다. 특히 지난 2017년에는 종교개혁 500주년을 기념하여 전 세계에서 수많은 기독교인의 발길이 이어지기도 했습니다. 그런데, 루터의 종교 개혁지를 방문하고자 해도 구체적이고 실제적인 정보가 집약된 자료를 찾기가 어려웠습니다. 루터의 발자취가 머문 여러 도시를 한 번에 돌아볼 수 있도록 일목요연하게 정리해 놓은 자료가 없다 보니, 여행자마다 인터넷으로 각 도시의 지리와 역사를 일일이 검색하고, 개별적으로 코스를 개발해야 하는 번거로움이 있었습니다.

낯선 여행지에서 눈과 귀로 보고 듣고, 몸과 마음으로 느낀 모든 것들을 언어로 바꾸어 알리는 일은 쉽지 않습니다. 가볍게 여행담을 들려주는 수준을 넘어서 정확하고 세세한 정보와 보편적으로 느낄 수 있는 정서까지 담아내야 하기 때문입니다. 그러나 이 작업을 통해 독자들은 아직 가 보지 않은 세상을 상상으로 먼저 경험해 볼 수 있고, 현지에서는 친절한 가이드와 동행하는 것처럼 안심하고 여행할 수 있습니다.

이 책이 나오기까지 많은 분의 경험과 성찰과 지혜가 모아졌습니다. 이들의 수고가 종교개혁가 루터의 흔적을 따라 순례의 길을 떠나는 신앙인들에게는 물론, 일상에 매몰되어 인생의 참된 가치를 돌아볼 기회가 없었던 독자들에게도 귀한 선물이 되기를 바랍니다.

여러분의 루터 그랜드 투어 순례길과 삶의 여정에 하나님의 특별한 인도 하심이 늘 함께 하시길 기도드립니다.

2020.6.20

영은교회 담임목사

이승구

머리말 1

루터에게서 배우다

루터(크라나흐, 1528)

영국 출신의 교회사가 롤런드 베인턴(Roland Herbert Bainton, 1894-1984)은 영국인 중 루터의 지식 범위와 다양성을 따라갈 사람이 아무도 없다고 극찬한다. 영국의 성경 번역은 틴데일이 했고, 기도서는 크랜머가, 요리 문답은 웨스트민스터 신학자들이 만들었다. 설교 스타일은 래티머에게서 유래했고, 찬송가는 와츠에게서 나왔다. 이 모든 사람은 서로 다른 시대를 살았다. 그런데 루터는 다섯 사람 이상의 일을 혼자서 해냈다는 것이다. 이뿐 아니라 어휘의 풍부함과 화려함, 그리고 세련된 스타일에 있어서도 루터와 견줄 사람은 세익스피어 밖에 없다고 호평한다.

베인턴은 루터의 이런 위대함은 독일에서도 마찬가지라고 말한다. 루터의 여러 능력 가운데 한 가지 능력만 놓고 봐도 독일인 가운데 루터만한 이가 없다는 것이다. 어느 독일 역사가는 "300년 동안 실제로 루터를 이해한 사람이 딱 한 명 있는데 바로 요한 세바스티안 바흐"라고 칭송한다. 베인턴은 하나님과 씨름한 사람으로 루터에 비길 만한 사람은, 유대인 바울, 로마 사람 아우구스티누스, 프랑스 사람 파스칼, 덴마크 사람 키에르케고르, 스페인 사람 우나무노, 러시아 사람 도스토예프스키, 영국 사람 번연, 그리고 미국 사람 에드워즈 정도라고 평한다.

루터 그랜드 투어 출범

2017년 종교개혁 500주년 기념의 해를 맞아 세계교회는 1517년 10월 31일, 루터의 「95개 조 반박문」으로부터 시작된 종교개혁을 재조명하기 시작했다. 본질로부터 멀어진 교회를 바로 세우고자 '원천 회귀'(ad fontes)를 외쳤던 루터에게 '개혁 정신'을 배우길 원했다. 500년 전 루터의 외침은 단순했다. 참된 교회가 되는 길은 '오직 성경'을 따를 때만 가능하다는 것이었다. 루터는 어려서부터 씨름했던 죄의 문제도 성경(롬1:17)을 통해 단박에 해결했다. 복음의 본질에서 멀어진 교회를 보며 고뇌했을 때도 루터는 성경 속에서 답을 찾았다. 루터에게는 성경이 신앙과 교회의 기준이었다. 성경이 성경을 말한 것 외에는 어떤 인간적 해석도 거부했다. 루터의 소박한 성경 사랑은 마침내 교회의 역사를 바꿔놓았고, 사회와 세상을 개혁시켰다. 이 위대한 루터와 그의 개혁의 정신을 배우기 위해 영은교회 청년부 '루터 그랜드 투어' 팀이 출범했다.

2019년 1월에 영은교회 청년부 소속 영은문화아카데미 주관으로 루터 그랜드 투어 팀이 꾸려졌다. 담당 교역자 박정훈 전도사를 중심으로 김명희(팀장), 박기철(총무), 용헌경(회계), 공제하(서기), 신영광(사진), 신영찬(사진), 한채영(기록), 이렇게 8명이 함께 했다. 우리는 루터팀과 통일팀, 사진팀으로 나누어 6개월 동안 격주로 모임을 가지면서 여행을 준비했다. 2019년 7월 22일~8월 10일, 18박 19일 동안 17개 도시를 순례하는 일정이었다. 우리가 탐방하는 도시 중에는 독일의 통일에 있어서 중심이 된 도시도 있었다. 우리는 종교개혁뿐 아니라, 한반도의 통일을 기원하며 독일의 통일 길도 따라가 보기로 했다. 독일은 대한민국의 교회가 알고 싶어 하는 종교개혁과 통일의 이야기를 다 품고 있는 나라였다.

감동의 여정

17개 도시 중에는 인구 350만의 수도 베를린처럼 큰 도시가 있는가 하면, 3,000명이 사는 작은 도시 만스펠트도 있었다. 그런데 이 크고 작은 도시들은 각각 소중한 자기만의 역사가 있었다. 25,000명의 주민이 거주하는 소도시 아이슬레벤에서 받은 감동은 아직도 잊지 못한다. 시청 앞 광장에서 "시청이 어딨어요?"라고 물었던 기억이 난다. 너무 작은 도시라서 우리가 서 있던 자리에 시청과 호텔, 루터 사가(死家) 박물관, 루터의 마지막 설교 장소인 성 안드레아스 교회, 맛있는 아이스크림 집이 다 있었다. 독일 여행의 맛은 각각의 도시가 품고 있는 진솔한 역사 현장을 만나는 것이다. 가는 곳마다 만나는 루터의 흔적은 경이롭기만 했다. 우리는 시간의 제약으로 17개 도시밖에는 방문하지 못했다. 하지만 루터의 족적은 전 독일에 남아 있었다. 독일통일 도시로 분류한 6개 도시(토르가우, 베를린, 에어푸르트, 라이프치히, 드레스덴, 슈파이어)에서도 루터를 만날 수 있었다. 독일통일의 대표도시 베를린에서 루터교회 '베를린 돔'이 우리에게 준 감동은 잊지 못한다. 베를린은 가는 곳마다, 분단의 아픔과 통일의 흔적들이 남아 있었다. 역사 문화의 도시 바이마르에서 보았던 유대인 학살 현장은 충격적이었다. 독일인들은 부끄럽고 수치스러웠던 그들의 역사 현장을 민낯 그대로 보여주었다.

우리의 여행에서 빼놓을 수 없는 백미는 수도원 방문이었다. 보름스에서 자동차로 3시간 달리다 보면 독일 남서쪽 작은 마을 슈반베르크가 나타난다. 우리는 그곳에 있는 루터교 여성수도원(Communität Casteller Ring)을 방문했다. 성 베네딕토 수도자의 영성을 기반으로 하는 이 수도회는 바이에른주 개신교 루터교회 소속이며, 루터가 속해 있던 에어푸르트의 아우구스티누스 은자 수도원과도 관련이 있었다. 현재 30여 명의 수녀가 공동체 생활을 하는 그곳에서 우리는 2박 3일간 머물며 수도원 체험을 했다. 루터가 강조한 말씀에 기초한 묵상기도와 매일 네 차례 드리는 수도원 예배, 그리고 침묵 식사는 고요한 가운데 나를 돌아보는 소중한 시간이었다.

에스터 수녀님은 우리에게 카스텔러링 수도회의 탄생의 비밀을 들려주었다. 수도원이 만들어진 것은 제2차 세계대전 중 서너 명이 지하에 모여 기도한 것이 계기가 되었다. 기도자의 수는 점점 늘어났고, 이들은 전쟁이 끝나자 수도회를 결성했다. 독일이 다른 유럽국가보다 개신교 수도원이 많은 이유가 전쟁 때문이었다. 나라와 국민이 전쟁으로 죽어가고 폐허가 되자 사람들은 하나둘씩 지하에 모여 기도하기 시작했다. 이 지하 기도 모임들은 전쟁 후 지상에서 기도하는 수도회가 됐다. 수녀님의 말을 듣고 나니 한때 신성로마제국이었던 독일에서 루터가 나온 것은 우연이 아닌듯했다. 독일인들의 삶 속에 깊숙이

자리하고 있는 신앙의 뿌리를 엿볼 수 있었다.

팀원 중 막내 한채영이 수녀님의 요청으로 한국을 대표해 찬양을 불렀다. 제2차 세계대전 당시 독일교회 본회퍼 목사가 감옥에서 작사한 '선한 능력으로'(Von guten Mächten)를 독일어로 낭랑히 불렀다. 그러자 이곳저곳에서 후렴구를 따라 부르는 소리가 들렸다. 함께 한 수도원 독일 방문자들이 입술을 모아 부르는 찬양의 소리였다. 모두가 감동에 젖어 눈물을 삼키며 부르던 그 장면을 아직도 잊지 못한다. 수도원 역사상 최초의 아시아 방문객이 된 우리 일행은 찬양 후 모두에게 감사의 인사를 받느라 정신이 없었다. 루터가 맺어준 만남이었다.

여행 일정을 마치고 프랑크푸르트를 떠나던 날, 우리는 아쉬운 마음을 간직한 채 인천행 비행기에 몸을 실었다. 18일 동안 9인승 벤츠를 타고 다니며 함께 웃고 울던 감동의 순간들이 필름처럼 지나갔다. 대한민국의 청년이라면 한 번쯤 경험해보면 좋은 여행이었다. 특히 개신교 교인이라면 개신교의 탄생과 의미를 배울 수 있는 소중한 교회 역사 탐방이었다. 더욱이 독일의 통일도시를 둘러보는 여정은 한반도의 통일을 생각하게 하는 의미 있는 시간이었다. 우리는 루터의 종교개혁과 통일 이야기를 한 권의 책으로 묶어 남기기로 했다. 우리의 소중한 경험을 한국교회의 비전 동역자들과 공유하고 싶었다.

책을 펴내며

우리 책은 크게 2부로 구성된다. 1부 '루터 그랜드 투어'에서는 독일의 14개 루터 도시를 소개했다. 특히 기존에 알려지지 않았거나 잘못 알려진 루터의 역사 현장 이야기를 가감하며 바로 잡았다. 독일 자료를 통해 기존 정보를 보완, 수정했으며, 루터의 발자취를 따라 연대순으로 도시 글을 배치했다. 한 도시마다 꼭 둘러봐야 할 루터의 역사 현장을 소개했고, 필요에 따라 종교개혁과 루터 신학의 핵심을 설명했다. 투어에서 중요한 것은, 건물이나 그림이 아니다. 그 너머의 의미다. 따라서 의미가 필요한 곳에서는 지면을 할애해 설명했다. 그밖에 간단한 도시 정보와 도시마다 가볼만한 명소 한 두 곳을 소개했다. 루터 이야기는 김명희가 썼지만, 박정훈과 한채영 팀원의 자료 조사와 초고가 크게 도움이 됐다. 2부 '독일의 통일 그리고 한반도에도'에서는 6개의 통일도시를 소개했다. 용헌경(예명 용혜경), 공제하 팀원이 그들이 보고 느낀 통일현장의 이야기들을 풀어냈다. 그리고 한반도에도 통일이 되길 바라는 마음으로 우리의 통일 이야기를 담아냈다. 1부와 2부의 사진들은 신영광, 신영찬 두 형제가 수고해 주었다. 18일 동안 우리의 여행이 성공할 수 있었던 것은 백방으로 애써줬던 박기철 총무의 빛난 가이드 덕이다. 그의 수고로 독일의 골목 골목을 누비며 맘껏 둘러볼 수 있었다. 루터 그랜드 투어, 이 한 권의 책은 여덟 명의 혼이 담긴 비전 투어의 결과물이다.

이 책이 나올 수 있도록 기도와 물심양면으로 지원을 아끼지 않은 영은교회와 영은교회 청년부에 진심으로 감사의 마음을 전한다. 특히 루터 그랜드 투어를 만들어 주신 고(故) 고일호 담임 목사님(1961. 10. 8.~2019. 5. 1.)과 이 책이 출판될 수 있도록 응원해 주신 이승구 담임 목사님에게 진심으로 감사드린다. 또한, 기도와 격려로 후원해 주신 청년부 담당 박대원 목사님과 투어와 책 출판까지 필요한 모든 것을 아낌없이 공급해 주신 청년부 부장 김병대 장로님에게도 깊은 감사를 드린다. '루터 그랜드 투어' 준비에서부터 책 출판까지 함께 지켜보며 기도와 도움을 아끼지 않았던 영은문화아카데미 부장 조창연 안수집사님과 신영진 총무, 아카데미 동역자 모두에게 고마운 마음을 전한다. 루터 그랜드 투어와 책이 나오기까지 모든 일을 놀랍고 신묘하게 인도해 주신 여호와이레 하나님께 감사드리며, 함께 한 투어 동역자들과 사랑의 마음을 나눈다. 청년들의 책 출판을 흔쾌히 수락해 주신 드림북 민상기 대표님에게도 진심으로 감사를 표한다.

바라기는 이 책이 한국교회와 한반도 통일의 미래를 밝힐 비전 일꾼들에게 좋은 길잡이가 되었으면 한다. 1517년, 루터는 교회의 개혁을 선언했다. 그로부터 500년이 지난 지금도 그의 개혁은 여전히 유효하다. 한국교회의 다음 세대들에게 이 한 권의 책이 루터의 종교개혁에 도전하는 마중물이 되길 소망한다. 개혁교회의 개혁은 멈춰선 안 된다!

2020년 5월 25일
영은교회 비전센터에서

김 명 희
루터 그랜드 투어 팀장

 머리말 2

루터를 만나자

1517년 10월 31일은 독일에서 마르틴 루터(Martin Luther, 1483-1546)가 비텐베르크 성채 교회 문에 로마 가톨릭 교황의 면죄부 판매에 항의하며 「95개 조 반박문」을 붙인 날이다. 이날은 종교개혁의 시작일이 되었고, 개신교 탄생의 출발점이 되었다. 로마 교황청 내 성 베드로 대성당 신축을 위해 발행된 면죄부는 자기 죄를 사해 줄 뿐 아니라, 이미 죽은 사람을 위한 죄까지도 사해준다는 소위 '천국행 티켓'이었다. 교회의 성직자들은 돈으로 살 수 있는 면죄부로 회개 없이도 영혼이 구제받을 수 있다고 설교했다. 루터의 95개 조 반박문이 발표될 무렵 면죄부는 엄청나게 판매되었다. 은총과 믿음이 아닌 돈(면죄부)과 행위로 구원받을 수 있다는 당시 로마 가톨릭교회의 주장은 아우구스티누스 수도원의 젊은 사제였던 루터에게는 성경의 본질에서 벗어난 '불의'(不義)한 것이었다. 루터는 교황의 면죄부는 어떠한 죄도 사할 수 없다고 주장했다. 마침내 그는 면죄부를 반박하는 95개 논제를 작성해 발표하게 되었고, 이것은 종교개혁의 도화선이 되었다.

오직 믿음! 오직 은총!

어느 날 루터는 로마서 1장 16~17절을 읽으며 놀라운 발견을 하였다. 그것은 죄를 사해준다는 면죄부나 인간의 선한 행위가 아닌 '오직 믿음', '오직 은총'으로만 구원을 받는다는 사실이었다. 즉 하나님께서 베푸신 '은혜'를 '믿음'으로 받아들일 때 '의롭게' 되어 구원에 이른다는 선포였다.

> "나는 복음을 부끄러워하지 않습니다. 이 복음은 유대 사람을 비롯하여 그리스 사람에게 이르기까지, 모든 믿는 사람을 구원하는 하나님의 능력입니다. 하나님의 의가 복음 속에 나타납니다. 이 일은 오로지 믿음에 근거하여 일어납니다. 이것은 성경에 기록한바 '의인은 믿음으로 살 것이다' 한 것과 같습니다."(새번역, 롬 1:16~17)

루터를 더욱 감동시킨 것은 "하나님의 의가 복음 속에 나타납니다. 이 일은 오로지 믿음에 근거하여 일어납니다."란 선포였다. 예수 그리스도의 복음을 믿는 것 이외에는 구원의 길이 없다는 것이다. 복음 안에 인간을 구원하려는 하나님의 의(義)가 나타나기 때문이다. 루터는 그리스도 외에 교회가 내세우는 성인 공경이나 성물숭배를 철저히 배격했다. 그는 '믿음에 의한 칭의', 혹은 '믿음을 통한 은총에 의한 칭의'야 말로 구원의 핵심이라고 믿었다. 죄를 지은 인간은 면죄부나 행위가 아닌, 오직 믿음과 은총에 의해서만 의롭게 되어 구원에 이를 수 있다는 것이다. 루터의 종교개혁은 '오직 믿음'(Sola Fide), '오직 은총'(Sola Gratia), '오직 성경'(Sola Scriptura)이란 표어 아래 추진되었다.

오직 성경!

루터는 종교개혁의 본질을 '성경' 속에서 발견하였다. 그리고 그의 성서관은 철저히 그리스도 중심적이었다. "성경의 말씀 속에서 여러분은 그리스도가 놓어있는 강보를 발견할 것입니다. 그 강보의 천은 단순하고 작으나 그 안에 누워 있는 보물인 그리스도는 귀합니다." 루터에게 성경은 그리스도인들을 신앙의 삶으로 인도하는 매일의 안내서이자, 예수 그리스도 안에서 하나님 자신에 대한 완전한 계시의 증언이었다. 루터는 하나님은 오직 성경을 통해서만 인간의 구원을 말씀하신다고 믿었다. 이 때문에 성경은 교회의 사제들만의 전유물이 아닌, 모두가 읽을 수 있는 하나님 말씀이 되어야 했다. 그는 '하나님 앞에' 서 있는 누구나 성경을 통해 말씀하시는 하나님을 만날 수 있다고 확신했다. 그래서 루터는 비록 로마 가톨릭교회의 이단자가 되어 쫓기는 몸이었지만, 바르트부르크의 다락방에 숨어 신약성경을 독일어로 번역하기 시작했다. 그는 라틴어를 못 읽는 일반 교인들을 위해 그들의 언어인 독일어로 성경을 번역했다. 그의 피와 땀으로 번역된 독일어 성경은 모든 이가 직접 하나님을 만날 수 있는 통로가 되었다. 이후 각국의 언어로 성경이 번역되었다. 우리가 읽는 한국어 성경도 루터의 번역에서 출발한 것이다.

다시 복음으로

루터 종교개혁의 핵심은 '말씀(복음)'이다. 복음의 본질에서 멀어진 가톨릭교회를 향해 다시 복음으로 돌아갈 것을 요구한 것이 루터의 95개 논제다. 예수 그리스도가 전한 복음 안에만 구원의 열쇠가 들어있다는 것이다. 그 열쇠는 면죄부도, 인간의 선한 행위도, 성인과 성물숭배도 아닌, 오직 복음 속에 나타난 의(義)를 믿는 것이다. 은총으로 주어진 하나님의 의를 믿는 믿음, 그것 외에는 인간을 구원할 수 있는 것이 아무것도 없다는 게 루터의 고백이다.

1517년 '다시 복음으로'를 주장하며 일어난 종교개혁, 500여 년 전 루터가 발표한 논제가 우리에게도 필요한 것은 아닌가 되짚어 본다. 95개 이상의 것들이 한국의 교회와 성도들을 복음에서 멀어지게 하는 것은 아닌가? 그렇다면 루터를 만나자!

김명희

 머리말 3

멀지만 가까운 나라 독일

도이칠란트 연방공화국(Bundesrepublik Deutschland)이라고 불리기도 하는 독일은 미국, 중국, 일본에 이어 세계 4위의 경제 대국이다. 독일은 유럽 최고의 경제 대국으로 프랑스와 함께 현 유럽연합 체계를 이끄는 국가다. 대한민국의 3.5배의 면적(3,575만 8천ha, 세계 62위)에서 약 8,400만 명(세계 19위)이 살고 있다. 1990년 10월 3일 동·서 분단을 종식하고 재통일을 이룬 독일은 연방제와 의원내각제를 채택한 공화국으로 16개 주로 이루어져 있으며, 수도는 독일 내 최대 도시인 베를린이다. 3개 국가(독일, 오스트리아, 리히텐슈타인)가 독일어를 단독 공용어로 채택하고 있으며, 7개 국가(스위스, 벨기에, 룩셈부르크, 이탈리아(남티롤), 폴란드, 슬로바키아, 브라질)가 공동 공용어로 독일어를 사용하고 있다.

만 5살부터 진로 선택에 따라 10년~13년간 의무 교육을 하는 독일은 대학(공립대학)까지 무상으로(주마다 약간의 차이가 있을 수 있음) 다닐 수 있는 공부하기 좋은 나라다. 또한, 기술의 나라 독일의 상징인 한 분야의 기술에 정통한 마이스터(Meister)는 국가적, 사회적으로 박사(Doktor)급의 대우를 받는다.

우리가 알고 있는 독일의 국기(검정, 빨강, 노랑)는 통일, 정의 그리고 자유를 의미한다. 찬송가 '시온성과 같은 교회'와 같은 멜로디, 그러나 다른 가사를 가진 요제프 하이든(Joseph Haydn)이 작곡한 독일 국가(독일인의 노래)의 가사(3절)에도 통일, 정의, 자유 이 세 가지 의미가 드러난다.

대한민국과 가장 밀접한 관계를 가지고 있는 국가는 어디일까? 대부분 미국,

중국, 일본이라고 대답할 것이다. 그러나 독일이란 나라도 미, 중, 일 못지않게 우리와 밀접한 관련이 있는 국가라고 할 수 있다. 벨기에의 프란치스코회 기욤 드 뤼브룩(Guillaume de Rubrouck, 1220?~1293?) 신부는 그의 여행기에서 우리나라를 최초로 언급하였다(Calue: 고려, 13세기 중엽). 이를 시작으로 우리나라의 존재가 서양 세계에 알려지게 됐다. 이후 소현세자와 요한 아담 샬(Johann Adam Schall) 신부와의 친교(1644)로 독일과의 초기 직접 접촉이 일어났고, 예수회 신부 마태오 리치의 『천주실의』 서적을 통해 우리나라 사람들이 서양의 존재를 알 수 있게 되었다. 그 외에도 많은 선교사, 사업가 등을 통해 직·간접적인 독일과의 접촉이 있었다.

한국기독교 역사와 관련해서는 독일 루터교 목사 칼 귀츨라프(Karl Friedrich August Gützlaff, 1803~1851)가 있다. 그는 우리나라에 최초로 들어온 개신교 선교사로서 1866년에 순교한 토마스 선교사보다 34년, 1884년에 인천항을 통해 입국한 의료선교사 알렌보다 52년, 1885년 입국한 미국 선교사인 언더우드와 아펜젤러보다 53년이나 앞서 조선에 들어왔다. 귀츨라프는 1831년 배를 타고 중국의 북해안을 순항하다가 폭풍우를 만나 우연히 충청남도 홍주와 고대도에 입항했다. 뜻하지 않게 조선의 땅을 밟은 그는 성경에 나오는 주기도문을 한글로 번역해 조선의 백성들에게 알려주었고, 가는 곳마다 조선인들이 읽을 수 있는 한문으로 된 성경이나 한문 전도 서적을 나눠 주기도 하였다. 귀츨라프는 순조 대왕에게도 한문 성경인 신천성서(神天聖書)를 전했다. 당시 곤궁한 조선인들에게는 서양 감자를 심고 재배하는 법을 가르쳐 주었고, 야생 포도로 음료를 만드는 법도 전수해 주었다. 한국개신교와 맺은 독일과의 인연은 이렇게 시작됐다.

그밖에 지볼트의 『일본』, 헨드릭 하멜의 『하멜 표류기』, 귀츨라프의 『중국연안항해일지』 등 여러 서적을 통해 서양 및 독일과의 초기 접촉이 꽤 이루어졌음을 확인할 수 있다. 1883년 조독수호통상조약이 체결되고 이듬해 비준 교환이 이루어지게 되는데, 이때부터 우리나라(조선)와 독일과의 공식적인 외교관계가 개통됐다.

한국인들에게 독일이란 나라는 베엠베(BMW), 벤츠(Mercedes Benz), 아우디(Audi), 보쉬(Bosch)와 같은 굵직한 기업과 맥주, 소세지, 하리보(Haribo), 킨더(Kinder) 초콜릿과 같은 음식이 있는 국가로 생각될지 모른다. 그러나 사실상 수십, 수백 년 전부터 외교, 무역, 선교 심지어 정치 분야까지 상호 영향을 미쳤다. 결코, 대한민국은 독일과 멀지 않다고 할 수 있다. 세계에 있는 다양한 국가 중에 우리나라와 거의 최초로 소통을 한 국가가 독일인 것이다.

분단, 이념 갈등, 통일, 라인강의 기적 등 독일은 대한민국과 닮은 점이 많은 나라다. 수많은 전쟁을 겪었고 분단을 겪었다. 또한, 비약적인 경제발전을 이뤘다. 대한민국 대통령들이 임기 내에 항상 독일을 방문하여 선언문을 발표하는 것이 이를 반증한다. 통일, 교육, 정치, 종교를 비롯한 다양한 분야에서 상호 간의 큰 도움이 될 수 있는 대한민국과 독일의 관계는 앞으로 더욱 중요해질 것이다.

김한욱

마르틴 루터(Martin Luther, 1483.11.10 ~ 1546.2.18)

1부

루터 그랜드 투어

1

루터의 도시 아이슬레벤

여행정보

아이슬레벤 & 만스펠트 여행 정보센터
(Tourist-Information Lutherstadt Eisleben & Mansfeld)

- **주소** : Markt 22, 06295 Lutherstadt Eisleben
- Tel. +49 (0) 3475 602124
- **개방시간** : 월 10:00-17:00, 화 10:00-18:00, 수-금 10:00-17:00
  3월 1일부터, 토요일 10:00-14:00
  4월~11월 12일, 일요일과 공휴일 10:00-14:00

루터 생가, 루터 사가 박물관, 만스펠트 루터박물관(루터 부모 집) 패키지 할인이 있다. 각각 구매 시 5유로씩이지만, 두 곳을 이용하면 처음 이용하는 곳에서 8유로에, 세 곳 모두 이용하려면 10유로에 구매 가능하다. 패키지 티켓은 2일 동안 사용 가능하므로 방문 시 패키지로 구입하는 것이 유리하다.

도시정보

루터 생가

독일 중동부 작센-안할트 주에 있는 '루터의 도시' 아이슬레벤(Lutherstadt Eisleben)은 하르츠산맥과 엘베강 사이에 있으며, 14세기에 광부들을 위해 만들어졌다. 15~16세기에 아이슬레벤은 특히 구리편암 채굴과 제련 사업이 활발했으며, 황제 직속의 만스펠트 백작령의 중요한 신도시였다. 이 번영기에 아이슬레벤에는 광부 주택 단지와 성 안나 교회, 교회 부속 수도원인 아우구스티누스 은자 수도회가 만들어졌다. 훗날 마르틴 루터는 아우구스티누스 수도회의 구역 담당 보좌신부로 여러 차례 이곳에서 체류하기도 했다.

루터가 태어나기 몇 주 전 그의 부모는 고향인 뫼라(Möhra)를 떠나 채광촌 신도시 아이슬레벤으로 이사했다. 법률상 유산 상속자가 될 수 없었던 아버지 한스 루더는 가족과 함께 구리 생산의 중심지인 아이슬레벤에서 새로운 삶을 시작했다. 그러나 일 년도 채 지나지 않은 1484년 초여름, 루더는 가족을 데리고 다시 만스펠트로 이사했다. 아이슬레벤은 루터가 태어난 곳이자 운명한 곳이다. 루터의 생가(生家)와 사가(死家)는 1996년 유네스코 세계문화유산에 등재되었다. 아이슬레벤은 인구 약 25,000명의 작은 도시지만, '루터의 도시'로 유서 깊은 곳이다.

루터 생가
Martin Luthers Geburtshaus

루터 생가 입구 오른쪽에 루터 동상이 있다.

성 베드로-바울교회(St.-Petri-Pauli-Kirche)에서 조금 떨어진 곳에 루터 생가가 있다. 여기서 루터의 어머니 마르가레테 루더(Margarete Luder)는 1483년 11월 10일 아들 루터를 낳았다. 2층으로 된 생가는 고딕 양식으로 지어졌다. 이 생가 어느 방에서 루터가 태어났는지는 확실치 않다. 루터는 태어난 지 하루 지난 1483년 11월 11일 성 베드로-바울교회에서 세례를 받았다. 그날은 성인 마르틴의 날이라 그의 이름을 따서 '마르틴'이라고 불렀다. 성 마르틴(316-397)은 프랑스 뚜르의 주교였다. 마르틴 주교는 추위에 떨던 걸인에게 외투를 벗어주는 자비의 사제였고, 로마가 자신을 군인으로 징집하자 신앙에 어긋난다며 징집을 거부한 최초의 양심적 병역거부자였다. 선행의 실천자이자 정의로운 신앙의 삶을 살았던 성 마르틴처럼, 마르틴 루터도 행동하는 신앙인이었고 의로운 길을 걸었던 종교개혁자였다.

루터 생가: 오른쪽 건물이 루터 생가이며, 뒤쪽에 생가 박물관을 만들어 놓았다.

원래 루터 아버지의 성은 루더(Luder)였는데, 훗날 마르틴은 아버지의 성 '루더' 대신 '루터'(Luther)로 개명해 사용하였다. 루더는 '사냥꾼'(Jäger)의 뜻을 가진 고대 독일어다. 루터의 새로운 성 '루터'(Luther)는 '자유인'이라는 뜻을 가진 헬라어 'ελευτερos'(eleutheros)에서 앞뒤 철자를 빼고 가운데 것만 취한 것이다. 여기에는 두 가지 설이 있다. 1512년 설과 1517년 설이다. 1517년은 면죄부를 반박하는 95개 논제를 게시했던 해로 보통 종교개혁의 원년으로 삼는 시기다. 그러다 보니 종교개혁의 극적 연출을 위해 루터가 로마 교황청으로부터 '자유하게 된 기념'으로 성을 바꾸었다는 주장이다.

다른 하나는 1512년 설이다. 루터의 원래 성은 '사냥꾼'의 뜻을 가진 루더(Luder)다. 루터 당시만 해도 아직 독일어 철자법이 자리 잡힌 시기가 아니었기 때문에 발음과 필기는 여러 용법이 가능했다. Lüder, Luder, Loder, Ludher, Lotter,

Lutter, Lauther로도 통용되었다. 루터 역시 여러 종류의 철자법을 사용했는데, 비텐베르크 대학에서 1512년 신학 박사 학위를 받게 된 이후로 'Luther'라는 고정된 형태의 철자법을 사용하게 되었다. 루터는 신학 공부를 하는 동안 신약성서를 통해 '복음의 자유'를 체험했기에 평생 자기가 신학 박사가 된 것을 자랑하며 살았다. '사냥꾼'의 인생에서 '자유자'로 거듭나게 한 성서의 복음이 루터의 이름을 바꾸게 한 결정적인 이유가 되었다는 것이다.

루터 생가
(Martin Luthers Geburtshaus)

주 소 Luthersstraße 15, 06295 Lutherstadt Eisleben

연 락 처 Tel. 03475-7147814

개방시간 4월 ~ 10월 10:00-18:00
11월 ~ 3월 10:00-17:00
(월요일 휴무)

입 장 료 5유로

루터 사가 박물관
Luthers Sterbehaus Museum

루터 사가 박물관
(루터의 사가로 알려졌으나 사가가 아니다.)

루터는 그가 태어난 아이슬레벤을 떠나 줄곧 타 도시에서 살았지만, 아이슬레벤을 종종 여행하곤 하였다. 어릴 때부터 몸이 약했던 그는 평생 질병 속에 살아야 했다. 삶의 마지막 시기에 두통, 이명, 요도 결석, 협심증 같은 여러 육체적 고통과 심하게 싸웠다. 1542년 죽음이 임박했다는 생각에 루터는 유언장을 작성했다. 같은 해 루터는 사랑하는 딸 막달레나의 죽음으로 더욱더 고통 속에 살아야 했다. 1546년 1월 28일 루터는 비텐베르크를 떠나 병든 몸으로 고향 아이슬레벤을 찾았다. 만스펠트 백작 가문의 재산분쟁을 중재하기 위해서였다. 그는 쉽지 않은 분쟁이었지만 조정에 성공했다. 2월 16일 첫 번째 협약을 성사시키고, 2월 17일 두 번째 협약을 앞두었을 때 병세가 깊어져 참여하지 못했다. 그날 밤 10시경, 루터는 잠자리에 들었고 종종 죽어가는 사람들을 위해 읽어 주었던 본문인 시편 31편 6절 말씀으로 기도했다. “썩어 없어질 우상을 믿고 사는 사람들을 주님께서는 미워하시니, 나는 오직 주님만 의지합니다.” 루터는 그날 밤 새벽 한 시경에 심각한 가슴 통증으로 잠에서 깼다. 루터 곁에는 두 명의 백작과 그들의 부인

실제로 루터가 죽은 집터에 세워진 그라프 폰 만스펠트 호텔
시청 앞 광장 좌측에 있다.

침상에서 루터 죽음
(루카스 크라나흐 그림)

들, 그리고 루터의 아들 마르틴과 파울이 지키고 있었다. "그것은 차가운 죽음의 땀이었습니다. 내 병이 점점 악화되니 이제 내 영혼을 주님께 맡기려 합니다." 시므온의 말(눅 2:29)과 함께 루터는 병상 곁에 있던 사람들에게 이렇게 말했다. "나는 이제 평안과 기쁨 가운데 떠나려 합니다. 아멘!" 루터는 세 번에 걸쳐서 시편 31편 6절을 되풀이한 후 조용히 눈을 감았다. 아크바비트(생명수)의 도움으로 잠시 소생하자 예수 그리스도를 믿는 믿음 안에서 죽고, 그리스도의 이름으로 고백했던 모든 교리를 여전히 신봉하기를 원하느냐는 질문에 루터는 분

명히 "예"(Ja)라고 대답했다. 잠시 후 새벽 2시 45분에 그는 숨을 거두었다.

성 안드레아스 교회(St. Andreaskirche)에 루터의 유해를 이틀 동안 보관하고 있다가, 2월 20일 시신은 종교개혁 도시 비텐베르크로 이송됐다. 사람들은 작은 종이에 루터가 남긴 마지막 말을 발견했다. "우리는 거지다. 이것은 사실이다(Wir sind Bettler. Das ist wahr)." 그는 1483년 11월 10일에 태어나 1546년 2월 18일, 만 62세로 생을 마감했다. 루터는 평생 병마와 싸워야 했지만 쉼 없이 일했다. 그가 남긴 저술은 바이마르 판(WA) 127(약80,000쪽)권에 집약되어 있다.

현재 루터 사가 박물관 자리는 루터가 죽은 곳이 아니다. 21세기까지 박물관이 루터가 죽은 집이었다고 알려졌다. 그러나 최근 새로운 연구에 따르면, 루터의 사가는 박물관에서 조금 떨어진 곳으로 오늘날 호텔 그라프 폰 만스펠트(Hotel Graf von Mansfeld)가 있는 곳이다. 호텔은 시청 앞 광장, 루터 동상 옆에 있다.

루터 사가 박물관
(Luthers Sterbehaus Museum)

주 소 Andreaskirchplatz 7, 06295 Lutherstadt Eisleben

연 락 처 Tel. 03475-7147840

개방시간 4월~10월 10:00-18:00
11월~3월 10:00-17:00
(월요일 휴무)

입 장 료 5유로

그라프 폰 만스펠트 호텔
(Hotel Graf von Mansfeld)

주 소 Markt 56, 06295 Lutherstadt Eisleben

연 락 처 Tel. 03475-66300

성 베드로-바울교회
St.-Petri-Pauli-Kirche

루터의 세례 반/세례 탕이 있는
성 베드로-바울교회

교회 제단화

성 베드로-바울교회는 루터가 세례받은 교회다. 루터는 1483년 11월 10일에 태어났는데, 그의 부모는 바로 다음 날인 11월 11일에 루터를 교회에 데리고 가 세례를 받게 했다. 중세시대에는 흑사병과 같은 질병으로 태어나자마자 죽는 아기가 많아 출생 다음 날 유아 세례식을 거행했다.

성 베드로-바울교회는 본래 성 베드로 교회였다. 1367년 할버슈테트(Halberstädt)의 가톨릭교회 주교의 불화로 성 바울교회와 함께 뤼트헨-아이슬레벤(Lüttchen-Eisleben) 마을이 사라지게 되었다. 그때 성 바울 교회 신자들이 베드로 교회 지역으로 이전하여 정착하게 되었다. 교회를 잃은 그들은 성 베드로 교회에 와서 예배드렸고, 이를 계기로 성 베드로 교회는 성 베드로-바울교회가 되었다.

15세기에 도시인구가 늘고 광산으로 부유해지면서 교회를 재건축하게 되었다. 그때 54m의 종탑이 세워졌다(1447-1474). 종탑에는 아폴로니아, 베니냐, 안나라는 이름의 세 개의 종이 달려있다. 1513년에는 제단과 본당을 길게 연장하였다. 성 베드로-바울교회는 유네스코 문화유산으로 지정되었으며, 2010~2012년에 후기고딕 양식으로 개보수하였다. 베를린의 건축사무소(AFF)가 교회를 새롭게 단장했고, 2013년에 작센안할트주의 건축상을 받았다.

루터의 세례를 기념하여 교회 개보수 때 예배당 중앙 바닥에 70cm 정도를 파서

제단화 뒤, 키보드 치는 베드로와 바울

예배당 뒤편, 파이프 오르간

'세례 탕'(Taufbrunnen)을 만들었다. 이 세례 탕은 세례 시 침례(물속에 들어가 받는 세례)가 가능하다. 세례 탕 안쪽 둘레에는 마태복음 28장 19절이 새겨져 있다. "그러므로 너희는 가서 모든 민족을 제자로 삼아 아버지와 아들과 성령의 이름으로 세례를 베풀고." 루터의 '만인 사제직'의 의미를 내포하고 있는 성경 구절이다. 세례받은 모든 민족은 누구나 삼위일체 하나님의 제자가 된다는 선언이다. 세례교인이라면 누구든지 하나님과 가까워질 수 있다는 것이다. 높낮이 없이 평평한 바닥으로 지어진 성 베드로-바울교회는 바닥조차 '모든 세례교인은 하나님 앞에서 평등'하다는 사실을 선포하고 있다. 세례 탕 옆에 세워져 있는 신고딕 양식의 세례 반은 루터가 세례받았던 세례 반의 돌 일부로 만들었다.

'세례는 생동하는 물결과 같다'는 믿음에서 교회의 바닥에는 물결 모양의 동심원이 교차 되어 그려져 있다. 세례 탕 주변에는 작은 동심원이, 회중석을 중심으로는 큰 동심원이 있다. 교회 벽에도, 창문에도 온통 동심원 물결이다. 동심원의 어두운 선과 밝은 선, 좁은 물결과 넓은 물결은 교회를 넘어 세계로 향한다. 복음과 세례는 물결처럼 온 세상에 퍼져야 하며, 세례받은 사람은 원처럼 하나로 이어져야 한다는 메시지를 담고 있다. 세례는 모든 족속에게 베풀어야 할 은총의 선물이다. 세례의 물결은 만인이 사제임을 선포하며, 세상으로 널리 멀리 퍼진다. 세례 탕에는 물이 항상 출렁인다. 움직이는 물은 예수가 요단강에서 받은 세례를 떠올리게 한다. 그리고 나의 세례를 회상하게 한다. "나는 세례를 언제 받았지?" "그때 나는 세례를 받으면서 무엇을 했지?" 세례는 모두에게 주어진 구원의 증표이자, 하나님을 만날 수 있는 열쇠다. 우리는 세례를 통해 하나님을 만난다. 루터는 힘들 때마다 자신의 책상에 써 놓은 문구를 읽으며 위로를 얻었다고 한다. "나는 세례를 받았다!(Ich bin getauft!)" 현재 '세례 탕'은 세례의 중요성과 세례에 대한 모든 것을 교육하고 소개하는 '세례센터'로 활용되고 있다.

교회 앞 제단화에는 아기 예수와 어머니 마리아, 안나(마리아 어머니)가 그려져 있다. 종탑 쪽 공간에는 루카스 크라나흐(Lucas Cranach)가 그린 루터와 그의 가족 그림이 있다. 예배당 뒤 2층에 있는 오르겔은 1750년 처음으로 설치되었고, 1929년 빌헬름 륄만(Willhelm Rühlmann)이 다시 제작했다. 성 베드로-바울교회는 11개의 스테인드글라스 창문이 있다. 이 창문들은 귄터 그로스(Günter Grohs)의 작품(2014년)이다. 스테인드글라스는 노란색과 세례의 물을 뜻하는 파란색이 조화되어 예배당 안을 따뜻하게 해준다. 창문 그래픽 빈틈으로 들어오는 빛은 교회 바닥의 동심원들과 대화를 나누고 있다. 교회와 세상과의 대화다.

성 베드로-바울 교회
(St.-Petri-Pauli-Kirche)

주 소 Petrikirchplatz 22, 06295 Lutherstadt Eisleben

개방시간 **4월~11월 11일**
월 - 토 10:00-16:00, 일요일 11:30-16:00

11월 12일~3월
월 - 토 11:00-15:00, 일요일 11:00-13:00

예배시간 일요일 10:00-11:00

성 안드레아스 교회
St. Andreaskirche

루터가 마지막 설교를 한 성 안드레아스 교회

성 안드레아스 교회는 1180년 문서에 처음으로 등장한다. 후기고딕 양식과 르네상스 양식으로 건립된 이 교회는 15세기 말에 새롭게 증축됐다. 성 안드레아스 교회의 종탑 두 개는 1404년에 공사를 시작해 1723년에 완공됐다. 이 종탑은 교회 종으로서뿐 아니라 교회 문을 지키는 역할도 했다. 2011년에 교회 지붕을 개축하면서 지금의 교회 모습을 가지게 됐다.

성 안드레아스 교회는 종교개혁 역사에 있어서 중요한 교회로 아이슬레벤에서 가장 큰 교회이자, 루터가 마지막 설교를 한 곳이다. 1530년대까지는 이 교회에서 오전에는 가톨릭 미사를, 오후에는 개신교 예배를 드렸다. 루터는 당시 가톨릭과 개신교 소속의 만스펠트 백작들과 교회의 정체성에 대해 논의했고, 그 결과 성 안드레아스 교회는 개신교 교회가 되었다. 1509년에 세워진 설교단에서 루터는 네 번에 걸쳐 생의 마지막 설교를 했다(1546년 1월 31일~2월 15일). 훗날 설교단은 '루터설교단'(Lutherkanzel)이라 불리게 되었다. 1546년 2월 14일(혹은 15일), "수고하고 무거운 짐 진 자들아 다 내게로 오라"(마11:28)는 루터의 마지막 설교는 건강 악화로 다 마칠 수 없었다. 이후 루터의 설교 네 편은 책으로 출판되었다. 2011년 이전까지 루터의 출생일(11월 10일), 사망일(2월 18일), 종교개혁일(10월 31일) 그리고 「아우크스부르크 신앙고백서」가 제출된 날(6월 25일), 이렇게 일 년에 네 차례 루터설교단에서 설교를 들을 수 있었으나, 지금은 더 이상 사용되지 않는다

2월 14일 주일, 루터는 목사 안수 임직 예배에서 마지막 성만찬을 집례했다. 이날 임직식은 루터에게 생애 마지막 공식 사역이 되었다. 루터는 안드레아스 크라우제(Andreas Krause)와 에사이아스 팔라(Esaias Valla)에게 목사안수를 하였다. 루터가 죽자 그의 유해는 성 안드레아스 교회에 보관되었고, 이틀 후 비텐베르크로 이송되어 그곳에서 발인예배를 드렸다. 성 안드레아스 교회에는 만스펠트 백작들의 묘비석이 있다.

▲ 루터(좌)와 멜란히톤(우)의 흉상
◀ 루터 설교단

성 안드레아스 교회 내부

성 안드레아스 교회
St. Andreaskirche

주　　소	Andreaskirchplatz, 06295 Lutherstadt Eisleben
연 락 처	Tel. +49 (0) 3475 602229
개방시간	**1월~3월** 월 - 금 11:00 - 13:00, 14:00 - 15:00 일요일 11:30 - 12:30 **4월~11월 11일** 월 - 토 10:00 - 16:00, 일요일 11:30 - 16:00 **11월 12일~12월 31일** 월 - 금 11:00-13:00, 14:00-15:00
예배시간	일요일 10:00 (성 베드로-바울 교회와 교대로 예배)

루터 동상

아이슬레벤 시청사 앞 광장에는 루터 동상이 서 있다. 루터 동상은 1883년 루터 탄생 400주년을 맞아 세웠으며, 루돌프 짐머링(Rudolf Siemering)의 작품이다. 왼손에는 루터가 번역한 독일어 성경이 있고, 오른손에는 루터를 이단으로 규정하며 파문 출교를 경고하는 교황의 파문장이 움켜 져 있다. 동상의 받침돌에는 루터의 생애를 집약한 네 가지 부조가 있다. 정면의 부조는 루터교의 상징인 '루터 장미'가 새겨진 방패로 악마를 무찌르고 승리하는 천사의 모습이다. 종교개혁의 승리다. 뒷면에는 루터가 가족과 함께 류트를 연주하며 찬양하는 모습이 새겨져 있다. 양옆 부조에는 루터가 바르트부르크에서 성경을 번역하는 모습과 1519년 라이프치히에서 로마 가톨릭을 대표하는 저명한 신학자 요한 엑크(Johann Eck)와 논쟁을 벌이는 장면이 있다.

1517년, 루터가 비텐베르크에서 발표한 95개 논제는 로마에 있는 교황과 신학자들의 거센 반발을 불러왔다. 1519년에 교황은 신학자 엑크를 라이프치히에 파견해 연옥 교리, 면죄부 판매, 고해성사, 교황의 권위에 대해 논증하게 했다. 루터는 엑크를 향해 오직 성경만이 신앙의 기초이며, 교황의 권위에 대해서는 성경에서 어떤 언급도 하지 않는다고 반박했다. 그리스도 외에는 아무도 교회의 머리가 될 수 없다고 주장했다. 라이프치히 논쟁을 계기로 루터는 이단자가 되었고, 교황은 그에게 파문장을 보냈다. 이에 굴하지 않고 루터는 종교개혁에 박차를 가했다.

옛 루터 김나지움

'옛 루터 김나지움'(Alte Luther Gymnasium, 옛 루터학교)은 1546년 루터가 사망하기 직전에 직접 세운 라틴어 학교다. 새롭게 단장한 학교 건물은 1996년부터 역사 자료실로 사용되고 있다. '옛 루터 김나지움'은 성 안드레아스 교회 옆길 건너편에 있다.

만인을 위한 교육

루터의 성경 번역으로 세계의 기독교인들이 자국의 언어로 성경을 읽을 수 있게 되었다. 모든 이가 성경을 직접 읽고 해석하고 이해할 수 있어야 한다는 루터의 신념은 '이신칭의'(以信稱義)와 '모든 신자의 만인 사제직'에 근거한다. '오직 믿음으로 의로워 진다'는 루터의 이신칭의 주장은 성직자의 높은 담을 헐어버렸다. 구원은 교회와 교황이 요구하는 행위로써가 아닌, 오직 참된 믿음을 통해서만 주어진다는 것을 루터는 95개 논제와 그의 칭의 신학을 통해 조목조목 밝혔다. 오직 그리스도(Solus Christus)를 믿는 믿음 하나(Sola Fide)로 구원이 성취됨을 강조했다. 믿음은 오직 말씀(Sola Scriptura)을 통해서 주어진다. 그 말씀은 누구에게나 열려있다. 그러므로 사제들만 성경을 읽어선 안 된다. 그리스도를 믿는 사람이면 누구나 성경을 읽고 하나님의 은혜(Sola Gratia)를 체험할 수 있어야 한다. '하나의 세례', '하나의 복음', '하나의 믿음'을 가진 모두가 하나님 앞에서 사제이고, 동등하다.

"사람들은 교황, 감독, 사제, 수도사들을 영적 직분자(성직자)라 칭하고, 영주, 왕, 수공업자, 농부를 세속직에 속한다고 말한다. 그러나 이것은 완전 허구이고 기만이니 그것 때문에 위축될 필요가 없다. 왜냐하면 모든 그리스도인들은 진실로 영적 직분자이기 때문에 그들 사이에는 어떤 차이도 없다."

이것은 루터가 초기 저술 『독일 그리스도인 귀족에게 보내는 글』(1520)에서 밝힌 '만인사제설'에 관한 내용이다. 성도라면 누구나 '사제'라는 것이다. 남자나 여자나, 젊은이나 노인이나, 주인이나 종이나, 모두가 제사장이고, 그들 사이에는 차이가 없다. 루터의 '만인사제설'에 따르면 누구나 성경을 읽고, 이해하고,

실천할 수 있어야 한다. 이러한 성경의 대중화를 위해 학교 교육이 필요했다. 교육은 소수의 귀족이나 성직자의 전유물이 아니다. 루터는 시민들과 여성들, 평신도들도 교육을 받아야 한다고 주장했다. 그가 생각한 학교 교육의 첫 번째 목표는 모든 사람이 독일어를 배워 성경을 읽을 수 있게 하는 것이다. 더욱이 국가의 흥망성쇠는 교회교육에 달려있다고 확신했다. 그의 노력으로 독일 땅에 시민을 위한 '공교육'이 시작되었고, 하나님의 말씀을 가르치고, 말씀으로 운영되는 개신교 학교가 곳곳에 세워지게 되었다.

공교육을 일으키다

중세 말기에는 대부분의 학교가 수도원이나 교회가 설립한 학교였으며, 성직자 지망생이나 소수의 귀족만이 학교 교육의 혜택을 받았다. 중세는 귀족의 자녀는 귀족이 되고, 농부의 자녀는 농부가 되는 것이 당연시되던 강력한 신분 사회로, 교육이 필요하지 않은 계층의 사람들은 자녀들을 굳이 학교에 보낼 필요가 없었다. 자연히 문맹률도 높았다. 따라서 루터는 그가 번역한 독일어 성경을 누구나 읽을 수 있도록 학교 교육을 제안했다. 이것은 국가가 모든 시민에게 학교 교육의 혜택을 받을 수 있게 해야 한다는 공교육의 출발점이 되었다.

'공교육의 아버지'가 된 루터는 학교에서 하나님의 말씀을 배운 아이들이 나라의 인재가 되어 국가를 바로 세워야 한다고 주장했다. 그는 「시의원에게 드리는 글」(1524)을 통해 시에서 학교를 세워 아이들을 교육할 것을 설득했다. 그의 글에 자극이 되어 여러 도시에 학교가 설립됐고, 이 학교들은 독일의 초기 공교육의 모델이 되었다. 성경은 학교 교육의 중요한 교재였다. 특히 여자아이들도 성경을 읽을 수 있어야 한다고 주장해 독일 여러 지역에 여학교가 세워졌다. 이뿐만 아니라 라틴어와 독일어 성경을 읽을 수 있도록 라틴어 인문계 학교(김나지움)도 설립됐다. 라틴어 김나지움은 오늘날에도 인문계 학교로 남아 라틴어를 가르치고 있다.

평신도교육의 시대가 열리다

루터의 『소교리 문답』

루터의 교육개혁은 학교 교육에서만 머물지 않았다. 그는 교회 안에서도 평신도와 아이들을 위한 교육을 추구했다. 교회교육의 중심엔 성경이 있었다. 루터는 남녀노소를 불문하고 신앙인이라면 반드시 알아야 할 내용이 담긴 최초의 성경 교리 교과서『교리문답』을 집필해 보급했다(1529년). 어린이를 위해서는『소교리 문답서』를, 어른용으로는『대교리 문답서』를 발행했다. 문답서에는 평신도가 꼭 알아야 할 모든 성경 교리와 십계명, 사도신경, 주기도문, 성례 등을 수록했다. 루터는 개신교 최초로 어린이들과 어른들을 위한 평신도 신앙교육을 구축했다. 특히 소교리 문답은 가정예배를 통해 온 가족이 날마다 그 내용을 배우도록 했다. 교리문답은 예배시간에 설교를 통해서도 선포됐다. 교리교육은 어린이, 교사, 평신도, 목회자 등 모두를 위한 교육이었다.

오늘날 교회학교의 뿌리도 루터에게서 찾을 수 있다. 그는 교회교육의 중요성을 강조하면서, "우리는 교회 안에 학교를 두어야 합니다. 하나님께서는 학교를 통해 교회를 보존합니다."고 역설했다. 나아가 "학교 없이는 아무도 그의 자녀를 만족하게 교육시킬 수 없으며, 학교가 없으면 교회 일에 필요한 교사, 상담자, 국가를 위한 유능한 통치자를 구할 수 없다"고 믿었다. 루터는 하나님의 말씀은 만인이 배워야 한다고 생각했다. 가정, 교회, 학교에서! 그는 배움을 통해 교회와 국가가 바로 설 수 있다고 확신했다.

2

루터의 유년기 도시 만스펠트

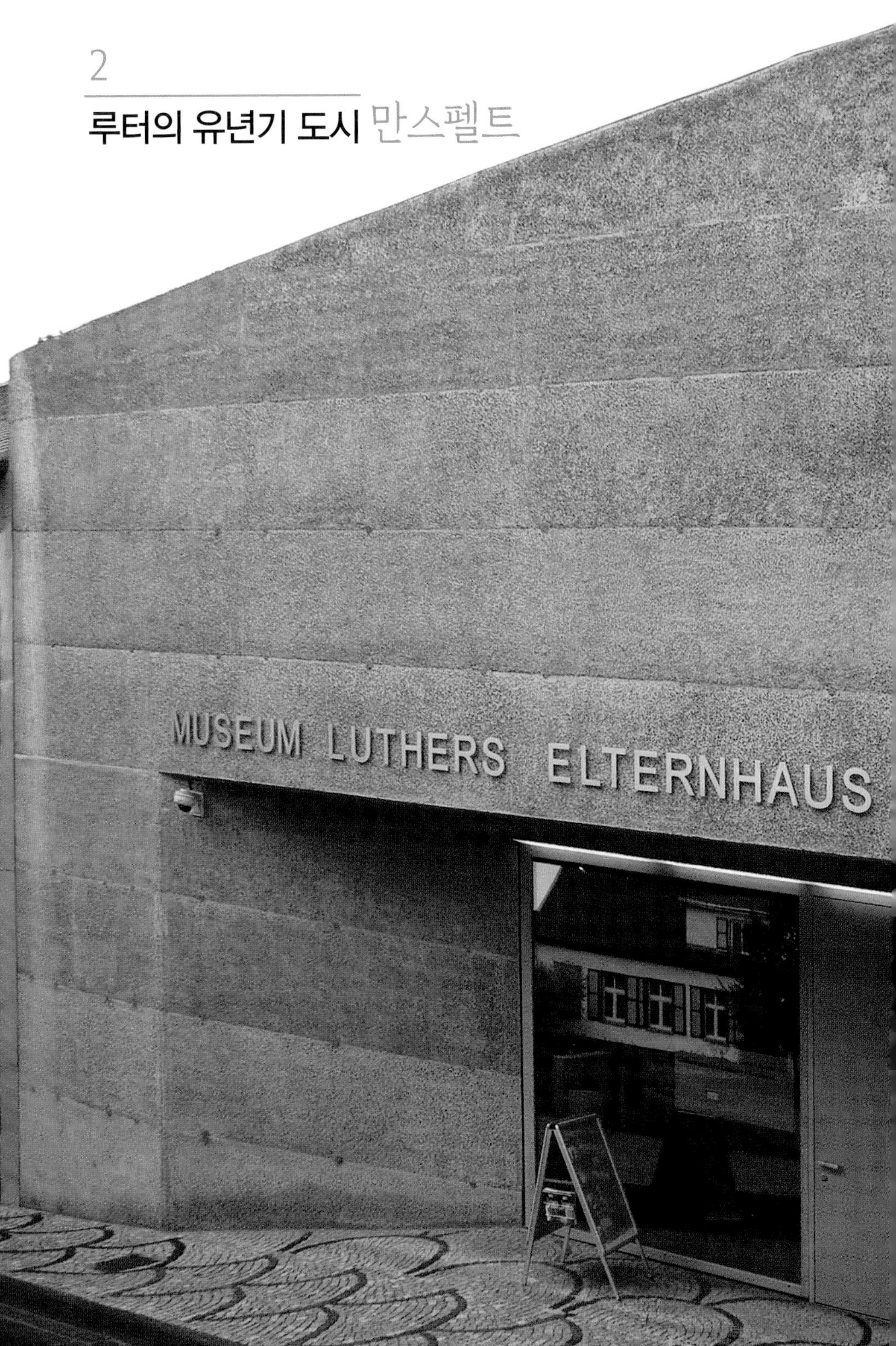

도시정보

Sehenswürdigkeiten
im Landkreis Mansfeld-Südharz
Stolberg (Harz)
Josephskreuz - Großer Auerberg
Schauhöhle Heimkehle bei Uftrungen
Kelbra (Kyffhäuser)
Freilichtmuseum Königspfalz Tilleda
Wippra - Harz
Schaubergwerk Wettelrode
Gottfried-August-Bürger-Museum Molmerswende
Spengler-Museum Sangerhausen
Sangerhausen Kirche St. Ulrici
Europa - Rosarium Sangerhausen
Burg und Schloss Allstedt
Mansfeld - Lutherstadt
Seeburg am Süßen See
Kloster St. Marien zu Helfta
Lutherstadt Eisleben St. Andreas-Kirche
Luther - Gedenkstätten Lutherstadt Eisleben
Mansfelder Bergwerksbahn
Novalis - Museum Schloss Oberwiederstedt
Mansfeld - Museum Hettstedt
Hettstedt
Mansfeld
Lutherstadt Eisleben
Sangerhausen
× Standort

작센-안할트주 남부 하르츠포어란트에 있는 만스펠트(Mansfeld)는 인구 3,000명 정도 되는 작은 도시다. 만스펠트는 아이슬레벤에서 서북 방향으로 16km 거리에 있다. 이 도시는 아이슬레벤과 마찬가지로 만스펠트 가문의 영토였으며, 구리광산으로 유명하다. 만스펠트는 루터가 유년 시절의 상당 부분을 보낸 곳으로, 비텐베르크와 아이슬레벤에 이어 1996년에 '루터의 도시'(Lutherstadt)가 되었다. 루터가 살던 15세기에 만스펠트는 구리 채굴과 제련이 활발했던 도시다. 아버지 한스는 루터가 아이슬레벤에서 세례받은 이듬해인 1484년에 아이슬레벤보다 막대한 광산 매장량을 가지고 있는 만스펠트로 이사하였다. 한스는 광산 감독이 되어서 구리제련소와 넓은 농장 그리고 많은 건물의 소유주가 되었다. 루터는 이곳에서 유년기를 보내며 학교 공부를 하였다.

루터 부모 집에서 몇 미터 떨어진 곳에는 '쭈어 구텐 크벨레'(Zur guten Quelle, 좋은 원천을 향하여)라는 숙식 업소가 있다. 1430년부터 오늘날까지 영업하고 있는 이곳은 독일에서 가장 오래된 숙식 업소 중 하나다. 루터도 이곳에서 종종 식사했을 것으로 추정된다. 만스펠트에는 루터의 유적지 외에도, 도시를 한눈에 내려다볼 수 있는 만스펠트 백작성(Schloss Mansfeld)이 있다.

성 게오르크 시립교회
Stadtkirche St. Georg

1397년에 설립된 성 게오르크 시립교회(Stadtkirche St. Georg)는 루터의 고향 교회로, 1497년~1518년에 후기고딕 양식으로 개축되었다. 교회 안에는 루터의 흉상이 있으며, 1540년에 루카스 크라나흐가 그린 루터의 전신 초상화가 있다. 루터는 1545년 10월에 두 차례 이 교회에서 설교했다. 16세기에는 만스펠트 그라프가의 묘지들이 교회에 안치되었으나 지금은 묘비들만이 남아 있다. 오늘날에는 만스펠트가(家)의 요한 게오르크 3세 백작과 부인, 그리고 며느리의 유해가 있는 화려한 관들을 볼 수 있다. 루터가 어린 시절에 다녔던 성 게오르크 시립교회는 로마의 건축 양식으로 지어졌으나, 지금의 교회는 루터가 성인이 되고 난 후에 개축된 것이다. 교회의 종탑은 1929년~1930년에 교회 지붕에 세워졌고, 1848년에 만든 오르간도 그때 재건되었다.

달구지를 끄는 소년 루터와 사과나무

달구지를 끄는 소년 루터

성 게오르크 시립교회 북문 위에는 2015년 마르크 프롬(Marc Fromm)이 설치한 '달구지를 끄는 소년 루터'라는 제목의 조각상이 있다. 소년 루터는 달구지를 줄로 묶어 발로 끌고 간다. 달구지에는 용의 꼬리가 보이고 소년의 손에는 8자 모양을 한 철사 장식이 들려 있다. 성경에서 용은 싸워야 할 대적이다. 소년 루터는 부패하고 타락한 중세교회의 거대한 용을 잡아 달구지에 실어 나른다. 철사 왼쪽 아래 끝에는 'VDMA'라는 글자가 매달려 있다. 이 글자는 "하나님의 말씀은 영원하다(Verbum Domini Manet in Aeternum)"라는 라틴어 문장의 약자다. 소년이 들고 있는 십자가에 8자 모양은 무한 기호인 ∞를 상징한다. 즉 하나님의 말씀은 영원하다는 것을 표시한다. 루터 당시 루터파 교인들은 영원한 하나님의 말씀을 상징하는 'VDMA'를 자기 옷과 가재 도구에 새겨 넣어 매 순간 자신이 개신교인임을 잊지 않았다. 'VDMA'에는 루터의 '오직 성서'(Sola Scriptura)라는 종교개혁의 표어가 담겨 있다. 소년 루터의 손에 있는 십자가는 루터의 종교개혁 신학의 중심이 '십자가'에 있음을 나타낸다. 십자가에 달린 예수 그리스도만이 구원의 유일한 길이라는 것이다. 여기에도 '오직 그리스도'(Solus Christus)라는 종교개혁

아이제나흐에 있는
루터의 사과나무 문구가 적힌 돌 비석

의 표어가 내재해 있다. 루터는 십자가 신학을 통해 숨어계신 하나님이 십자가에서 자신을 드러낸다고 설파한다. 인간은 십자가상의 그리스도를 통해 하나님을 만나게 된다는 것이다. 루터 종교개혁의 중심에는 십자가 신학이 있다. 소년 루터는 '영원한 주님의 말씀'과 '예수 그리스도의 십자가'로 대적인 용(부패한 중세교회)을 물리친다. 달구지에 용을 싣고 발에 묶은 다음, 십자가와 말씀으로 무장한 채 사과나무 곁을 지나간다. 세상이 멸망할지라도 종교개혁의 과제는 멈출 수 없다는 루터의 강한 의지가 담겨 있다.

달구지를 끄는 소년 루터 옆에는 사과나무 한 그루가 보인다. "내일 세상이 멸망한다는 것을 알지라도, 그래도 나는 오늘 나의 사과나무를 심겠다(Wenn ich wüßte, dass morgen die Welt unterginge, so werde ich doch heute mein Apfelbaumchen pflanzen.)"라는 루터의 말이 떠오른다. 이 말은 유대계 네덜란드 철학자 스피노자(Baruch Spinoza, 1632-1677)의 명언으로 알고 있지만, 스피노자보다 149년 전에 태어난 루터(1483-1546)의 일기장에 이 문장이 있었다고 한다. 아쉽게도 일기장은 현재 남아 있지 않다. 이 사과나무 문구는 루터 이전부터 독일과 네덜란드 등 유럽에 있었던 것으로 알려져 있다. 분명한 것은 스피노자가 만든 문장이 아니라는 것이다. 루터가 이 문장을 처음으로 사용하지 않았더라도, 적어도 일기장에 이 문구를 사용한 적이 있다는 사실이다. 아이제나흐에 있는 루터 하우스(박물관)의 정문 가까운 곳에 바흐(Johann Sebastian Bach, 1685-1750)의 생가가 있는데, 그 생가 앞에 있는 한 그루 사과나무 아래에 사과나무 문구가 적혀 있는 돌비석이 있다. 이 비석에는 위의 사과나무 문구가 적혀 있고, 문장 끝에 '마르틴 루터'라는 이름이 새겨져 있다. 비록 일기장은 없지만, 독일인들은 사과나무 문구가 루터의 일기장에 기록되어 있다고 믿는 것이다. 어찌 되었든 루터의 삶을 보면 내일 세상이 멸망한다 해도 오늘 사과나무를 심는 심정으로 산 것만은 분명하다.

성 게오르크 시립교회
(Stadtkirche St. Georg)

주 소	Lutherstraße 7, 06343 Mansfeld-Lutherstadt
연 락 처	Tel. +49 34782 909929
개방시간	5월~10월, 화-일 10:00-12:00, 13:00-16:00 11월~4월, 전화로 문의

루터의 라틴어 학교

Lateinschule

루터가 3학년까지 다닌 학교

1488년 봄부터 루터가 다니던 라틴어 학교(Lateinschule)는 성 게오르크 시립 교회 건너편에 있다. 루터는 학교에서 읽기, 쓰기, 수학과 음악 그리고 라틴어 기초를 다졌다. 7살의 어린 루터는 라틴어 학교에 다닐 때 본인이 배워보지 못한 라틴어의 격과 수의 변화 때문에 열다섯 대나 회초리를 맞기도 했다. 당시 이 학교 학생들은 주기도문, 십계명, 사도신경 등을 라틴어로 정확하게 외워야 했는데, 루터는 이때 외운 것을 오래도록 암기할 수 있었다. 이후 학교는 노후로 철거되었다가 1999년 작센안할트주와 만스펠트 시의 지원으로 재건하여 2001년에 완공되었다. 현재는 만스펠트 여행 안내소(Touristinformation Mansfeld)로 사용되고 있다. 안내소 안에는 루터가 공부했을 때를 떠올리게 하는 나무 책상, 깃털로 만들어진 펜과 필기용 석판이 있다. 요즘은 부활절 후 첫 번째 토요일에 아이들의 입학을 축하하는 행사가 열리곤 한다.

루터학교(현, 여행 안내소) 입구 문 위에는 "이 집에서 마르틴 루터 박사가 첫 번째 학교 수업을 받았다"고 적혀 있다.

여행 안내소에는 루터학교의 나무책상과 깃털 펜, 석판을 재연해 전시하고 있다.

엄격한 훈육 속에 자란 루터

마르틴 루터(Martin Luther, 1483-1546)는 1483년 11월 10일 아이슬레벤에서 태어났다. 광산업에 종사한 아버지 한스 루더와 어머니 마르가레테는 아들 마르틴(원래 성이 '루더'였는데 후에 '루터'로 바뀜)을 엄격하게 키웠다. 호두 하나를 훔쳤다는 이유로 아들의 종아리를 피가 나도록 때렸던 어머니의 훈육은, 훗날 '하나님은 훈육을 통하여 신자를 바르게 만들어 가신다'는 루터의 십자가 신학의 중심 사상이 되기도 하였다. 루터에게 부모님의 일상적인 '몽둥이' 훈육은 참기 힘든 형벌이었지만, 아버지와 어머니에 대한 지극한 사랑과 존경심은 변함이 없었다. 학교에서도 교사들이 가하는 채찍질이 어린 루터에게는 '사형

집행'처럼 끔찍했다. 어떤 교사는 근무 기간 중 태형 91만 1,527번, 채찍질 12만 4,000번, 맨손으로 때리기 13만 6,715번, 따귀 111만 5,800번을 때렸다고 자랑처럼 말했다.

성인이 된 루터는 가정과 학교에서 자행된 매질에 대해 비판적 태도를 보였다. 어쩌면 이러한 엄격한 훈육이 어린 루터 마음에 '죄'의 문제가 자리 잡는 계기가 되었을지도 모른다. 죄의 문제는 루터를 종교개혁가로 만든 촉매제가 되었다. '죄'와 씨름하던 루터는 오직 믿음, 오직 은총만이 죄의 문제를 해결할 수 있는 열쇠임을 깨달았다. 그 은총은 예수 그리스도의 십자가에서 오는 은총이다. 이 진리의 복음은 성경에서 발견할 수 있다. 종교개혁의 씨앗은 엄격한 훈육 속에서 자란 어린 루터에게서 조금씩 움트고 있었다.

루터의 라틴어 학교
(여행 안내소 Touristinformation Mansfeld)

주 소	Junghuhnstraße 2, 06343Mansfeld-Lutherstadt
연 락 처	Tel. +49 34782 90342
개방시간	월-금 9:00~12:00, 13:00~15:30 (토, 일 휴무)

루터 부모의 집과 박물관

재건된 루터 부모의 집

루터 부모의 집 박물관 가는 길에 붙어있는
루터의 부모 포스터

'루터 부모의 집' 맞은편에 있는 '루터 부모의 집 박물관'

루터 가족은 아이슬레벤을 떠나 만스펠트로 이사했다. 슈투펜베르크 2번지(Stufenberg 2, 현재 Spangenberggasse 2)에서 월세살이를 시작했다. 루터의 부모(아버지 한스 루더Hans Luder와 어머니 마가레테 린데만Margarethe Lindemann)는 부지런히 일하며 절약한 덕에 재산을 모아 1491년에 건너편 집(현재 루터 부모의 집, Lutherstraße 26)을 살 수 있었다. 부모의 회사 건물도 이때 건축되었다. 루터는 학업을 위해 마그데부르크로 이사 가기 전인 1497년까지 형제들과 함께 13년 동안 이 집에서 살았다. 루터는 만스펠트에서 학창시절과 청소년기를 보내며 음악을 사랑하게 되었다. 음악은 루터에게 삶의 동반자이자 종교개혁운동의 활력소였다. 루터는 "음악은 하나님의 훌륭하고 아름다운 선물"이라고 극찬했다. 그는 음악을 통한 깨우침과 감동으로 즐겁게 설교하곤 했다.

만스펠트는 루터가 비텐베르크에서 살았던 때를 제외하고는 가장 오랫동안 생활했던 보금자리다. 루터 가족이 살던 집은 너무 오래되어 1805년에 헐렸다가 1879~1883년 기부금으로 재건되었다. 1491년부터 1579년까지 루터 가족(후에 루터)이 소유하고 있던 '루터 부모의 집'은 현대식 박물관을 통해 보강되었다.

‘루터 부모의 집 박물관(Museum Luthers Elternhaus)’은 2014년 ‘루터 부모의 집’을 광범위하게 개조·확장하면서 만든 현대적 박물관이다. 이 박물관에는 루터가(家)의 삶에 대한 정보와 고고학적 유물이 전시되어 있다. 이 유물들은 1805년에 집이 헐리면서 묻혀 있던 것들인데, 2003년 발굴작업 중 발견되었다. 루터의 가족이 사용했던 냄비, 찻잔, 단추, 옷핀, 음식으로 먹었던 동물의 뼈와 당시 광산에서 사용했던 도구 등 수백 가지의 물건들이 전시되어 있다. 루터 부모가 살던 벽돌집은 박물관 건너편에 있다. 부모의 집에서는 “나는 만스펠트의 아이다”라는 주제로 상설전시회가 열린다.

루터 부모의 집과 루터 부모의 집 박물관
(Museum Luthers Elternhaus)

주　　소 Lutherstraße 26, 06343 Mansfeld-Lutherstadt

연 락 처 Tel. +49 34782 9193810

개방시간 4월~10월, 월-일 10:00-18:00
11월~3월, 화-일 10:00-17:00 (월요일 휴무)

입 장 료 성인 5유로, 할인 2.50유로

콤비티켓 “Mansfelder Land” 10유로(루터 생가, 루터 사가, 루터 부모의 집)

루터 분수
Lutherbrunnen

만스펠트의 루터 분수

만스펠트 시청 앞 광장에는 루터 분수가 있다. 루터 분수는 조각가 파울 유크호프(Paul Juckhoff)에 의해 1913년에 세워졌으며, 루터의 생애를 알리는 부조가 삼면에 새겨져 있다. 각각의 부조 위에는 다음과 같은 글귀가 적혀 있다. 첫째, "세상 속으로"(Hinaus in die Welt) 13세 소년 루터가 지팡이와 학교 모자를 들고 세상을 향해 걷고 있다. 둘째, "투쟁 속으로"(Hinaus in den Kampf) 청년 수도사 루터는 망치로 「95개 논제 반박문」을 비텐베르크 성채 교회 문에 박고 있다. 셋째, "승리를 통해"(Hindurch zum Sieg) 장년의 루터는 그가 번역한 성경 위에 오른손을 얹고, 왼손은 불끈 주먹을 쥐면서 개혁의 승리를 다짐하고 있다.

분수 아래에는 루터의 아버지 한스 루더와 어머니 마르가레테 루더(린데만)의 메달이 있다. 이것은 루카스 크라나흐의 그림을 기반으로 해서 만든 것이다. 기념비 꼭대기에는 용을 죽인 만스펠트의 수호성인 성 게오르크가 조각되어 있다.

상) 세상 속으로
중) 투쟁 속으로
하) 승리를 통해

만스펠트 성
Schloss Mansfeld

만스펠트에는 도시를 한눈에 내려다볼 수 있는 만스펠트 성(Schloss Mansfeld)이 있다. 1060년에 건축된 만스펠트 성은 200년 후인 1260년에 만스펠트 백작의 거주지가 되었다. 성 내에는 후기고딕 양식의 성채 교회가 있다. 성은 중간에 몇 차례 화재로 파괴와 증축을 반복했다. 종교개혁 시기인 1519~22년에 일어난 화재로 성채 교회가 크게 훼손되어 재건되기도 했다. 루터는 성 게오르크 교회와 마찬가지로 만스펠트 성채 교회에서도 몇 차례 설교했다.

30년 전쟁(1618~1648) 후 만스펠트 백작의 빚으로 성은 프로이센 왕에게 넘어갔다. 1859년에 남작 칼 아돌프가 성을 다시 인수하였고, 현재의 형태로 성을 개축했다. 제2차 세계대전 중에는 성 내 숙소가 독일 남부에서 온 100여 명이

만스펠트 성에서 내려다본 시가지.
오른쪽에 성 게오르크 교회가 보인다.

넘는 유대인의 수용소로 사용되기도 했다. 이곳에서 유대인들은 강제 노역에 동원됐다. 제2차 세계대전 후에 성은 독일 개신교회 재산으로 등록되어 관리되고 있다. 현재는 26개의 공간을 기독교 청소년 교육과 세미나, 워크숍, 수련회를 위한 만남의 장소로 제공하고 있다.

만스펠트 성
(Schloss Mansfeld)

주　　소 Schloss 1, 06343 Mansfeld-Luther stadt

연 락 처 Tel. +49 (0) 34782 20201

개방시간 성채교회와 성곽은 항상 방문 가능

가 이 드 2유로

3

종교개혁의 아성
마그데부르크

도시정보

엘베 강변에 있는 마그데부르크(Mardeburg)는 신성로마제국을 세운 오토 대제가 첫 수도로 삼았던 도시로 1,200년이나 된 유서 깊은 중세도시다. 역사적으로 작센 공국과 브란덴부르크 공국 등에 속해 있다가 프로이센의 군사 요충지를 거쳐 지금은 작센-안할트의 주도가 되었다. 마그데부르크는 무역과 상공업이 발달하였고 한자동맹의 일원이기도 하다. 독일 분단시대에는 동독지역의 대표 도시 중 하나였다. 현재는 약 24만 명이 마그데부르크에 거주한다.

마그데부르크는 신성로마제국의 초대 황제인 오토 대제의 궁전으로도 유명하다. 그 궁전이 있었던 곳에 독일 최초의 고딕 양식인 마그데부르크 대성당이 세워졌다. 성당 안에는 오토 대제와 왕비 에디트의 석관이 안치되어 있다. 마그데부르크에 볼만한 명소로는 오스트리아 출신의 세계적인 건축가 훈데르트바서(Hundertwasser)가 설계해 지은 그뤼네 치타델레(Grüne Zitadelle)가 있다.

마그데부르크에는 불운한 시기도 있었다. 30년 전쟁 때는 건물이 단 3채만 남을 정도로 황폐하게 되었고, 재건한 도시는 제2차 세계대전으로 90%가 파괴되었다. 1945년 1월 영국 공군의 폭격으로 1만 6천여 명이 목숨을 잃었고, 전쟁으로 많은 문화유산이 소실되었다. 마그데부르크는 전쟁이 끝나자 소련이 점령하면서 동독지역에 속하게 되었고, 동·서독이 통일된 후에는 시민들의 상당수가 서독으로 이주해 이전의 활기찬 모습을 볼 수 없게 되었다.

마그데부르크는 루터와 친숙하다. 루터는 청소년 시기에 대성당 근처에 있는 공동생활형제단이 운영하는 학교에서 일 년 동안 공부하며 경건 생활을 몸에 익혔다. 이후 아이제나흐로 전학했다. 1516년 루터가 에어푸르트 아우구스티누스 수도원의 수도사였을 때 수도원의 업무로 마그데부르크를 방문하기도 했다. 1524년 6월에는 아우구스티누스 수도원(현재 발로너 교회)과 요하니스 교회에서 설교했다. 루터의 설교는 많은 사람에게 감동을 주었고, 그로 인해 마그데부르크의 거의 모든 교회가 루터교를 받아들이게 되었다. 1524년 7월 17일 마그데부르크는 공식적으로 종교개혁 도시가 되었다. 특히 마그데부르크 교구의 알브레히트 대주교가 추진한 면죄부 판매는 루터가 '95개 논제'를 공표하게 만든 시발점이 되었다. 종교개혁의 거점 도시가 된 마그데부르크에서는 알브레히트 대주교의 면죄부 판매가 시민들의 분노로 난관에 부딪히게 되었다. 마그데부르크는 종교개혁의 아성이 되었다. 그 외에도 마그데부르크 대학교는 최초로 창설된 루터파 대학이다.

마그데부르크 대성당
Magdebruger Dom

마그데부르크 대성당

오토 대제의 석관

신심이 좋았던 신성로마제국의 오토(Otto) 대제는 937년에 성 마우리티우스 수도원(St.-Mauritius-Kloster)을 마그데부르크에 지었다. 그는 947년에 첫 번째 아내인 에디트(Edith)를 이 수도원에 묻었다. 950년대에 들어서면서 오토 대제는 로마제국과 비견되는 새로운 멋진 교회를 짓기로 마음먹었다. 그는 제국으로부터 수많은 보물을 마그데부르크로 가져와 교회를 꾸몄다. 코덱스 비테킨데우스(Codex Wittekindeus)와 풀다 수도원에서 발견된 복음서 그리고 고대 기둥들로 교회 내부를 장식했다. 그가 지은 모리츠 교회(Moritzkirche)는 1207년 9월에 주교좌가 있는 '돔(대성당)'으로 승격되었고, 이 돔이 오늘날 마그데부르크 대성당(Dom zu Magdeburg)의 모체가 되었다. 1207년부터 증축을 시작한 대성당은 1520년에 완공되었다.

현재 대성당 안에는 오토 대제와 왕비 에디트의 석관이 안치되어 있다. 100여 미터 높이의 두 개의 탑과 교회 내부는 고딕 양식을 하고 있으나 전체적인 구조는 로마네스크 양식이 강하다. 오랜 세월에 걸쳐 증축과 보수가 반복되었기 때문에 여러 양식이 혼재되어있다. 1945년 전쟁 중 공군의 폭격으로 무너졌다가 1955년에 재건되었다. 교회 길이 120m, 천장 높이 32m, 북쪽 첨탑 높이 104m, 남쪽 첨탑 높이 99m로 증축되었다. 마그데부르크 대성당이 루터의 종교개혁에 결정적 역할을 한 것은 알브레히트 대주교의 면죄부 판매에서 비롯되었다.

알브레히트와 면죄부 판매

알브레히트 대주교

루터가 95개 조 반박문을 발표하기 전에 교회는 타락의 전조를 보였다. 로마 교황청은 성 베드로 대성당을 짓는 데 필요한 자금을 충당하기 위해 면죄부를 발행해 온 유럽에 판매하였다. 특히 독일은 신성로마제국 내에서 경제적으로 가장 부유했고, 또 교황에게 대체로 순종적이었기 때문에 면죄부 판매를 더 강요했다. 교황의 면죄부 판매계획은 마인츠 교구의 대주교 선거와 맞물려 진행됐다. 마인츠 교구는 당시 독일 내에서 가장 힘이 있고 큰 교구였는데, 전임 대주교의 사망으로 인해 대주교 자리가 비어 있었다. 교황은 이 교구의 적임자로 브란덴부르크를 다스

당시 유럽의 부자였던 야콥 푸거

리던 요아킴 후작의 동생 알브레히트(Albrecht von Brandenburg, 1490-1545)를 낙점했다. 교황은 정치적 목적으로 1513년 23살밖에 안 되었던 알브레히트를 마그데부르크 교구의 대주교로 임명했다. 더욱이 교황은 교회 직책의 중임을 불허하는 교회법을 위반하면서까지 알브레히트에게 마인츠 교구의 대주교직도 제안했다. 알브레히트는 자신의 야망을 위해 교황의 제안을 받아들였다. 이를 위해 알브레히트는 마인츠 교구가 교황에게 지불해야 할 돈과 자신에 대한 호의에 보답하는 감사의 돈을 교황에게 내야 했다. 그러나 그에게는 그 정도의 큰돈이 없었다.

이때 그에게 큰돈을 빌려준 사람이 당시 은행 재벌이었던 아우크스부르크의 푸거(Fugger) 가문의 야콥 푸거였다. 푸거는 알브레히트가 그 돈을 갚을 수 있도록 교황으로 하여금 베드로 성당 건축을 위해 발행된 희년 면죄부를 비롯해서 여타의 면죄부들을 발행하도록 부추겼다. 교황은 마인츠에서 면죄부를 발행하게 했고, 면죄부 판매의 전권을 알브레히트에게 위임하였다. 알브레히트는 마그데부르크에 면죄부 발행청을 만들었고, 면죄부의 판매를 위한 홍보 부홍사로 도미니칸 교단 출신의 테첼(Johann Tetzel, 1465-1519)을 기용했다. 테첼의 등장과 함께 면죄부 판매 사업은 활기를 띠게 되었다. 이것은 루터가 '95개 논제'를 선포하게 된 결정적 계기가 되었다.

마그데부르크에 초대된 루터

1497년 초 13세 소년 마르틴은 마그데부르크에 왔다. 그의 친구 한스 라인에케(Hans Reinecke)와 함께 '공동생활형제'(Brüder vom gemeinsamen Leben) 학교를 방문했다. 이때는 루터가 아직 수도사가 되기 전으로 아르바이트와 학교 일을 하며 살았다. 그리고 26년이 지난 후 루터는 다시 마그데부르크를 찾았다. 1523년 마그데부르크에서는 대성당과 시(市) 사이에 긴장이 있었다. 니콜라우스 슈투룸(Nikolaus Sturm) 시장은 루터의 종교개혁을 추진하고자 했다. 그는 1524년 개신교 목사들을 소집했다. 요한 그라우어트(Johann Grauert)가 수장으로 있는 한 과격한 그룹이 시민들의 소요를 우려했다. 그 때문에 슈투룸 시장은 루터를 마그데부르크로 오게 할 필요가 있다고 생각했다. 루터의 등장으로 개혁이 승리할 수 있다고 확신했다.

'주님의 대사관'이 된 마그데부르크

루터는 1524년 6월 24일 아우구스티누스 수도원에 도착해 시의회 및 교회대표자들과 토의했다. 수도원 교회에서 하기로 한 설교는 몰려드는 군중으로 인해 6월 26일 성 요하니스 교회에서 해야 했고, 7월 3일에 한 번 더 설교했다. 그의 설교는 예배 참석자들의 마음을 움직였다. 루터는 '진실한 정의와 잘못된 정의'에 대하여 설교를 했는데, 루터의 설교를 들은 지도자들과 여섯 교회가 종교개혁을 수용했다. 루터는 수도원과 교회 지도자들 그리고 시의회 의원들을 만나 자신의 개혁적 생각을 쏟아냈고, 이런 노력으로 선제후의 도시인 비텐베르크에 이어 대주교의 도시 마그데부르크가 종교개혁을 결단하게 되었다. 루터의 등장으로 7월 17일 이 도시의 거의 모든 교회가 종교개혁의 신앙을 고백하게 되었다. 이후로 개신교 도시 마그데부르크는 '우리 주님의 대사관(Unseres Herrgotts Kanzlei)'이란 존칭을 갖게 되었다.

종교개혁의 실행

이후 루터는 니콜라우스 암스도르프(Nikolaus Amsdorf)를 찾아가 마그데부르크 교회들이 종교개혁을 수용하기로 하였다는 것을 알렸다. 루터가 성경을 번역할 때 도움을 주었던 암스도르프는 마그데부르크의 울리히 교회(Ulrich-kirche)의 목사가 되어 있었다. 루터의 보고를 들은 암스도르프는 교회제도의 개편을 실행했고, 비텐베르크처럼 학교와 빈민구제를 위한 조직을 만들었다. 암스도르프는 멜란히톤과 함께 아우구스티누스 수도원 안에 시립학교를 세웠고, 루터는 이 학교를 무척 자랑스러워했다.

개신교의 중심지

마그데부르크는 제국 내에서 개신교의 중심지가 되었다. 슈말칼텐 동맹의 패배 후에 마그데부르크는 1547년 아우크스부르크 제국의회에서 오직 가톨릭만 신앙고백으로 받아들이기로 한 것에 대해 유일하게 거부한 도시다. 그로 인해 황제 카를 5세는 마그데부르크에 대해 법률을 무시했다고 판결했다. 작센의 황제는 작센의 모리츠 선제후에게 1550/51년 마그데부르크 공격을 명했다. 그러나 그는 마그데부르크를 굴복시키는 대신 개신교의 영주들과 합세해 부대를 이끌고 황제에 대항했다. 황제는 브뤼셀로 도망가야 했고, 그의 형제 페르디난드가 그의 뒤를 이어 권력을 물려받았다.

1566년에 비로소 마그데부르크 대성당 참사회에서 종교개혁을 승인했다. 이듬해 1567년 대성당에서 처음으로 개신교 예배를 드렸다. 다섯 개 수도원은 여전히 루터교로 바꾸는 것에 대해 거부했다. '주님의 대사관'(Herrgotts Kanzlei)에서 종교개혁은 마침내 뿌리내리게 됐다. 그리고 1581년 가톨릭 교회 지그문트(Sigmund) 주교는 루터교 교인이 되었다.

다시 가톨릭으로

30년 전쟁 시기였던 1631년 5월 20일, 황제 페르디난드 2세의 군대가 틸리 장군의 지휘로 마그데부르크를 정복했다. 이때 마그데부르크 시민의 3분의 2인 약 2만 명이 살해됐으며, 도시는 약탈되었고, 화재로 완전히 파괴되었다. 마그데부르크 대성당을 점령한 틸리 장군은 성당을 깨끗이 청소한 후 5월 25일 승리를 기념하는 가톨릭 미사를 드렸다. 이때부터 마그데부르크 대성당은 다시 가톨릭교회가 되었다.

마그데부르크 대성당
(Magdebruger Dom)

주　　소	Am Dom 1, 39104 Magdeburg
연 락 처	Tel. 541 04 36
개방시간	5월-9월 10:00-18:00, 10월 10:00-17:00, 11월-5월 10:00-16:00, 4월 10:00-17:00, 일요일 및 교회 공휴일 11:30부터 입장
대 성 당 가 이 드	매일 14:00, 일요일 11:30, 14:00 5-10월 월-목, 토 16:00 성인 7유로, 할인 5유로, 그룹 1인 6유로
교회첨탑 가 이 드	4월-10월 금 16:00, 토 15:00, 일 12:00 (성인 7유로)
야　　간 가 이 드	10월-4월까지 (성인 8유로)

교회 내부 사진을 찍으려면 입구 안쪽에 있는 안내소에서 촬영권을 구입해야 함.

대성당 투어는 매일 있음. 대성당 전망대는 여름철에만 개방.

요하니스 교회
Johanniskirche

요하니스 교회, 현재는 행사장으로 사용

요하니스 교회(Johanniskirche 혹은 요한 교회)는 1131년에 로마네스크 양식으로 지어진 삼랑식으로 된 십자가 형태의 교회당으로서 마그데부르크에서 가장 오래된 교회다. 이 교회는 사도 요한에게 봉헌되었다. 요하니스 교회는 수 세기에 걸쳐 파괴와 재건을 반복하는 불운을 겪어야 했다. 1207년에는 교회가 화재로 파괴되었고, 1451년 7월 22일에는 교회 북쪽 첨탑에 번개가 내리쳐 교회 건물의 3분의 1을 사용할 수 없게 되었다. 1452~1453년에 교회는 새로운 모습으로 재건되었다. 이 예배당에서 1524년 6월 26일 마르틴 루터가 설교했고, 이때부터 요하니스 교회는 개신교 교회가 되었다. 하지만 불운은 멈추지 않았다.

1630년 11월 26일 허리케인으로 교회 첨탑이 지붕을 덮쳐 상당한 피해가 있었다. 일 년 뒤에는 하멜른의 제국 장군 틸리(Tilly)가 이끄는 부대가 마그데부르크를 공격하면서, 요하니스 교회를 강탈하고 불을 질렀으며 교인들을 무참히 살해하였다. 1945년 1월 16일에는 영국공군의 무차별 폭격으로 교회가 완전히 파괴되기도 하였다. 교회는 복구되지 못한 채로 있다가 1953년이 되어서야 재건을 시작했다. 그러나 교회의 재정난으로 공사가 원활히 진행되지 못했다. 당시 동독지역에 있던 마그데부르크의 교회들은 재정적 어려움을 겪고 있었다. 요하니스 교회도 예외는 아니었다. 더는 버틸 수 없었던 요하니스 교회는 1968년 8월 22일 교회의 유적과 땅을 마그데부르크시에 기부하였다. 1975년에서 1977년까지 시(市)에서 요하니스 교회의 외벽공사를 맡아 진행하였고, 1980년 5월 1일에는 교회 남쪽 첨탑을 전망대로 일반인에게 공개하였다. 하인리히 아펠(Heinrich Apel)이 만든 조각 앙상블 '마그데부르크시의 파괴와 재건'을 1983년 교회 현관문에 장식으로서

요하니스 교회 앞 루터 기념비

설치했고, 1989년에는 마그데부르크를 애도하기 위해 교회 로비에 설치하였다. 교회 재건은 독일통일 2년 전인 1989년 말부터 빠르게 추진되었다. 1991년 1월 16일 요하니스 교회의 재건축 위원회가 조직되어 교회 재건이 본격화되었다. 역사와 현대를 연결하는 건물의 내부와 함께 광범위한 재건 작업이 시행되었다.

교회 앞에 있는 루터 기념비는 1886년에 세워진 것으로, 1989년에 "영원히 우리와 함께하는 하나님의 말씀"이라는 글귀가 적힌 받침대를 만들어 그 위에 루터 동상을 올려놓았다. 이후 세월의 풍랑 속에 루터 기념비가 파괴되었다가 1995년에 오늘날의 모습으로 교회 앞에 다시 세워졌다. 설교 가운을 입은 루터는 심장이 있는 가슴에 왼손을 얹고, 오른손은 성경을 들고 당당히 말씀을 전하고 있다. 요하니스 교회는 1999년 10월부터 복원된 모습으로 일반인에게 공개되고 있다. 오늘날의 요하니스 교회는 현대적인 콘서트와 학회, 전시회 등 행사장으로 사용되고 있다. 요하니스 교회는 오랫동안 파괴와 재건을 반복하면서 예배 장소로서 보다는 마그데부르크 교회 역사의 기념비로서 남아 있다. 교회 앞 루터 기념비가 그 증거다. 1987년 요하니스 교구 교회는 루터 교구 교회와 합쳐져 삼위일체 교구 교회가 되었다.

오토 폰 귀리케

마그데부르크의 시장이었던 오토 폰 귀리케(Otto von Guericke, 1602-1686)와 그의 가족은 요하니스 교회의 북쪽 면에 있는 지하 납골당에 묻혀 있다. 폰 귀리케는 독일 실험물리학의 아버지로서 진공의 존재를 증명했고, 공기펌프 등을 발명했다. 오늘날 마그데부르크 대학교 이름은 그의 이름을 딴 것이다. '오토 폰 귀리케 마그데부르크 대학교'(Otto von Guericke Universität Magdeburg)라고 불린다. 교회 남쪽 첨탑은 2004년에 시의 지원과 후원금으로 69m 높이의 모습으로 새롭게 단장하였다. 첨탑의 52m 지점에서 시를 내려다볼 수 있다. 두 개의 쌍둥이 첨탑은 마그데부르크 대성당에서 기증한 것이다. 교회의 마지막 재건공사가 2014년에 있었다. 본당의 고딕식 창문을 예술적으로 바꾸는 작업이었다. 드레스덴의 예술가 막스 울리히(Max Uhlig)에 의해서 여섯 색깔의 창문이 남쪽 벽면에 만들어졌다.

요하니스 교회
(Johanniskirche)

주 소 Johannisstraße 1, 39104 Magdeburg

연 락 처 Tel. 0391- 5934 443

개방시간 월-토 10:00-17:00(월요일, 축제 및 공휴일 휴무)
탑 위로 올라갈 수 있는 시간은 16:00까지

입 장 료 3유로(중 · 고등학생/10명 이상의 그룹 2유로)

발로너 교회
Wallonerkirche

개신교 교회인 발로너 교회(Wallonerkirche)의 전신은 아우구스티누스 수도원이다. 발로너 교회를 '성 아우구스티누스 교회'(Sankt-Augustini-Kirche)라고도 부른다. 루터는 1516년에 그가 속해 있던 에어푸르트 아우구스티누스 수도회의 업무로 마그데부르크 아우구스티누스 수도원을 방문하였다. 1524년에는 자주 이곳을 찾았는데, 루터는 수도원의 작은 방에 머무르곤 하였다. 이 방은 1945년까지 보존되었으나 지금은 더 이상 볼 수 없다. 루터는 1524년 6월 24일에 아우구스티누스 수도원에서 설교하였다.

수도원은 1285년~1295년에 지어졌으나, 1524년 수도원이 해체되면서 마그데부르크시의 소유가 되었다. 루터의 영향으로 마그데부르크가 종교개혁도시가 되면서 루터교를 수용했기 때문에 가톨릭 수도원이었던 아우구스티누스 수도원은 해체될 수밖에 없었다. 마그데부르크시는 수도원 건물을 김나지움, 가난한 자를 위한 병원, 시립도서관 등 다양한 목적으로 활용하였다. 이후 30년 전쟁(1618~1648)을 치르면서 1631년 틸리 장군이 이끄는 제국 군대의 공격을 받아 마그데부르크시가 파괴되었고, 수도원 건물도 일부 손실되었다. 1632년 첫 번째 대림 주일에 다시 예배를 드릴 수 있었다. 프리드리히 빌헬름(Friedrich Wilhelm)의 명령으로 1690년 손실된 수도원 건물은 발로너에서 이주한 개혁 교도들에게 넘겨졌다. 1694년 12월 2일 수도원 건물은 이들에 의해 완전히 복구되었고, '발로너 교회'라 불리게 되었다. 2차 세계대전이 끝나기 직전인 1945년 1월 16일 공군의 무참한 폭격으로 교회는 심하게 훼손되었다. 교회는 1961년에 재건을 시작해 1968년 10월 20일에 첫 예배를 드렸다. 1978년에는 교회 첨탑이 번개로 파괴되었다가, 1980년~1991년에 재건되었다. 1994년 6월 19일에는 새로운 오르간이 봉헌되었다.

교회 내부에는 1488년에 만들어진 후기고딕 양식의 3단 제단화가 있다. 중앙에는 부활하신 예수가 왼손에 온 세계를 뜻하는 공을 들고 있으며, 공에는 십자가가 세워져 있다. 예수 앞에 앉아 기도하는 사람은 마리아다.

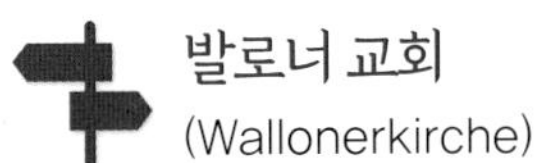

발로너 교회
(Wallonerkirche)

주 소 Neustädter Straße 6, 39104 Magdeburg

연 락 처 Tel. +49 391 543 46 13

개방시간 일요일과 공휴일 9:30

마그데부르크의 명소 그뤼네 치다델레
(Grüne Zitadelle)

훈데르트바서의 그뤼네 치다델레

일명 핑크하우스라 불리는 그뤼네 치타델레(Grüne Zitadelle, 녹색 성채, 그린 시타델)는 상업 시설이 포함된 주거용 건물이다. 이 건물은 오스트리아의 세계적인 건축가 훈데르트바서(Hundertwasser)의 작품으로 2005년에 건축이 완공되었다. 아쉽게도 훈데르트바서는 이 건물의 완성을 보지 못했다. 하지만 그가 남긴 설계도에 따라 지어져 훈데르트바서의 유작이 되었다. 건물 안뜰은 들어가 볼 수 있게 되어있으며, 평평하지 않은 바닥을 걸으며 훈데르트바서의 곡선미를 체험할 수 있다. 이 건물의 특징은 모든 창문이 서로 다른 모습으로 만들어졌다는 것이다. 세입자들은 '창문법'이 있는데, 팔과 붓이 닿는 곳까지 창문 주변의 외관을 디자인할 수 있다. 그뤼네 치타델레는 마그데부르크 대성당과 시의회와 가깝다. 훈데르트바서가 생애 말기에 설계한 건물은 그뤼네 치타델레 외에도 루터의 도시 비텐베르크에 있는 훈데르트바서 학교가 있으며, 작센-안할트주에 예술적인 건물들이 더 있다.

왜 이 분홍색 건물을 '녹색 성채'라고 하는 것일까? 훈데르트바서는 지상에서 보이지 않는 옥상과 테라스에 녹지를 만들도록 건물을 설계했다. 모든 세입자는 그들이 소유한 정원을 배당받아 직접 정원을 관리하게 된다. 지상에서 보이지는 않지만 수천 평방미터에 달하는 녹지가 요새처럼 감추어진 곳이라서 '녹색 성채'라는 이름이 붙여진 것이다. 훈데르트바서의 자연주의에서 나온 발상이다.

훈데르트 바서
(Friedensreich Regentag Dunkelbunt Hundertwasser, 1928~2000)

훈데르트바서는 화가이자 건축가, 환경운동가로서, 1928년 12월 15일 오스트리아 빈에서 태어났다. 한 살 때 아버지가 죽고, 유대인인 어머니와 힘든 시절을 보냈다. 2차 세계대전 중에는 히틀러의 유대인 탄압으로 외가 친척 69명이 몰살당했으며, 그와 그의 어머니는 게토로 강제 이주 됐다.

훈데르트바서의 그림에서 나타나는 특징은 '나선'의 형태이다. 그에게 나선은 생명과 죽음을 상징한다. 또한 '색채의 마술사'라고 불릴 정도로 색을 조합하는 능력이 뛰어나다. 그는 전통적인 색의 조합에서 벗어나, 자유롭고 대담한 색을 사용했다. 훈데르트바서는 자연주의자로 직선을 배척하고 곡선을 옹호하며, 기존의 '건축은 네모다'라는 고정 관념을 깼다. 오스트리아 빈에 있는 그의 대표작 '훈데르트바서 하우스'(Hundertwasserhaus)와 '쿤스트하우스 빈'(Kunsthaus Wien)은 그의 예술의 독특함을 고스란히 표현하고 있다. 훈데르트바서는 2000년 태평양을 항해하던 엘리자베스 2호 갑판에서 심장마비로 사망했다.

그뤼네 치다델레
(Grüne Zitadelle)

주 소	Breiter Weg 8/10A, 39104 Magdeburg
연락처	Tel. +49 391 5975 5940
개방시간	월-금 10:00-18:00
가이드 및 탑 관람 (33m)	9.00~10.00 유로, 온라인 신청

4

운명의 도시 슈토테른하임

도시정보

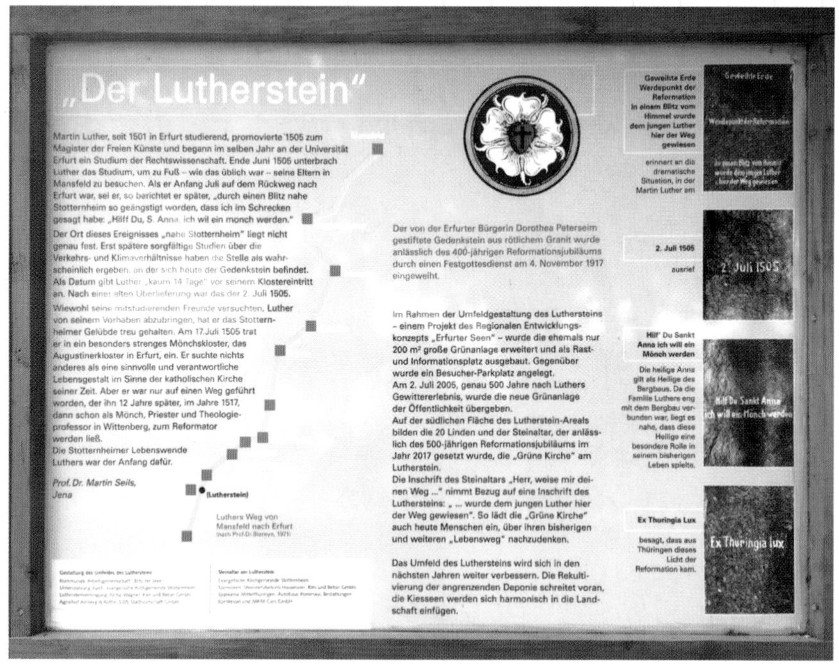

슈토테른하임(Stotternheim)은 에어푸르트 동쪽 지역에서 가장 넓은 면적을 차지하고 있는 마을로, 에어푸르트에서 북쪽으로 약 3km 떨어진 곳이다. 이 작은 마을은 1994년에 에어푸르트에 통합되어 산업과 농업 지역에서 주거지역으로 변화하였다. 현재 약 3,500명이 거주하고 있으며, 이곳이 유명해진 것은 루터와 관련이 있다. 슈토테른하임은 종교개혁가 루터가 수도사가 되기로 한 운명의 도시다. 벼락에 맞아 죽을뻔한 루터가 수도사가 되기로 서원한 자리에 루터 기념비가 세워졌다. 세계 각국의 사람들이 기념비를 보려고 슈토테른하임을 찾으면서 이 작은 동네는 루터 순례의 명소가 됐다.

루터의 운명을 바꾼 뇌우체험

청년 루터

루터는 1501년 에어푸르트대학에 입학해 문학석사를 마치고, 1505년부터는 아버지의 소원대로 법학 공부를 시작했다. 아버지는 법률가가 되어 가문을 빛내줄 아들이 자랑스러워 '당신'(Sie)이라는 존대어로 부르기까지 하며 아들의 법학 공부를 위해 물심양면으로 아낌없이 지원했다. 그러나 루터는 아버지의 뜻대로 법학 공부는 시작했지만 한 학기를 마치고 중단하고 말았다.

1505년 7월 2일 슈토테른하임의 체험이 루터의 운명을 바꾸어놓았다. 첫 학기 법학 공부를 마친 루터는 슈토테른하임의 부모 집을 방문했다. 에어푸르트로 돌아오는 도중 천둥 번개와 벼락을 만나게 됐다. 불행하게도 루터 옆에 있던 친구 알렉시우스는 벼락에 맞아 죽고 말았다. 그리고 루터는 벼락으로 넘어져 사경을 헤매게 됐다. 죽음의 공포 속에서 루터는 성모 마리아와 광부들의 수호 성녀인 안나에게 도움을 청하며 서원했다. "거룩한 안나여, 나를 도와주십시오. 제가 수도사가 되겠습니다." 뇌우가 있고 난 후 15일째 되는 날 루터는 서원 기도대로 수도원에 들어갔다. 그의 아버지는 몹시 화가 났지만, 아들의 결심을 꺾을 수 없었다. 1505년 7월 17일, 21살의 루터는 에어푸르트에 있는 아우구스티누스 엄수파 수도원의 수도사가 되었다. 늘 죽음에 대한 공포와 그로 인한 좌절과 절망으로 우울 속에 빠져 있던 루터에게 뇌우체험은 수도사가 되려는데 결정적 역할을 하였다. 마지막 심판의 날에 그리스도 앞에 설 수 없다는 두려움과 영생이 없다는 절망감이 법학도 루터를 수도사 루터로 바꿔 놓았다.

루터는 법조인이 되어 세상의 영화를 누리려 했지만, 하나님은 그가 하나님의 사람으로 살기를 원했다. 마치 다메섹 도상에서 주님의 음성을 듣고 사울이 바울이 된 회심 사건 같았다(행 9:1-19). 하나님은 루터의 삶이 '원천으로'(ad fontes, 근원으로) 향하길 원했다. "목마른 사슴이 샘물을 찾아 헤매듯이"(시편 42:1) 루터의 영혼은 '원천'인 하나님을 향했다. 삶의 '개혁'(re-formatio, 본질로 돌아가기)이 일어난 것이다. 1917년 종교개혁 400주년을 맞이하여 루터의 생애 전환점이 된 뇌우체험 장소에 2m 높이의 기념비가 세워졌다. '루터의 돌'이라고 불리는 이 비석에는 다음과 같은 문구가 새겨져 있다.

루터기념비 앞면

Geweihte Erde

Wendepunkt der Reformation

In einem Blitz vom Himmel
wurde dem jungen Luther
hier der Weg gewiesen.

거룩한 땅

종교개혁의 전환점

하늘의 번개가 내린 여기에서
젊은 루터에게 길을 보여주었다.

루터기념비 뒷면

Hilfe, Du Sankt Anna,
ich will ein Mönch werden

도우소서, 당신 성 안나여,
내가 수도사가 되겠나이다.

루터기념비 좌측면

Ex Thuringia lux
튀링겐에서 빛이 발하다.

루터기념비 우측면

2. Juli. 1505
1505년 7월 2일

행위인가? 믿음인가?

뇌우체험: 원천으로 돌아가기

루터가 '종교개혁가'가 된 데에는 두 번의 결정적 체험이 있었다. 첫 번째는 1505년 7월 2일 슈토테른하임의 부모님을 방문하고 오던 길에 만난 '뇌우체험'이다. 법학과 신입생이었던 루터는 그를 강타한 낙뢰(落雷)로 죽음의 공포 속에서 전율하며 '하나님의 사람, 수도사'로 살 것을 서원했다. 그 약속대로 보름 후 그는 아우구스티누스 수도원에 들어갔다. 루터는 법조인이 되어 세상의 영화를 누리려 했지만, 하나님은 그가 하나님의 사람으로 살기를 원했다. 마치 다메섹 도상에서 주님의 음성을 듣고 사울이 바울이 된 회심 사건 같았다(행9:1-19). 하나님은 루터의 삶이 '원천으로'(ad fontes) 향하길 원했다. "목마른 사슴이 샘물을 찾아 헤매듯이"(시편 42:1) 루터의 영혼은 '원천'(샘물)인 하나님을 향했다. 삶의 '개혁'(re-formatio, 본질로 돌아가기)이 일어난 것이다.

탑 체험: 믿음의 발견

두 번째 체험은 루터가 아우구스티누스 수도원의 탑 안 서재에서 한 체험이었다. 루터는 그곳에서 오래전부터 씨름해온 '죄'의 문제를 해결할 수 있었다. 그것은 '죄인인 인간이 어떻게 하나님 앞에서 의롭게 될 수 있는가?' 하는 구원의 문제였다. 루터는 탑 방에서 시편과 로마서를 읽으며 죄인이 구원받는 길을 찾아 헤맸다.

아우구스티누스 수도원의 루터 방

그러던 중 그의 눈이 멈춘 곳은 "복음에는 하나님의 의가 나타나서 믿음으로 믿음에 이르게 하나니 오직 의인은 믿음으로 말미암아 살리라"(롬1:17)는 구절이었다. 심장이 멎는 듯했다. 그가 지금까지 쌓아온 '행위'의 공적들이 '믿음' 앞에 무너져 내리는 순간이었다. '오직 믿음으로 의롭게 된다'는 복음의 놀라운 체험은 그를 원천으로 돌아가게 했다. 루터는 '새로 태어나 열린 문을 통해 천국에 들어가는 것' 같았다.

죄로부터의 해방

루터의 첫 번째 뇌우체험이 루터 밖에서 부르신 하나님의 '소명체험'이었다면, 두 번째 탑 체험은 루터 안에서 역사하신 하나님의 '복음적 해방'의 체험이었다. 탑 체험 이후 루터는 구원의 확신 위에 서게 됐다. 그는 더 이상 죄의 문제로 번민할 필요가 없었다. 죄로부터의 해방이었다. 정절, 가난, 순종, 금식, 철야, 육신의 극기와 같은 수도원의 '거룩한 생활'이 구원의 길로 인도하는 것이 아님을 깨달았다. 교황들과 순교자들의 유골이 연옥의 형기를 단축하는 면죄의 효과가 없다는 것도 알게 됐다. 로마의 라테라노 대성당 앞의 '거룩한 계단'을 무릎으로 기어오르며 '주기도문'을 외울 필요도 없게 됐다. 죄를 용서받기 위해 하루에도 몇 차례, 몇 시간씩 죄를 고해하는 행위도 부질없었다. 죄의 용서를 위한 인간의 모든 '행위'들이 오직 '믿음' 하나면 충분했다. 루터의 탑 체험은 믿음의 원천에서 멀어진 교회를 다시 믿음의 원천으로 돌아가게 한 '개혁'의 출발점이 되었다.

하나님의 의

수도사 루터
(아우구스티누스 수도원)

루터를 죄에서 해방시킨 것은 '하나님의 의(義)'였다. 그는 로마서 1장 17절을 통해 '하나님의 의'라는 말의 참된 의미를 발견하게 됐다. 하나님의 의는 심판을 지칭하는 게 아니다. 하나님은 엄격하고 벌을 내리는 심판자가 아닌, 관대하며 자비로운 구원자다. 하나님의 의는 공로(행위)를 쌓아서 얻는 '능동적 의'가 아니다. 그것은 자비로우신 하나님이 우리를 믿음으로 말미암아 의롭다고 하시는 '수동적 의'다. 하나님의 의는 율법 안에 나타나는 '진노의 의'가 아닌, 복음 안에 드러나는 '용서의 의'다. 구원의 유일한 길은 복음 안에 나타난 하나님의 선물로서 '믿음' 뿐이다. "나는 하나님의 의란 하나님께서 은혜와 순수한 자비를 발휘하신 나머지 우리의 믿음을 보시고 우리를 죄가 없는 것으로 취급하시는 그 의라는 것을 터득했다." 루터의 고백이다.

그렇다! 루터가 발견한 '하나님의 의'는, 판사가 죄인에게 판결을 내려 죄의 값을 치르게 하는 '정의'(正義, justice)가 아니다. 그것은 죄의 값을 치를 필요 없이, 아예 죄가 없는 것으로 취급한다는 '칭의'(稱義, justification)다. 인간은 '하나님께서 그리스도를 통해 구원을 이루셨다'는 것을 믿기만 하면 된다. '믿음'은 인간의 행위나 업적으로 얻어지는 게 아니라, 하나님의 선물이며, 오직 말씀을 통해 주어진다. 루터는 죄인인 인간이 새롭게 되는 전 과정을 가리켜 '이신칭의'(以信稱義: 믿음으로 죄가 없다는 취급을 받는 것)라고 불렀다(롬10:9-17).

그리스도로 말미암아

'오직 은혜'(Sola Gratia)로 '값없이' 얻게 되는 칭의는 어떤 행위를 통해서 일어나는 것이 아니다. 그것은 '그리스도로 말미암아' 일어나며, '오직 믿음으로'(Sola Fide) 수용된다. 참된 믿음은 그리스도가 고난 당하고 부활했다는 것과 '이 모든 일이 나를 위하여, 나의 죄를 위하여' 일어났다는 사실을 아는 것이다. 한 마디로 믿음은 그리스도를 받아들이는 것이다. 그리스도는 마치 손과 같아서, 인간에게 내려 주시는 하나님의 선물(은혜)을 그를 통해 받는다. 그때 인간은 변화된다. 인간은 스스로 새로운 인간이 될 수 없다. 오직 은혜에 의해서만 가능하다. 하나님의 칭의로 새로워진 인간은 새로운 행위를 하게 된다. 이제부터 내가 아닌 하나님이 내 안에서 일하신다. "이제 내가 사는 것이 아니요 내 안에 그리스도께서 사는 것이다."(갈2:20)

믿음은 인간으로 하여금 선한 행위를 하게 하지만, 불신앙은 인간을 악한 행위로 인도한다. 믿음과 행위의 관계는 마치 '나무와 열매' 같다. 열매(행위)가 나무(믿음)를 내는 것이 아니며, 나무(믿음)가 열매(행위) 위에서 자라는 것이 아니다. 그 반대다!

5

수도사 루터의 도시 에어푸르트

도시정보

독일 튀링엔주의 주도인 에어푸르트(Erfurt)는 중세부터 상업 중심지로 발전해왔다. 에어푸르트는 인구 214,000명(2018.12.31. 통계)으로 독일의 정중앙에 위치한다. 인접한 도시로는 바이마르와 아이제나흐가 있다. 에어푸르트는 중세에는 중개무역의 중심지로 활동하였고, 15세기 중반에는 한자동맹에 속한 도시였다. 19세기 초반에는 프로이센 왕국에 병합되었으며, 2차 세계대전 이후로는 튀링엔주의 주도가 됐다. 동독과 서독으로 분단되어 있던 1970년에는 에어푸르트에서 서독 총리인 빌리 브란트(Willy Brandt, 1913~1992)와 동독 총리인 빌리 슈토프(Willi Stoph, 1914~1999)가 만나 여러 가지 협상을 시작하였다. 오늘날의 에어푸르트는 행정과 서비스의 중심도시이며, 다양한 기계 산업 분야의 기업들이 상주하고 있는 경제도시다. 그 외에도 저렴한 임금과 독일의 중심을 관통하는 유리한 지리적 조건으로 물류 산업이 발달해 있다. 에어푸르트는 라이프치히 다음으로 옛 동독지역에서 두 번째로 큰 무역 박람회가 열리는 도시다.

에어푸르트에는 부유한 명문가 저택과 중세 목조주택, 여러 수도원과 교회들이 한 데 어울려 있어 '튀링엔의 로마'라고 불린다. 그밖에도 이 도시에는 루터가 수도사로 있었던 아우구스티누스 수도원과 문학, 철학, 법학, 신학을 공부했던 에어푸르트 대학교가 있다. 에어푸르트 시내 중심가에는 루터가 사제서품을 받은 에어푸르트 성 마리아 대성당이 있으며, 앞 광장에는 루터 동상이 있다. 루터로 인해 에어푸르트는 '루터 도시'가 되었다.

아우구스티누스 수도원
Augustinerkloster zu Erfurt

아우구스티누스 수도원. 옛 건물과 현대식 건물이 조화를 이루고 있다.

에어푸르트 아우구스티누스 수도원(Augustinerkloster zu Erfurt)은 1277년에 지어졌다. 루터는 이 수도원에 1505년 7월 17일에 입회하여 1511년까지 수도사로 살았다. 그는 1507년 에어푸르트 대성당에서 사제서품을 받았고, 같은 해 5월 2일에 첫 미사를 집례했다. 루터에게 아우구스티누스 수도원은 그를 하나님의 사람으로 만든 어머니의 자궁과 같은 곳이었다. 수도원은 루터의 영향으로

종교개혁 이후 개신교 교회가 된 아우구스티누스 수도원 교회

일찍이 종교개혁의 영향을 받았다. 1522년 아우구스티누스 수도회의 수도사들이 이곳을 떠나면서 수도원 교회는 1525년부터 개신교 요하니스 교회가 사용하게 되었다. 수도원 건물과 연결되어있는 수도원 교회는 종교개혁 전에는 가톨릭교회였지만 지금은 개신교 교회다.

1556년에 마지막 수도사가 죽으면서 수도원은 세속화되었다. 수 세기 동안 수도원 건물은 고아원, 학교, 개신교 도서관 그리고 마르틴 재단으로 사용되었다. 이것은 루터의 종교개혁 정신에 따른 것이었다. 이러한 사회적 사업에 힘을 실어 주기 위해 1840~1846년에 독일의 고전파 건축가인 칼 프리드리히 쉰켈(Karl Friedrich Schinkel, 1781~1841)의 설계대로 수도원 건물을 새롭게 리모델링 했다. 제2차 세계대전이 끝나던 해인 1945년 공습폭격으로 수도원 건물이 심하게 훼손되었으나, 대대적인 복구작업으로 새롭게 복원되었다.

아우구스티누스 수도원은 독일의 가장 중요한 루터 유적지 중 하나지만, 기념관 그 이상이다. 중부 독일 지역에서 아우구스티누스 수도원은 개신교 교회의 다양한 행사와 학술제를 개최하는 컨벤션센터가 되고 있다. 초교파적으로 순례자를 위한 숙소도 제공하고 있으며, '성서-수도원-루터'(Bibel-Kloster-Luther)라는 상설전시회를 열어 많은 방문객을 받고 있다. 2004년에 수도원은 국가문화유산으로 인정받아 문화재로 지정되었다. 기회가 되면 루터가 수도사로 살았던 수도원 숙소에서 하룻밤 머물며 루터의 흔적을 느껴보는 것도 좋다. 숙박 예약은 일반 인터넷 숙박 사이트나 수도원 홈페이지에서 할 수 있다.

수도사가 된 루터

루터는 슈토테른하임에서 1505년 7월 벼락에 맞아 땅에 나뒹굴었을 때, 가장 먼저 '무시무시한 하나님', '가차 없는 그리스도', '지옥으로 인도하는 마귀들'을 떠올렸다. 죽음의 공포를 느낀 루터는 수도사가 되기로 서원했고, 2주 후 에어푸르트 대학 옆 아우구스티누스 수도원에 입회했다. 수도원은 마귀와 두려움의 피난처였고, 수도원 생활은 하늘나라로 통하는 지름길처럼 보였다. 루터가 입회한 아우구스티누스 수도원은 규칙이 엄격했고, 계율을 철저히 지켰다. 루터는 계율을 엄격하게 지킬수록 하나님에게 더 인정받을 수 있다고 믿었다. 그는 어릴 때부터 씨름하던 죄의 문제를 해결하기 위해 날마다 힘들고 고된 수도사의 길을 걸었다. 하지만 수도원도 그의 문제를 해결해 주지 못했다. 루터는 수도원의 행위를 통한 구원의 노력이 얼마나 무의미한지 깨달았다. 그러나 절망에 빠진 루터에게 한 줄기 희망의 빛은 있었다. 그것은 루터를 수도사에서 종교개혁가로 만든 위대한 스승 요한 폰 슈타우피츠(Johann von Staupitz, 1468~1524)와의 만남이었다. 루터는 그를 통해 성경을 직접 읽으며, 말씀을 깊이 묵상할 기회를 얻었다. 이것은 루터를 수도사에서 개혁가로 만든 일생의 전환점이 되었다. 오직 은혜(Sola Gratia), 오직 믿음(Sola Fide), 오직 그리스도(Solus Christus), 오직 성경(Sola Scriptura)이라는 그의 종교개혁의 외침은 그 옛날 아우구스티누스가 내걸었던 표어였다. 루터가 아우구스티누스 수도원에 들어간 것은 결코 우연이 아니었다.

루터가 무릎으로 닦았을 수도원 복도

개신교 아우구스티누스 수도원
(Evangelisches Augustinerkloster zu Erfurt)

주 소 Augustinerstraße 10, 99084 Erfurt

연 락 처 Tel. +49 391 57660-0

가 이 드 11:00와 13:00, 일요일 11:00 (신청자 10명 이상 가능)
오디오 가이드도 가능

가이드& 전시관람 성인 7.50유로 | 어린이(12세 이상) 4.00유로
가족(성인 2명 + 학생 2명, 18세 이하) 21유로
단체(10명 이상) 1인 6.50유로

에어푸르트 대성당

Erfurter Dom

좌측: 에어푸르트 성 마리아 대성당, 우측: 성 세베리 교회

에어푸르트 대성당(Erfurter Dom)은 이전에 성 마리아 교회(Marienkirche)로 불렸다. 지금은 에어푸르트 성 마리아 대성당이라고도 부른다. 대성당은 에어푸르트에서 가장 중요하고 오래된 교회 건물이다. 대성당의 전신이 된 것은 747년에 대성당 자리에 튀링엔 최초의 주교가 세운 주교좌 성당이다. 주교좌는 잠깐 있다가 755년에 없어졌으나, 에어푸르트 대성당은 초기 주교좌 성당으로서 중요한 의미를 지니며 대성당(혹은 돔. 주교가 있는 교구의 중심이 되는 성

당)으로서의 위상을 굳건히 지켜 왔다. 대성당은 오랜 세월 동안 수차례에 걸쳐 개조·재건되었다. 제2차 세계대전 때는 연합군의 무참한 폭격에도 불구하고 성당은 완파되지 않고 지붕과 제단의 창문만 심하게 파손되었다. 전쟁이 끝난 후 1949년까지 훼손된 성당의 복구작업이 진행되었다. 본격적인 성당 복원공사는 1965년부터 1997년까지 진행됐으며, 로마네스크와 고딕 양식을 반영한 오늘날의 성당 모습을 갖추게 되었다. 독일통일 4년 후인 1994년에는 독일의 로마가톨릭교회가 개편되면서, 성 마리아 대성당은 예전의 주교좌 성당의 위상을 되찾았다.

에어푸르트 대성당은 교회 곳곳에 13개의 종이 있다. 그중에 첫 번째 종인 글로리오사(Gloriosa)는 중세시대에 세계에서 가장 큰 종으로 알려져 있다. 종 둘레가 무려 2,560mm이며 무게가 11,450kg이다. 글로리오사는 대성당 중간 첨탑 아래에 걸려있다. 네덜란드 출신 게르하르트 반 보우(Gerhard van Wou, 1440~1527)가 만든 것으로, 1497년 7월 7일~8일까지 이틀간 교회 꼭대기에서 쇳물을 부어 종을 만들었다. 2004년에 글로리오사를 대대적으로 복원공사 했으며, 이후에는 종을 기념하기 위해 세심하게 보존하고 있다. 오늘날에는 중요한 교회 절기에만 글로리오사의 종소리를 들을 수 있다.

에어푸르트 대성당의 글로리오사

대성당 바로 옆에는 고딕 양식의 성 세베리 교구교회(die Pfarrkirche St. Severi)가 있다. 이 교회는 대성당이 건축되기 전에 있었던 것으로 추정된다.

성 세베리 교회는 대략 342년에서 344/346년까지 라벤나(Ravenna)의 주교였던 성인 세베루스(Severus)에게 봉헌된 교회이다. 처음에 이 교회는 베네딕토 수녀회 수도원이었다가 후에는 남자 수도공동체로 사용되었다. 오늘날 세베리 교회는 1350년 같은 자리에 다시 세워진 초기 고딕 양식의 할렌교회(Hallenkirche, 교회 내부가 일자 모양의 긴 교회로 본당 길이와 천장 높이가 대체로 동일) 모습 그대로다. 836년에 에어푸르트로 가져온 라벤나의 세베루스 성인의 유골이 석관에 담아 세베리 교회에 안치되어 있다. 석관에는 그의 아내 빈센티아(Vincentia)와 딸 인노센티아(Innocentia)가 합장되어 있다. 세베리 교회에는 1497년 게르하르트 반 보우가 에어푸르트 대성당의 글로리오사 종을 제작하면서 만든 '빈센티아'(Vindentia) 종이 있다. 이 종은 둘레가 1.63m이며 무게가 3톤에 달한다. 오늘날 세베리 교회는 에어푸르트에 있는 성 라우렌티우스(St. Laurentius) 교구에 속해 있는 가톨릭교회로 매 주일 9시 30분에 미사가 있다.

루터의 사제서품

에어푸르트 대성당이 개신교 교인들에게 의미가 있는 것은 종교개혁자 마르틴 루터가 사제서품식을 한 곳이기 때문이다. 당시 교회에서는 현대와 다르게 정식으로 신학 교육을 받지 않은 사람도 사제 서품을 받을 수 있었다. 본격적인 신학 교육은 사제로 임명받고 나서 시작됐다. 루터 또한 그렇게 했다.

아우구스티누스 수도원에서 수도사 과정을 끝낸 루터는 1507년 4월 3일 에어푸르트에 있는 성 마리아 대성당에서 사제서품을 받았다. 그리고 5월 2일 첫 미사를 집전했다. 성만찬 미사에서 루터는 여전히 하나님에 대한 두려움과 공포를 떨칠 수 없었다. "나는 티끌, 잿가루, 죄투성이입니다." 그는 하나님께 다가

루터가 사제서품식을 한 에어푸르트 대성당 제단

가는 듯했지만, 동시에 하나님으로부터 배척받고 있는 자신을 발견했다. "어떻게 하찮은 인간이 하나님 앞에 감히 설 수 있을까?", "어떻게 죄인이 감히 하늘의 거룩한 하나님을 대할 수 있을까?" 무서운 심판자 하나님을 어떻게 가까이할 수 있을지 루터는 고뇌했다.

루터가 시험으로 고통당할 때 고해 신부였던 슈타우피츠가 한 말이 떠올랐다. "십자가에 못 박히신 그리스도를 바라보라!" 루터는 성경 속에서 숨어계신 하나님을 발견했다. 그 하나님은 심판자가 아닌 무조건 용서하시는 사랑의 하나님이었다. 죄인인 인간을 위해 자기 아들을 십자가에 내어 주신 은혜의 하나님이었다. 수도원 규칙을 어겨도, 잘못된 행위를 해도 그리스도의 십자가 은혜를 믿기만 하면 구원해 주시는 은총의 하나님이었다. 시험의 고통 속에서 루터를 구해준 것은 오직 성경 말씀이었다.

루터가 첫 미사를 집례한 대성당 제단 아래 바닥에는 1428년에 죽은 요한네스 자카리애(Johannes Zachariae) 신부의 묘비가 있다. 자카리애는 콘스탄츠 공의회(1414~1418)에서 체코의 종교개혁자 얀 후스(Jan Hus, 1372~1415)를 이단으로 정죄하여 화형 시키는 데 결정적인 역할을 했던 인물이다. 교황은 그에게 '후스를 이긴 자'라는 칭호를 부여했다. 후스는 1411년 교황 요한 23세에 의해 파문당했고, 1415년 7월 6일 콘스탄츠 공의회의 결정에 따라 화형 되었다.

얀 후스

콘스탄츠 공의회에 제시된 후스에 대한 고소장에는 6가지 항목이 적혀 있었다. 첫째, 피고(후스)는 그리스도의 몸이 성만찬에 임재하지 않는다고 주장하며, 둘째, 교황의 무오함을 부인하고, 셋째, 고해성사를 거부하고, 넷째, 상급 성직자에게 무조건 순종할 것을 거부하고, 다섯째, 성직자의 독신을 거부하며, 여섯째, 면죄부에 대해 문제를 제기한다는 내용이었다.

후스는 "진리의 유일무이한 원천은 성서에 있다"고 주장하며 성서 외에 어떤 권위도 거부했다. 그는 교회 권력의 심장부를 향해 "면죄부를 파는 교황은 가룟 유다와 같다"고 선언하며, 교황의 절대 권위에 도전했다. 이로 인해 후스는 콘스탄츠 공의회에서 이단으로 정죄 되었다. 여기에 일조한 사람이 자카리애였다. 후스는 종교재판소에서 "입장을 번복하면 파문을 면하고 목숨을 구할 것"이라는 제안을 받았으나 단호히 거절했다. 후스의 머리카락은 면도칼로 동서남북 네 방향으로 깎였고, 그의 머리에는 'Hicest heresiarcha'(이 자가 이단의 두목이다)라고 적힌 고깔모자를 씌웠다. 후스의 몸은 나무 기둥에 묶였고, 기둥 아래에는 짚과 장작더미를 쌓아놓았다. 후스는 마지막 말을 남기고 타오르는 불 속으로 사라졌다. "너희는 지금 거위 한 마리를 불태워 죽인다. 그러나 100년 후에는 태울 수도 없고, 삶을 수도 없는 백조가 나타날 것이다." 후스는 체코어로 '거위'를 뜻한다.

후스가 예견한 '백조'는 100년 후에 등장한 마르틴 루터였다. 후스가 죽고 나서 105년 후인 1520년 2월에 후스의 저술을 읽은 루터는 다음과 같은 말을 남겼다. "모르든 알든 우리는 모두 후스파다." 루터의 영원한 스승 후스를 죽게 만든 요한네스 자카리애 묘비 위에서 1507년 루터는 사제 서품의 서원식을 했다. 그로부터 10년이 지난 1517년, 루터는 비텐베르크 성채 교회 문에 교황의 권위와 면죄부 판매를 반박하는 「95개 논제」를 써 붙였다. 이것은 후스가 시작한 종교개혁의 완수를 알리는 "태울 수도, 삶을 수도 없는" 백조의 선언문이었다.

에어푸르트 대성당
(Erfurter Dom)

주　　소 Domstufen 1, 99084 Erfurt

연 락 처 Tel. +49 391 57660-0

개방시간 11월~4월, 월-토 9:30~17:00, 일요일과 공휴일 13:00~17:00
5월~10월, 월-토 9:30~18:00, 일요일과 공휴일 13:00~18:00

예배시간 일요일 11:00, 18:00 / 월-금 18:00 / 토 18:00

에어푸르트 대학교
Universität Erfurt

에어푸르트 대학교 입구

1379년에 교황 클레멘스 7세는 에어푸르트 대학교(Universität Erfurt) 설립에 대한 허가증서를 발부했다. 교황 우르반 6세는 그로부터 10년이 지난 1389년 5월 4일에 에어푸르트 대학교를 완공했고, 1392년 부활절 후 2주 만에 공식적으로 학교를 개방했다. 이때부터 학생들이 공부하기 시작했다. 그러나 혁명전쟁(1848/49)과 나폴레옹시대(1803-1815)를 맞이하면서 에어푸르트 대학교는 학생 수의 감소로 위기를 맞게 되었다. 종교개혁과 인문주의 시대 때 학문의 전당으로서 정점을 찍었던 에어푸르트 대학교는 이제 학교 폐쇄를 결정해야 했다. 그 무렵 독일의 작은 대학들(두이스부루크, 풀다, 헤르보른 등)이 문을 닫았고, 에어푸르트 대학도 그중 하나가 되었다. 1816년부터 에어푸르트 대학은 장기간 휴교에 들어갔고, 178년이 지난 1994년에야 다시 문을 열 수 있었다.

1379년을 에어푸르트 대학교의 설립 해로 본다면, 에어푸르트 대학교는 독일에서 가장 오래된 대학이다. 그러나 하이델베르크 대학은 에어푸르트 대학이 학생을 받은 1392년보다 6년 빠른 1386년에 이미 정규 교육을 시작했다. 쾰른 대학은 1388년에 개교했다. 따라서 에어푸르트 시민들의 바람에도 불구하고 에어푸르트 대학이 가장 오래된 대학이라고 볼 수 없다는 게 중론이다. 에어푸르트 대학은 2020년 현재 약 5,900여 명의 학생이 재학 중이다.

루터는 1501년 에어푸르트 대학에 입학해 16학기 동안 공부했다. 인문학 8학기, 법학 1학기, 신학 7학기를 보냈다. 루터가 공부했을 때는 에어푸르트 대학은 전성기를 누렸다. "진정으로 공부하기를 원하는 자는 에어푸르트로 가라"는 것이 유행어였다. 에어푸르트 대학에 입학한 루터는 열심히 강의를 들으며 노래와 악기 연주에 재능을 보였다. 친구들과 진지한 토론에 열중하여 철학자라는 별명까지 얻었다. 루터는 1502년 9월 29일 문학사를 취득하고, 1505년 1월 6일 석사시험을 통과했다. 철학과에서 석사학위까지 받은 루터는 아버지의 간곡한 권유로 1505년 전공을 바꿔 법학과 학생이 되었다. 법학 공부를 시작한 지 2개월 만에 루터는 그의 운명을 바꾸어놓은 체험을 하게 되었다. 슈토테른하임의 뇌우체험이었다. 벼락에 맞아 쓰러진 루터가 한 서원 기도는 성 안나가 그를 살려만 준다면 수도사가 되겠다는 것이었다. 에어푸르트로 돌아온 루터는 아버지의 반대를 무릅쓰고 법학 공부를 포기하고, 아우구스부르크 수도회의 수도사가 되었다. 그리고 신학 공부를 시작했다.

에어푸르트 대학교
(Universität Erfurt)

주　　소 Nordhäuser Straße 63, 99089 Erfurt

연 락 처 Tel. +49 391 57660-0

크래머 다리
Krämerbrücke

에어푸르트는 '다리의 도시'라고 불릴 만큼 다리가 많은 곳이다. 그중에서도 단연 돋보이는 것은 크래머 다리(Krämerbrücke)다. 크래머 다리는 중세시대에 세워진 아치형 돌다리다. 일반적인 다리와 다르게 다리 위에 양쪽으로 집들이 늘어서 있고, 거리가 형성되어 있다. 크래머 다리는 유럽에서 다리 위에 집이 있는 가장 긴 다리이다.

크래머 다리가 본격적으로 언급되기 시작한 것은 1117년부터다. '크래머 다리'는 '상인들의 다리'라는 뜻으로, 에어푸르트가 무역 중심지로서 경제적 풍요를 누리던 시기에 건축되었다. 이 다리는 지역 주민들이 홍수를 여러 번 겪으면서 홍수로 강이 범람할 때 건널 수 있도록 나무다리를 놓으면서 생긴 것이다. 나무로 만든 크래머 다리는 수차례 화재에 휩싸였는데, 12~13세기 사이에 확인된 것만도 무려 일곱 번이다. 이렇게 화재가 자주 발생하자, 1265년에 다리를 돌로 짓자는 의견이 쏟아졌다. 그러나 의견은 수용되지 않았고, 공사는 수차례 지연되었다. 이로부터 한참 뒤인 1325년에 아치형의 돌다리가 완성되었다. 1472년 도시에 화재가 발생한 후, 길 폭을 18m 더 확장해 오늘날의 모습이 되었다. 다리 위 통로의 총 길이는 120m이며 양옆으로 32채의 집이 늘어서 있다. 다리를 건널 때에는 강이 보이지 않아 마치 땅 위의 골목길을 걷고 있다는 착각을 하게 만든다.

1293년부터 다리 위 상업활동이 허가되어서 상가가 형성되기 시작했다. 길 양옆으로 다양한 작은 상점들이 줄지어 서 있다. 1624년에는 다리 근방에서 거리의 악사들이 연주할 수 있도록 시의회가 승인했다. 400~500년이 지난 지금 이곳은 에어푸르트의 유명 관광지가 되었다. 1975년부터 매년 6월 셋째 주가 되면 3일간 축제가 열리고, 13만 명 정도가 축제에 참여한다.

크래머 다리 위쪽에서 걸으면 다리 같지 않고 골목길 같다.

크래머 다리 입구의 목조주택

크래머 다리의 목조주택

크래머 다리 위의 목조주택(Fachwerkhaus)은 두꺼운 목재에 구멍을 판 뒤 서로 연결해 만드는 유럽의 건축 양식이다. 중세의 서민가옥이 주로 목조주택의 형태를 띠고 있다. 목조주택의 원형은 79년 고대 로마의 도시 폼페이에 있었던 오푸스의 집이다. 목조주택은 기본적인 골격은 목재로 짓고, 사이사이에 흙을 채워 넣는다. 목조주택이 북유럽과 중부유럽에 많은 것은 나무를 쉽게 구할 수 있기 때문이다. 독일과 프랑스 알자스 지방에 특히 많이 있다. 목조주택의 치명적 약점은 나무가 불에 약해 화재의 원인이 된다는 점이다. 이를 막고자 나무 사이에 진흙이나 돌을 채워 넣어 반은 목재, 반은 다른 재료를 섞어 지은 반목조주택이 있다.

시험을 통해 하나님을 만난 루터

모든 게 마귀 때문?

루터가 어릴 적부터 우울증 환자였던 것은 잘 알려진 사실이다. 자라면서 루터는 종종 말할 수 없는 우울증에 빠지곤 했는데 이 우울증은 당시 종교의 영향 때문이었다고 한다. 루터가 태어난 독일 튀링엔 지방은 종교적으로 가장 보수적인 곳이었다. 이 지방 사람들은 폭우, 홍수, 전염병, 인간이 죄를 짓고, 인간이 우울증에 걸리는 것 모두가 악령의 짓이라고 믿었다. 루터 또한 잡신들이 계란, 우유, 버터까지 훔친다는 어머니의 말을 굳게 믿곤 했다. 그는 "사방에 마귀들이 득실거린다"고 말할 정도였다. 당시 가정도 학교도 교회도 수도원도 마귀와 귀신과의 싸움에 집중해 있었다. 인간의 병도 마귀의 짓이라고 믿었기에 수도원 곁에는 저녁 기도회 종소리를 들으며 병 낫기를 바라는 병자들로 붐비곤 했다. 루터는 귀신들린 자에게서 귀신이 실제로 빠져나오는 것을 보았다고 말하기까지 했다.

두려움의 도피처가 된 수도원 생활

아우구스티누스 수도원의 수도사 루터
(루카스 크라나흐, 1520)

마귀와 귀신, 악령에 대한 루터의 공포심은 에어푸르트 대학교 시절에도, 수도사가 된 다음에도 이어졌다. 당시 교회는 활활 타오르는 지옥을 말하며 공포심을 불러일으켰다. 그래야 사람들이 교회의 성례들에 열심히 참여할 것으로 생각했다. 사람들이 너무 무서워 겁에 질려 있으면 진정제로 연옥을 소개하기도 했다. 그 덕에 면죄부 수익도 올릴 수 있었다. 하나님도 예수님도 인간을 벌하는 무서운 심판관으로 묘사됐다. 그런 심판자 하나님께 구원받는 길은 인간의 '행위'에 달려있었다. 하나님은 루터에게 두려움과 공포의 대상이었다. 루터는 1505년 7월 벼락에 맞아 땅에 나뒹굴었을 때, 가장 먼저 '무시무시한 하나님', '가차 없는 그리스도', '지옥으로 인도하는 마귀들'을 떠올렸다. 죽음의 공포를 느낀 루터는 수도사가 되기로 서원했고, 2주 후 에어푸르트 대학 옆 아우구스티누스 은자수도원에 입회했다. 수도원은 마귀와 두려움의 피난처였고, 수도원 생활은 하늘나라로 통하는 지름길처럼 보였다.

루터가 입회한 아우구스티누스 수도원은 규칙이 엄격했고, 계율을 철저히 지켰다. 루터는 계율을 엄격하게 지킬수록 하나님께 더 인정받을 수 있다고 믿었다. 그의 마음속에는 여전히 심판자 하나님이 지켜보고 있었다. 1507년 4월 3일 에어푸르트에 있는 성 마리아 대성당에서 사제서품을 받은 루터는 5월 2일 첫 미사를 집전했다. 성만찬 미사에서 루터는 여전히 하나님에 대한 두려움과 공포를 떨칠 수 없었다. "나는 티끌, 잿가루, 죄투성이입니다." 피조물이자 불완전한 존재라는 의식이 루터를 괴롭혔다. 그는 하나님께 다가가는 듯했지만, 동시에 하나님으로부터 배척받고 있는 자신을 발견했다. "어떻게 하찮은 인간이 하나님 앞에 감히 설 수 있을까?", "어떻게 죄인이 감히 하늘의 거룩한 하나님을 대할 수 있을까?" 아무리 생각해도 불가능했다. 무서운 심판자 하나님을 어떻게 가까이할 수 있을지 루터는 고뇌했다.

시험을 통해 만나주신 하나님

루터가 시험으로 고통당할 때 고해 신부였던 슈타우피츠가 한 말이 떠올랐다. "십자가에 못 박히신 그리스도를 바라보라!" 루터는 성경 속에서 숨어계신 하나님을 발견했다. 그 하나님은 심판자가 아닌 무조건 용서하시는 사랑의 하나님이었다. 죄인인 인간을 위해 자기 아들을 십자가에 내어 주신 은혜의 하나님이었다. 수도원 규칙을 어겨도, 잘못된 행위를 해도 그리스도의 십자가 은혜를 믿기만 하면 구원해 주시는 은총의 하나님이었다. 고난의 십자가처럼 시험과 환난은 오히려 하나님을 만나는 통로였다. "나의 하나님, 어찌하여 나를 버리셨습니까?" 예수님이 십자가상에서 부르짖었을 때 실제로 하나님은 예수님과 가장 가까이 계셨다. 하나님께서 멀리 떨어져 계실수록 인간은 하나님의 특별한 접근을 경험하게 된다는 것을 루터는 비로소 깨달았다. 역설의 신비였다. 시험과 환난이 크면 클수록 하나님은 인간에게 더 가까이 오셨다. 시험의 고통 속에서 루터를 구해준 것은 수도원도, 계율준수도, 고해성사도 아닌, 오직 성경 말씀이었다. 루터는 시험을 통해 하나님을 만날 수 있었다. 독일어 '안페히퉁'(Anfechtung, 시험)은 훗날 루터의 십자가 신학의 중심개념이 되었다.

시험 극복의 책, 시편

박사 모자를 쓴 루터
(루카스 크라나흐, 1521)

루터 당시 성경은 아무나 읽을 수 없었다. 수도원이나 대학에서도 성경은 덮어져 있었고, 성경 강의도 없었다. 루터는 스무 살이 될 때까지도 성경을 보지 못했다. 에어푸르트 대학을 졸업할 때에야 비로소 대학 도서관에서 성경을 읽을 수 있었다. 그는 성경을 읽고 묵상하면서 시험을 극복할 수 있었다. 1512년 신학박사 학위 후 비텐베르크대학교 성경 교수가 된 루터는 오직 성경만이 시험당하는 자에게 위로가 될 수 있다고 확신했다. 특히 루터는 시편 강의를 통해 시편을 깊이 묵상하고, 말씀을 바로 이해하면서 시험을 극복할 수 있었다. 처음 맛는 영적 평화였다. '심판자 하나님'은 잘못된 신학의 가르침에서 온 것이었다. 시험 극복의 책 시편에는 하나님의 놀라운 구원방식이 들어있었다. 하나님은 오직 은혜로 믿는 자를 의롭게 하신다는 것과 환난을 통해 성도가 안주에 빠지지 않게 하신다는 말씀이었다.

"시련이 없이는 아무도 성경, 믿음, 하나님에 대한 공포나 하나님의 사랑을 이해할 수 없습니다. 한 번도 시험을 받아 본 일이 없는 사람은 소망의 의미를 모릅니다." 오랜 시험 속에서 빠져나온 루터의 고백이었다.

6

종교개혁의 도시 비텐베르크

도시정보

비텐베르크(Wittenberg)는 독일 동부 작센-안할트주에 있으며, 인구 46,000명의 소도시다. 루터가 살던 1500년~1532년에는 인구 2,000~4,500명 정도의 작은 시골 마을이었다. 1846년이 되어서야 비텐베르크에 10,000여 명이 거주하게 되었고, 1905년에는 인구가 배로 증가해 20,331명이 되었다. 제2차 세계대전이 끝나면서는 다시 인구가 배로 급증해 45,000명 이상의 도시로 성장했다. 독일통일 직후인 1992년에는 55,096명으로 정점을 찍었다. 2011년을 기점으로 인구가 조금씩 감소하다가 2012년부터는 46,000명대를 유지하고 있다. 흥미로운 것은 비텐베르크의 정당이다. 2019년 5월 26일 통계자료에 따르면, 독일 집권당인 '독일기독교 민주연합(CDU)'과 극우파 정당 '독일을 위한 대안(AfD)'이 각각 의회 의석수 8개를 차지하고 있다. 2013년에 창당한 AfD는 CDU나 SPD 등 기존 정당들이 실행하지 못하는 문제들을 공략하거나 유로화, 다문화, 동성애 등을 반대하면서 독일 내 입지를 굳히고 있다. 특히 시리아 난민수용을 거부하면서 독일의 젊은 남성 지지층에게 큰 인기를 얻고 있다. 그 밖에 '독일 사회민주당(SPD)'이 6석, '좌파당(LINKE)'이 6석을 점유하고 있다. 오늘날 루터의 도시 비텐베르크에서는 보수정당(CDU 8석)보다는 진보정당(AfD, SPD, LINKE 20석)이 민심을 더 많이 얻고 있다. (종교) 개혁의 도시답다. 루터 당시 비텐베르크는 로마 가톨릭교의 보수 전통 세력에 저항하며 교회와 사회의 개혁을 추동하였다. 지금도 그 개혁의 정신이 비텐베르크 안에 남아 있는 듯하다. 물론 보수정당이 개혁에 참여하지 않는다는 의미는 아니다. 다만 다른 지역에 비해 야당의 석수가 압도적이라는 뜻이다.

비텐베르크는 루터가 종교개혁을 일으킨 곳으로, 1938년부터 '루터의 도시 비텐베르크'(Lutherstadt Wittenberg)라는 공식명칭으로 불리게 됐다. 비텐베르크는 엘베강 연안에 위치하며, 데사우 동쪽에 있다. 이 도시는 1180년 문서에 처음으로 나타난다. 초기에는 아스카니어인들이, 후에는 베틴 족이 정착해 살았다. 1260년에는 작센 비텐베르크 공국의 중심지였다가, 이후 작센 선제후국에 속하게 되었다. 15세기 말 이곳에는 루터의 영원한 후원자였던 선제후 현자 프리드리히의 궁이 있었다. 비텐베르크는 선제후 프리드리히에 힘입어 작센의 주(主) 도시가 되었다. 종교개혁도 그의 지원이 없었으면 불가능했을 것이다. 1502년에는 루터가 박사 학위를 받았고 신학 교수로 재직했던 비텐베르크 대학교가 설립되었다. 비텐베르크 대학교는 할레 대학교와 합병하여 현재 할레에 있는 '할레-비텐베르크 마르틴 루터 대학교'가 되었다. 비텐베르크는 1517년 10월 31일, 루터가 비텐베르크 성채 교회 문에 붙인 「95개 논제」로 종교개혁의 중심도시가 되었다. 비텐베르크 성채 교회, 성 마리아 시립교회, 루터 하우스, 멜란히톤 하우스 등 네 개의 종교개혁 유적은 1996년 유네스코 세계문화유산에 등재되었다. 루터의 도시 비텐베르크는 '종교개혁의 어머니'로 불리며, 개신교의 순례지이자 종교개혁의 요새로 기념되고 있다.

비텐베르크 성채 교회
Schlosskirche Wittenberg

비텐베르크 성채 교회. 교회 청동문(중앙)에 루터의 95개 논제가 새겨져 있다.

종교개혁 교회인 성채 교회(Schlosskirche)는 루터의 도시 비텐베르크의 개신교회로 1996년에 유네스코 문화유산으로 등재되었다. 성채 교회는 1517년 10월 31일 마르틴 루터가 라틴어 95개 논제를 교회 문에 내걸면서 종교개혁의 출발점이 된 곳이다. 비텐베르크 성채 교회의 모체가 된 것은 '모든 성인(Allerheiligen)을 위한 예배당'으로 1340년 루돌프 1세 공작이 지었다. 1346년 5월 6일에는 '모든 성인 재단'이 설립되었다. 이후 '모든 성인을 위한 예배당'은 로마교회의 직속하에 있게 되었다. 1361년 2월 24일, 루돌프 2세 공작은 이 예배당에 필요한 재정을 지원해 주었고, 법령을 제정하였으며, 예배의 규정을 마련하였다. 1400년에는 교황 보니파티우스 9세의 지시에 따라 훗날 루터가 목회했던 성 마리아 시립교회(Stadtkirche St. Marien)와 아폴렌스베르크(Apollensberg)에 있는 마리아 예배당(Marienkapelle)이 성채 교회의 부속교회가 되었다. 1415년 루돌프 3세의 지휘 아래 예배당은 더 많은 방문객을 수용하기 위해 오늘날의 성채 교회로 이전하게 되었다.

1490년에서 1515년까지 현자 프리드리히(Friedrich der Weise, 1463~1525)는 성채 교회 전체를 새롭게 재건하도록 지시했다. 이때 교회는 북쪽 날개를 갖게 되었으며, 1503년 1월 17일에 봉헌되었다. 현자 프리드리히는 교회 안에 수많은 성물을 전시했고, 이를 보려고 멀리서 순례객들이 찾아왔다. 중세시대에 가톨릭교회는 성인·성물 공경이 최고조에 달했다. '오직 성경'(Sola Scriptura), '오직 그리스도'(Solus Christus) 외에는 그 어떤 것도 인정하지 않았던 루터는 성인·성물 공경을 철저히 거부했다. 그는 95개 조 반박문을 11월 1일 '모든 성인 대축일' 전날인 10월 31일에 교회 문에 게시했다. 루터는 '모든 성인 대축일'에 전 지역에서 수많은 사람이 성물을 보러 올 것을 알고 있었다. '모든 성인 대축일'만은 입장료 없이 누구나 성물을 관람할 수 있었다.

성채 교회 제단 조각상: 베드로, 예수, 바울

1502년에는 비텐베르크 대학이 설립됐고, 1507년에 대학교회는 성채 교회 소속이 되었다. 그 후로 교회는 학문적 성소(聖所)로 발전하게 되었다. 비텐베르크 대학의 박사 학위 수여식이 성채 교회에서 거행됐고, 루터의 조력자였던 필립 멜란히톤(Philipp Melanchton)의 교수취임 강연도 이곳에서 있었다. 성채 교회에는 독일의 화가 알브레히트 뒤러(Albrecht Dürer)와 루터의 전담 화가 루카스 크라나흐(Lucas Cranach) 부자(父子)가 그린 제단화가 있었으나 오래전에 분실됐다. 지금은 세 개의 조각상이 그 자리를 지키고 있다. 가운데 있는 예수상은 게르하르트 야넨쉬(Gerhard Janensch)의 작품이고, 예수상 옆 두 개의 조각상(왼쪽이 베드로, 오른쪽이 바울)은 칼 도른(Carl Dorn)이 제작했다. 그 밖에 8개의 작은 사도상은 리하르트 그뤼트너(Richard Grüttner)의 것이다.

95개 논제가 게시된 성채 교회 정문

아우구스티누스 수도회의 수도사이자 비텐베르크 대학의 신학 교수였던 루터는 1517년 10월 31일에 라틴어로 적은 「95개 조 반박문」을 성채 교회 정문에 게시했다. 루터의 반박문은 일반 신자를 위한 것이 아니었다. 그는 면죄부 판매의 잘못됨을 동료 교수들과 토론하고 싶었다. 이것은 종교개혁의 방아쇠가 되었다. 당시 루터가 붙였다고 하는 반박문이 정말 있었는지는 논쟁의 여지가 있다. 분명한 것은 루터는 10월 31일에 손으로 직접 쓴 반박문을 두 명의 주교에게 보냈고, 이후에 다른 신학자들에게 보냈다는 것이다. 반박문은 평민들의 언어인 독일어로 번역되어 14일 안에 독일 전역에 퍼지면서 '종교개혁'이라는 엄청난 반향을 불러일으켰다. 그동안 독일 내에 잠재해있던 교회에 대한 비판이 루터의 95개 논제로 인해 마침내 폭발한 것이다. 독일에서 시작된 개혁의 불길은 순식간에 유럽 전역에 퍼졌다. 루터는 "마치 천사가 심부름꾼인 것 같았다"고 회고했다.

루터의 95개 조 논제가 새겨져 있는 비텐베르크 성채 교회 정문

오늘날 루터의 95개 논제는 성채 교회 청동 문에 새겨져 있다. 이 문은 종교개혁 당시 교회의 정문이었다. 현재 예배당은 복원된 교회 뒤 건물을 통해 입장할 수 있다. 비텐베르크 성채 교회는 본래 비텐베르크 성(城)의 일부분으로 지어졌다가 2017년 종교개혁 500주년을 기념해 성 전체가 복원되었다. 성채 교회의 지금의 모습이 교회의 온전한 모습이다.

성채 교회의 정문은 전통적으로 칠판으로

되어 있어 대학에서 일반인에게 전하는 사항을 적어 두기 위해 사용되었다. 루터는 여기에 95개의 논제를 게시하였다. 1851년, 아우구스트 폰 클뢰버(August von Kloeber, 1793~1864)는 청동문 위에 '루터와 멜란히톤 사이의 십자가'(Kruzifix zwischen Luther und Melanchthon)를 그렸다. 왼쪽의 루터는 바르트부르크 성 다락방에서 그리스어에서 독일어로 번역한 신약성서를 들고 있다. 오른쪽의 멜란히톤은 붉은색 표지의 아우크스부르크 신앙고백서를 들고 있다. 루터의 종교개혁의 동료였던 멜란히톤은 루터 신학을 28개 조항으로 집약해 아우크스부르크 신앙고백서를 완성했다. 라틴어와 독일어로 작성한 이 신앙고백서에는 기독교 신앙과 기본 교리가 루터의 종교개혁 정신을 바탕으로 고스란히 반영되었다. 청동문 상단에 칼을 들고 있는 사람은 종교개혁의 후원자 프리드리히 선제후이다.

루터의 95개 조 반박문의 내용

루터가 작성한 95개 논제의 원제목은 "면죄부의 능력과 효용성에 관한 토론"이다. 논제는 크게 9개의 주제로 구성되어 있다.

면죄부(1513년)

① 제1~4조: 참회, 형벌, 죄책 / 신자의 삶은 회개의 삶

루터는 1조에서 회개는 주님께서 명하신 것이고 평생하는 것임을 분명

히 한다. 1조에 루터가 95개 논제를 통해 무엇을 말하려는지 집약되어 있다. 루터는 고해성사나 면죄부가 아닌, 자신이 직접 하나님께 회개해야 함을 말하고 싶었다. "우리의 주인 되시고 선생이 되시는 예수 그리스도께서 '회개하라'(마4:17)고 말씀하실 때는, 신자들이 모든 삶을 회개하기를 원하신 것이다."(1조) 회개는 교황의 고해 제도에 따른 것이 아니라, 예수가 신약성경에서 명령하셨기 때문임을 강조한다. 이렇게 95개 논제는 '회개하라'로 시작되고 있다.

② 제5~7조: 교황의 권한 / 하나님만이 죄를 용서

③ 제8~29조: 죽은 자를 위한 면죄부와 그 전제가 되는 연옥에 대한 교황의 권세 / 교황의 사죄의 권세는 산 자들에게만 유효

④ 제30~40조: 산 자들을 위한 면죄부 / 고해 행위가 인간에게 안전을 가져다 주지 못함

⑤ 제41~55조: 면죄부와 이것을 사서 베드로 성당 건축을 위한 기금을 내는 것과 다른 선한 행위를 비교하며 면죄부에 대한 신앙이 헛됨을 선언 (53~80조까지는 면죄부에 대한 설교와 복음에 대한 설교를 비교)

⑥ 제56~68조: 성인들의 잉여의 공로라는 교회의 보물 / 교회의 보물 이론은 성경에 위배, 교회의 보물은 복음

⑦ 제69~80조: 면죄부 설교의 부작용 / 그리스도의 십자가와 교황의 십자가는 다름

⑧ 제81조~91조: 영혼을 사랑하는 교황이나 감독들이 진정으로 해야 할 일들에 대해 언급

⑨ 제92~95조: 경고 및 그리스도를 굳게 믿고 따를 것을 강조 / 십자가가 선포되는 곳에 참된 평화 존재

루터가 태어나고 활동했던 독일 중북부의 작센과 작센-안할트, 튀링엔 등 5개 주에서는 10월 31일을 국가 공휴일로 지정하고 있다. 반면에 가톨릭이 강한 남부 독일은 바이에른주를 비롯해 대다 수의 도시들이 종교개혁일 대신 11월 1일 가톨릭의 '모든 성인의 날'을 공휴일로 지정하고 있다.

루터와 멜란히톤의 묘

성채 교회 설교단과 루터의 묘

루터의 묘
멜란히톤의 묘

루터를 전적으로 후원하고, 종교개혁이 성공하는 데 중요한 역할을 한 현자 프리드리히는 1525년 비텐베르크 성채 교회에 묻혔다. 같은 해 성채 교회에서는 가톨릭 미사가 아닌 루터식 예배를 드리기 시작했다. 이제 성채 교회는 개혁교회가 되었다. 1546년에는 마르틴 루터가, 1560년에는 필립 멜란히톤이 현자 프리드리히와 함께 그들의 역사가 담겨 있는 성채 교회에 안치됐다. 루터의 묘는 설교단 바로 아래에 있다. 묘비에는 "여기 성스러운 신학 박사 마르틴 루터의 몸이 묻혀 있다. 그는 63년 2개월 10일을 산 뒤, 1546년 2월 18일 사망했다"는 글귀가 새겨졌다. 루터는 평생 '오직 성경'(Sola Scriptura)에 있는 것만 외치며 산 설교자였다. 그런 루터에게 설교단은 종교개혁의 현장이었다. 루터의 동반자 멜란히톤의 묘는 루터 곁 왼편에 있다.

교회 첨탑: "내 주는 강한 성이요"

1760년 7년 전쟁 때 화재로 성채 교회가 크게 훼손되었다. 루터의 95개 논제를 새긴 교회 나무문도 불타 버렸다. 프로이센의 왕 프리드리히 빌헬름 4세(1840~1861)는 95개 논제를 영구 보존하기 위해 청동 문에 금색으로 기록하도록 했다. 청동문은 예술 동상 전문가인 페르디난트 폰 쿠아스트(Ferdinad von Quast, 1807~1877)에 의해 완성됐고, 1858년 11월 10일 루터 생일에 봉헌됐다. 교회 외부 공사는 1770년까지 진행됐다. 이때 성의 탑이 교회 첨탑으로 개조되었다.

비텐베르크 성채 교회 첨탑 둘레에 "내주는 강한 성이요"란 가사가 새겨져 있다.

1814년 전쟁을 치르면서 교회 첨탑이 훼손되었고, 교회 내 귀중한 예술품과 유물이 상당 부분 손실되었다. 1885~1892년에는 종교개혁을 기념하여 교회와 첨탑을 신고딕 양식으로 개축하였다. 첨탑 둘레에는 1529년 루터가 작사·작곡한 "내 주는 강한 성이요, 방패와 병기되시니"란 찬송가 가사가 원을 그리며 새겨져 있다. 이 찬송은 루터가 로마가톨릭 교회에 항거, 투쟁하면서 시편 46편을 토대로 쓴 곡이다. 루터는 음악을 신학 다음으로 좋아했다. 그는 '코랄'(Coral)이라고 불리는 자국어 회중 찬송을 직접 만들어 예배에 참석한 성도가 다 함께 찬송했다. 중세교회에서는 사제가 예배 음악을 독점해 회중은 예배시간에 침묵해야 했다. 예배 음악을 회중에게 넘겨준 사람이 바로 루터다. 오늘날 교회에서 누구나 찬송을 부를 수 있게 된 것은 루터의 공이다. 루터는 1523년에서 1524년까지 2년 동안 무려 36곡의 찬송가를 포함해 42개의 노래를 완성했다. 루터가 얼마나 음악을 사랑했는지, 그에게 음악은 어떤 의미인지 그가 남긴 말을 통해 느낄 수 있다.

"나는 음악을 사랑한다. 그러나 열광주의자들의 빌어먹을 그런 음악을 말하는 게 아니다. 왜냐하면, 첫째로, 음악은 사람이 아니라 하나님이 주신 선물이기 때문이다. 둘째로, 음악은 우리를 기쁘게 만든다. 셋째로, 그 음악이 악마를 사냥한다. 넷째로, 음악은 순전한 평안을 선사하기 때문이다. 이를 통해 분노와 욕망과 교만이 사라진다. 다윗과 예언자들 모두 시와 노래를 즐겼다는 것은 당연한 일이다. 그래서 나는 신학 다음 자리를 음악에 기꺼이 내어 준다. 다섯째로, 음악은 평화의 시간을 통치한다." (WA 30, II, 696, 3-14)

비텐베르크 성채 교구 교회

1883년 루터의 400회 생일을 맞아 프리드리히 아들러의 지휘 아래 신 고딕 양식으로 교회를 대대적으로 개조하였다. 1892년 10월 31일, 교회는 종교개혁 기념 건축물로 완성되어 빌헬름 2세 황제가 참석한 가운데 봉헌식을 치렀다. 1949년에는 성채 교회의 교구가 만들어져 비텐베르크 대학의 설교자 세미나 외에도 일반 교인들이 예배드리는 교구 교회가 되었다. 2020년 현재 등록 교인이 약 110명이지만, 비텐베르크의 시민들도 익명의 교인들이다. 시민들은 성가대, 성경공부, 노인 모임, 어린이 예배 등 교회의 다양한 프로그램에 참여하고 있다. 그 밖에 세계 각처에서 온 사람들을 위해 영어 예배가 있으며, 묵상 기도회와 교회 음악회도 있다. 1483년 11월 10일에 출생한 루터의 탄생 500주년을 기념하여 1983년에 종교개혁에 공헌한 루터의 제자 13명의 초상화를 교회 12개 창문에 그려 봉헌했다. 이 그림은 할레의 예술가 레나테 브룀메(Renate Brömme)가 맡았다.

1996년에는 성채 교회가 유네스코 문화유산으로 지정됐다. 1999~2000년에는 1892년의 지붕 모습 그대로 색깔이 있는 유약을 칠한 기와를 사용해 지붕 복원 공사를 했다. 2017년에는 종교개혁 500주년을 기념하면서 약 8천 2백만 유로를 들여 성채 교회를 대대적으로 보수 공사했다. 비텐베르크 성채 교회는 개신교의 모체 교회로서 세계인이 찾는 순례지가 되었다.

루터의 도시 비텐베르크 개신교 성채 교회
(Evangelische Schlosskirche Lutherstadt Wittenberg)

주 소 Schlossplatz 1, 06886 Lutherstadt Wittenberg

연 락 처 Tel. +49 3491 5069160
info@predigerseminar.de

개방시간 고난주간 성 토요일~10월 31일 10:00-18:00,
일요일 11:30-18:00
11월 1일~고난주간 성 금요일 10:00-16:00,
일요일 11:30-16:00

예배시간 일요일 10:00

교회첨탑 30명씩 관람

입 장 료 성인 3유로, 어린이, 청소년, 대학생, 장애인 2유로
(학생증/증명서 지참)
교회와 문화 역사관 관람. 첨탑관람 및 가이드 제외 : 성인 2유로, 6세 이하 어린이와 18세 이하 청소년은 무료. 27세 이하 대학생과 장애인은 1유로.

가 이 드 약 45분. 금~일요일 13:00 / 성인 4유로, 어린이 · 학생 · 가족 · 장애인 2.50유로

개신교회의 탄생

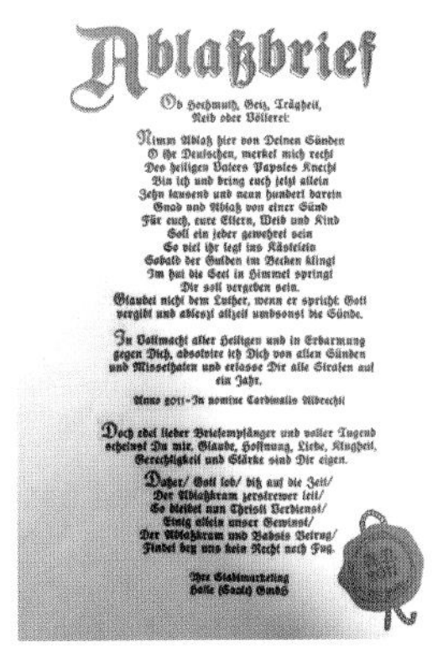

Ablaßbrief

Ob Hochmuth, Geiz, Trägheit,
Neid oder Völlerei:

Nimm Ablaß hier von Deinen Sünden
O ihr Deutschen, merket mich recht
Des heiligen Vaters Papstes Knecht
Bin ich und bring euch jetzt allein
Zehn tausend und neun hundert darein
Gnad und Ablaß von einer Sünd
Für euch, eure Eltern, Weib und Kind
Soll ein jeder gewehret sein
So viel ihr legt ins Kästelein
Sobald der Gulden im Becken klingt
Im hui die Seel in Himmel springt
Dir soll vergeben sein.
Glaubet nicht dem Luther, wenn er spricht: Gott vergibt und ablenzt allzeit umbsonst die Sünde.

In Vollmacht aller Heiligen und in Erbarmung gegen Dich, absolvire ich Dich von allen Sünden und Missethaten und erlasse Dir alle Strafen auf ein Jahr.

Anno 2017 - In nomine Cardinalis Albrechti

Doch edel lieber Briefempfänger und voller Tugend scheinst Du mir. Glaube, Hoffnung, Liebe, Klugheit, Gerechtigkeit und Stärke sind Dir eigen.

Daher/ Gott lob/ biß auf die Zeit/
Der Ablaßkram zerstrewet leit/
So bleibet nun Christi Verdienst/
Einig allein unser Gewinst/
Der Ablaßkram und Babsts Betrug/
Findet bey uns kein Recht noch Fug.

Ihre Stadtmarketing
Halle (Saale) GmbH

2017년 종교개혁 500주년을 기념해 만든 면죄부(Ablaßbrief)

면죄부는 면벌(免罰) 혹은 대사(大赦)로도 불리며 라틴어로 '은혜' 또는 '관대한 용서'라는 뜻을 지니고 있다. 가톨릭교회에 따르면, 어떤 죄에 대한 현세적인 형벌들이 가해지지 않는다면 사후에 연옥에서 처벌이 요구된다. 이 처벌은 현세에서 보속을 통해 갚게 되며, 보속은 기도, 성지순례 혹은 성경을 읽는 등의 형태로 주어지는데, 대사를 통해서 면제받을 수 있다. 대사란, 가톨릭의 고해성사를 통하여 죄가 사면된 후에 남아 있는 벌을 교황이나 주교가 면제해 주는 것을 말한다. 대사도 기도 혹은 성지순례 등을 통해 주어지지만, 당시에는 헌금으로 대사를 주는 폐단이 있었다. 이렇게 헌금으로 주어지는 대사를 '면죄부 판매'라고 한다. 루터는 "죄의 용서는 오직 하나님만이 하실 수 있는 일"이라며, 가톨릭교회의 면죄부를 "잉크로 더럽혀진 종잇조각"이라고 비판했다.

루터가 면죄부 반박문을 발표하게 된 결정적 계기는 1506년 독일 지방에 선포된 대사였다. 교황 레오 10세는 로마 교황청의 성 베드로 대성당을 짓기 위해 헌금을 통한 대사를 선포했다. 교황은 브란덴부르크 선제후의 동생이었던 알브레히트(Albrecht von Brandenburg, 1490~1545)에게 세 개의 대주교직을 주는 대가로 면죄부 판매 독점권을 부여했다. 알브레히트는 당대 최고의 면죄부 부흥사였던 도미니크 수도회 수도사 테첼(Johann Tetzel, 1465~1519)을 통해 면죄부 판매에 박차를 가했다. 그는 면죄부 판매에서 벌어들인 돈으로 교황에게 주교직 대가에 대한 빚도 갚고 자기 명성도 떨치길 원했다. 테첼은 돈 궤짝

중세 가톨릭교회의 면죄부 판매 풍자화

에 땡그랑 하고 동전이 떨어질 때마다 "그대의 영혼이 연옥에서 천국으로 올라갈 것이다!"라고 선언했다. 루터는 테첼이 교회의 권세를 남용하는 데 격노했다. 루터가 받아들일 수 없었던 것은 일반적인 대사나 면벌부가 아니었다. "모든 종류의 죄를 면죄 받을 수 있다"는 선언이었다. 살아 있는 사람뿐 아니라 죽은 사람의 죄까지 모두 없애준다는 '전대사'가 문제였다. 이에 맞서려 루터는 면죄부 판매를 반박하는 95개의 논제를 조목조목 적었다. 11월 1일 '모든 성인의 날' 하루 전인 10월 31일에 그가 만든 반박문을 비텐베르크 성채 교회 문에 게시했다. 루터는 면죄부에 관해 이의를 제기하려 했을 뿐이었다. 그러나 그 작은 소망이 독일과 유럽의 개혁을 알리는 신호탄이 되었다. 루터의 반박문은 로마가톨릭교회에서 개신교(프로테스탄트)가 분리되어 나오는 계기가 되었다. 루터는 인간의 구원을 돈으로 팔고 사는 가톨릭교회에 맡길 수 없었다.

루터 장미

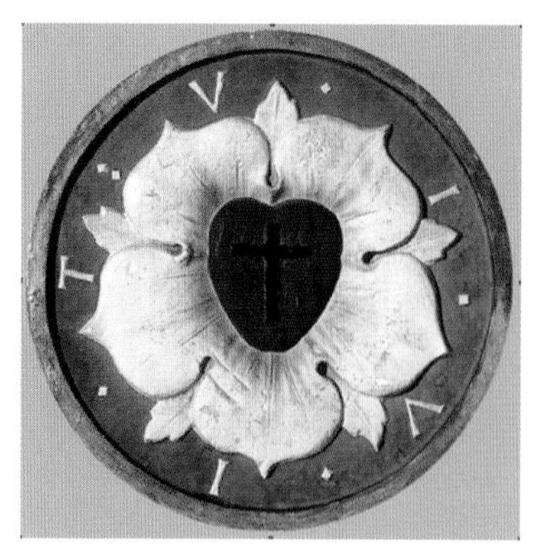

루터교회와 루터 신학의 상징인 '루터 장미'는 1530년 루터를 위해 작센의 프레데릭(John Frederick) 공이 요청해 만든 것이다. 루터 장미에는 루터 신학의 특징이 집약되어 있다. 루터는 1530년 7월 8일 뉘른베르크의 종교개혁자 스펭글러(Lazarus Spengler, 1479~1534)에게 보낸 편지에서 루터 장미의 의미에 대해 다음과 같이 설명하고 있다.

첫째, 심장 안에 그려진 붉은 하트는 예수 그리스도의 심장을 상징한다. 죄인을 향한 하나님의 사랑이다. 심장 가운데에 있는 검은 십자가는 고난과 고통을 의미한다. 루터는 십자가의 원래 색깔은 검은색이라고 한다. 검은 십자가를 통해 '십자가에 달리신 분에 대한 믿음이 우리를 구원한다'는 것을 항상 기억할 수 있다.

둘째, 붉은색의 하트를 둘러싸고 있는 흰색의 장미는 기쁨, 위로 그리고 평안을 뜻한다. 흰색은 영혼과 모든 천사의 색이다. 붉은 심장은 반드시 하얀색 장미 안에 그려져 있어야 하는데, 십자가의 예수를 희고 기쁜 장미로 바꿀 수 있다는 것을 보여주기 위해서다.

셋째, 장미를 둘러싼 파란색은 천국을 표현한다. 영혼과 믿음 안에 있는 기쁨은 미래에 올 하늘 기쁨의 시작이기 때문에, 장미는 하늘색 바탕에 그려야 한다.

넷째, 가장 바깥쪽의 황금색 원은 하늘에서의 축복이 영원히 지속되고 끝나지 않으며, 모든 기쁨과 선을 넘어 가치가 있음을 표시한다.

다섯째, 둘레에 새긴 글자 'VIVIT'는 '그가 사신다'는 뜻으로, '그리스도는 살아 계시다'는 의미의 라틴어다. 루터에게 "의인은 믿음으로, 십자가에 달리신 이를 믿음으로 말미암아" 사는 것이다.

비텐베르크 성채 교회 안에도 루터 장미가 있다. 루터의 흔적이 있는 곳 어디에서나 루터 장미를 볼 수 있다.

루터 하우스
Lutherhaus

루터 하우스. 탑 우측 아래에 있는 문은 카타리나의 문이고, 탑 좌측에는 카타리나 조각상이 있다. 건물 오른쪽에 루터 하우스/박물관 입구가 있다.

루터 하우스(Lutherhaus)는 본래 1504년에 아우구스티누스 수도원으로 지은 건물이다. 에어푸르트 아우구스티누스 수도회의 수도사였던 마르틴 루터는 비텐베르크 대학에서 신학 공부를 하기 위해 1508년부터 이곳 수도원에 머물렀다. 종교개혁으로 수도원이 해체되자, 선제 후 프리드리히는 1525년 결혼 선물로 이 집을 루터에게 주었고, 루터는 생의 마지막 해인 1546년까지 아내 카타리나 폰 보라(Katharina von Bora)와 3남 3녀의 자녀들과 함께 이 집에서 살았다.

루터는 수도사 시절에 수도원 탑 작은 방에서 회심했다고 전해진다. 사람들은 루터의 회심을 가리켜 '탑 체험'이라고 한다. 루터가 회심한 정확한 시기와 정황은 알기 어렵다. 다만 『탁상담화』라는 책에서 루터는 1519년에 복음적인 '하나님의 의'에 대한 개념과 칭의교리를 확고히 하였다고 밝히고 있다. 『탁상담화』는 루터가 저녁 식사 자리에서 그의 학생들, 동료들, 방문객들과 식사하며 나누던 이야기를 엮은 책이다. 루터의 집에는 매일 오후 5시가 되면 목사들, 수녀원을 도망친 수녀들, 정부의 관리들, 외국의 방문객들 그리고 루터의 비텐베르크 대학 동료들과 제자들이 모여 함께 저녁 식사를 하곤 했다. 억척 꾼이자 부지런한 아내 카타리나 덕에 날마다 식사공동체는 식객들로 화기애애했다. 식탁 자리에서 다양한 대화가 오고 갔다. 여기에는 필립 멜란히톤과 요한 부겐하겐, 요한 포스터, 비투스 디트리히 같은 다양한 신학자들도 있었다. 루터는 그들과 신학적 · 개혁적 생각들을 나눴다. 식탁은 담화로 풍성했다. 루터는 누구도 식탁의 대화를 적지 못하게 했다. 하지만 루터의 제자들은 순번을 정해 몰래 적어 놓았다. 1531년~1544년 사이의 기록들을 모아 1566년에 루터의 고향 아이슬레벤에서 발행한 것이 『탁상담화』다. 이 책은 루터의 직접적 발언이라는 점에서 루터의 인격과 삶, 그의 업적을 연구하는 데 귀중한 역사적 문헌이 되고 있다.

수도원이 문을 닫자 건물은 비텐베르크 대학 학생들의 기숙사로 사용되었고, 루터는 그들을 가르치고 어울리며 함께 지냈다. 루터가 거주했던 수도원 건물은 '루터 하우스'라는 이름의 박물관이 되었다. 루터 하우스에는 루터가 사용했던 침실과 거실, 식당과 대강당 등이 있으며 천여 점이 넘는 루터의 유품들이 전시되어 있다. 루터가 독일어로 번역한 신약성서, 루터가 거주하던 당시 모습을 보존한 거실, 화려한 대강당과 면죄부함 등 다양한 유품들을 볼 수 있다. 루터 하우스는 1996년에 유네스코 세계문화유산에 등록되었다.

루터가 죽은 후 1564년에 루터의 자손들이 집의 소유권을 비텐베르크 대학교로 넘겼다. 1580년 중반에 지어진 앞 건물은 작센의 대학 후원자 아우구스트 1세(August I)를 기념하여 '아우구스테움'(Augusteum)으로 부르고 있다. 1844년 루터 하우스는 프리드리히 아우구스트 스튈러(Friedrich August Stüler)에 의해 40년 동안 대대적으로 개조되었다. 루터 하우스는 1816년부터 루터교 신학교로 사용되었고, 1834년에는 1층에 가난한 사람들을 위한 학교가 꾸려졌다. 1883년 증·개축을 거쳐 루터박물관으로 개장됐다. 박물관에는 종교개혁과 루터의 삶에 대한 다양한 자료가 전시되어 있다. 고서들을 보관한 서가와 공공 금고, 루카스 크라나흐가 그린 십계명을 설명한 그림과 루터의 아내 카타리나 폰 보라에 관한 그림 등 수많은 역사적 유산들을 볼 수 있다.

루터 하우스에 입장하면 곧바로 화장실과 기념품 가게를 만나는데, 이곳에는 루터에 관한 책과 팸플릿이 전시되어 있다. 루터 장미가 새겨진 기념 목걸이를 살 수 있는 곳도 바로 여기다.

루터의 아내 카타리나 폰 보라

루터 하우스 앞뜰 왼편에는 독일 현대 여성 조각가 니나 코흐(Nina Koch, 1961 생)가 1999년에 제작한 카타리나 폰 보라(Katharina von Bora, 1499~1552)의 청동상이 있다. 분주하게 두 팔을 흔들며 종종걸음으로 루터 하우스 정원을 가로지르는 동적인 모습이다.

루터 하우스 뜰에 있는
카타리나 폰 보라 기념상
(니나 코흐 작품, 1999년, 청동)

카타리나 폰 보라는 1499년 1월 29일에 귀족 가문의 딸로 태어났다. 1504년 말 6살의 어린 카타리나는 아버지의 손을 잡고 베네딕토 수녀원 학교에 입학했다. 그곳에서 기초적인 읽기, 쓰기와 산수를 배웠다. 16 살이 되던 1509년에 카타리나는 그림마(Grimma) 님브쉔(Nimbschen)에 있는 시토회 성모대관 수녀원(Zisterzienserinnenkloster Marienthron)에 입소했다. 그녀는 수녀원에서 라틴어와 음악을 공부했고, 수도원의 자급자족을 위해 농업과 목축업에 대한 기술 및 지식을 습득하였다. 이것은 그녀가 루터와 결혼한 후 '억척스러운 살림꾼'이 되어 루터하우스를 꾸려나갈 수 있었던 원동력이 되었다.

1515년 종신 서약 후 본격적인 수도자 생활을 할 무렵, 그녀가 속해 있던 수녀원에도 루터의 수도원 서약에 관한 비판적 책들이 전해졌다. 수녀들은 루터의 글들을 몰래 돌려가며 읽었다. 그리고 수녀원에서 자유롭게 벗어날 수 있다는 소망을 갖게 되었다. 수녀들과 상담을 한 루터는 수녀원 탈출을 돕기로 했다. 그는 상인 쾨페에게 1523년 부활주일 밤에 12명의 수녀를 님브쉔 수녀원에서 몰래 데려오도록 지시했다. 탈출 작전은 성공했다. 수녀 셋은 고향으로 돌아갔고, 아홉 명은 루터가 있는 비텐베르크로 왔다. 루터는 수녀들의 결혼을 적극적으로 주선했고, 그중 여덟 명이 결혼했다. 남은 한 명 카타리나도 신학생과 결혼을 약속했다. 그러나 그 신학생이 고향 방문 후 마음을 바꿔 결혼이 무산됐다. 이후에도 루터는 카타리나가 귀족자제 바움가르트너와 결혼하길 바랐지만 성사되지 못했다. 1524년 수도자 옷을 벗은 루터는 이듬해 봄 자신이 카타리나와 결혼을 결심했다. 사랑해서라기보다는 자기로 인해 수녀원에서 탈출하게 된 책임감 때문이었다. 장남인 루터가 결혼해 후손을 안겨주길 바라는 아버지의 소원도 한몫했다. 루터는 자신이 결혼함으로써 결혼에 대한 복음적 가르침을 굳게 세우고자 했다.

1525년 6월 13일 루터는 성 마리아 시립교회 요하네스 부겐하겐(Johannes Bugenhagen, 1485~1558) 목사의 주례로 카타리나 폰 보라와 결혼식을 올렸다. 루터의 나이 42세, 카타리나의 나이 26세. 이제 사제도 수녀도 아닌 두 사람은 하나님 앞에 당당한 부부가 되었다. 결혼 후 처음에는 어색했지만, 루터는 날이 갈수록 아내 카타리나를 사랑하게 되었다. 그는 아내를 '나의 케테'(Käthe)라는 애칭으로 불렀고, '프랑스와 베니스를 주어도 바꿀 수 없다'고 할 정도로 사랑했다. 삼남 삼녀의 자녀를 두었으나, 두 딸(생후 8개월, 13살)을 잃는 불운을 맞기도 했다. 루터는 가장으로서, 아버지이자 남편으로서 행복한 나날을 보냈다. 그는 종종 아내와 자녀들과 함께 라오테 악기를 연주하면서 즐거운 찬송시간을 갖기도 했다. 루터는 가정의 평화를 참으로 귀하게 여겼다.

아내 카타리나는 자녀들을 키우며 집안 살림을 도맡았다. 1542년 억척스러운 카타리나 덕에 루터 가족은 비텐베르크에서 많은 가축과 토지를 소유할 수 있었다. 카타리나는 농사와 목축은 물론 어류양식, 맥주 양조에 이르기까지 가능한 모든 경제활동을 통해 예전에 검은 수도원(Schwarzes Kloster)으로 불렸던 저택의 살림살이를 풍족히 꾸려나갔다. 그녀는 프리드리히 선제후에게 결혼 선물로 받은 아우구스티누스 수도원을 '루터 하우스'로 만들었다. 40여 개의 방은 연일 루터를 찾는 학생들과 손님들로 넘쳐났다. 카타리나는 매일 40명분 이상의 식사를 준비해야 했다. 하지만 이 일이 그녀에게는 즐겁기만 했다. 카타리나는 음식 준비뿐 아니라 식탁 대화(탁상담화)에도 기꺼이 참여했다. 그녀는 예수를 따르던 마르다와 마리아 같았다(눅10:38-42). 루터는 카타리나가 늘 그의 곁에 있어서 마귀가 그를 사로잡지 못했다고 말할 정도로 그녀를 의지하고 사랑했다. 루터는 죽으면서 전 재산을 자녀가 아닌 아내 카타리나에게 남기고 떠났다.

카타리나 폰 보라

공동금고

루터 하우스에는 루터가 살던 시대에 사용했던 교회 공동금고(Gemeine Kasten)고가 전시되어 있다. 특이한 점은 공동금고의 열쇠가 세 개나 된다는 것이다. 이 공동금고는 열쇠 한 개만으로는 절대 열 수 없고 열쇠 세 개를 동시에 넣고 돌려야 열린다. 열쇠 세 개는 교회의 목사 대표와 평신도 대표, 그리고 시의회에서 선임한 사람이 각각 나눠 갖는다. 공동금고에 모아진 헌금은 교회의 경상비 지출을 위한 것이 아니다. 교회 외부의 어려운 이웃을 위해 사용된다. 갑작스러운 재난을 당한 교회 인근 지역의 주민, 과부와 고아 그리고 은퇴한 목회자를 위한 기금이다.

루터 시대의 교회는 공동금고를 사용함으로써 교회의 재정 운영을 투명하게 하고자 했다. 교회 헌금이 외부 시민 사회까지도 납득할 수 있어야 했다. 중세 시대에 교인들이 면죄부를 위해 헌금하고, 그 헌금으로 성당을 짓고, 교회 세력을 유지했던 것과는 정반대다. 루터는 교회 헌금은 사회의 약자들을 위해 사용되어야 한다고 믿었다. 종교개혁 교회들은 공동금고를 통해 루터의 뜻을 실천하고자 했다.

루터 하우스
(Lutherhaus Wittenberg)

주　　소 Collegienstraße 54, 06886 Lutherstadt Wittenberg

연 락 처 Tel. +49 (0) 3491 42030

개방시간 4월~10월, 월-일 9:00-18:00
11월~3월, 화-일 10:00-17:00, 월요일 휴관

입 장 료 성인 8유로, 할인 6유로, 단체(10명 이상) 1인당 6유로, 가족 14유로, 비텐베르크 종합티켓(루터 하우스+멜란히톤 하우스, 이틀 유효) 10유로

가 이 드 매 금요일 15:30 / 3유로

성 마리아 시립교회
Stadt- und Pfarrkirche St. Marien

성 마리아 시립교회(Stadt- und Pfarrkirche St. Marien)는 비텐베르크 성채 교회와 함께 1996년 유네스코 세계문화유산으로 등재되었다. 루터의 95개 조 반박문이 붙여진 성채 교회가 종교개혁의 출발지라면, 시립교회는 종교개혁의 정신이 실현된 곳이다. 상류층 위주의 성채 교회에 비교해 시립교회는 시민교회로서 루터가 30년 동안 목회하며 종교개혁의 의지를 펼친 곳이다.

성 마리아 시립교회는 1187년 처음으로 문서에 등장한다. '루터의 도시' 건물 중에는 가장 오래된 건물이다. 오늘날 볼 수 있는 교회 제단과 왼쪽 교회 내부 모습은 1280년경에 만들어진 것이다. 오랜 세월 동안 여러 차례에 걸쳐 교회가 증·개축되면서 지금의 모습을 갖추게 되었다. 2017년 종교개혁 500주년 기념의 해를 준비하면서 2010년부터 시립교회는 대대적인 수리작업을 하였다. 2014년 11월 30일, 교회 건축 공사를 마무리하고 봉헌식을 올렸다. 교회 첨탑은 재정적

시립교회 내부. 앞쪽에 종교개혁 제단화가 있다.

루카스 크라나흐의 종교개혁 제단화

인 이유로 2015년에 공사를 마쳤다. 교회 안에는 아버지 루카스 크라나흐와 아들 루카스 크라나흐가 그린 '종교개혁 제단화'가 있다. 시립교회 담임목사 요하네스 부겐하겐의 요청에 따라 아버지 크라나흐는 제단을 설계하고 제단화의 정면 대부분을 그렸고, 아들 크라나흐는 제단화 뒷면의 판을 칠하고 앞면 그림을 완성했다. 제단화는 1547년에 부겐하겐 목사의 집례로 봉헌됐다. 네 폭의 그림으로 만들어진 제단화에는 루터의 종교개혁 신학이 총 집약되어 있다. 이 그림에는 루터가 꿈꿨던 개신교회의 교회론이 그대로 담겨있다. "교회는 복음이 순수하게 선포되고, 성례전이 올바르게 집행되는 성도의 모임이다"라는 『아우크스부르크 신앙고백서』의 내용이 반영되었다. 네 폭의 제단화는 '성만찬', '세례', '죄의 고백과 용서', '그리스도 중심적 설교'라는 제목으로 각각 그려졌다.

루터에게 시립교회가 성채 교회 이상으로 중요한 이유가 몇 가지 있다. 시립교회에서 기존의 라틴어 예배 대신 독일어 예배를 최초로 드렸으며, 성만찬 시 예수의 살과 피를 상징하는 빵과 포도주를 성도들에게 나눠 주었다. 당시 가톨릭교회는 일반 신자들에게는 빵만 분배하고 포도주는 주지 않았다. 화체설(빵과 포도주라는 물질의 실체 또는 본질이 그리스도의 살과 피로 변한다는 것)을 주장했던 가톨릭교회는 예수의 피인 포도주를 땅에 흘리는 실수를 염려하지 않을 수 없었다. 또 다른 이유는 살(빵) 안에 이미 피(포도주)가 포함되어 있기에 굳이 포도주를 주지 않아도 되었다. 그러나 루터는 성경에 예수가 한 그대로 빵과 포도주를 분배해야 한다(양형 성찬식)고 주장했다. 루터의 이런 행동은 '오직 성경으로'(Sola Scriptura)라는 개혁 정신에 근거한 것이었다. 루터는 시립교회의 신자들과 예배를 드리면서 양형 성찬식을 처음으로 실천했다. 1535년에는 개신교 최초로 '청빙 절차'에 따라 요하네스 부겐하겐의 성직(목사직) 수여식을 거행했다. 시립교회에서 수도사였던 루터는 수녀였던 카타리나와 결혼을 하여 가정을 이뤘고, 그의 자녀 모두가 세례를 받았다. 루터의 동료 멜란히톤과 화가 루카스 크라나흐의 가족도 이 교회에 출석했다. 루터와 부겐하겐이 가톨릭 미사가 아닌 말씀이 중심이 되는 종교개혁의 예배를 드린 설교교회가 성 마리아 시립교회이다. 이처럼 루터에게 성 마리아 시립교회는 종교개혁의 현장이었다.

시청 앞 광장에서 본
성 마리아 시립교회 첨탑.
광장 중앙에 루터 동상이 있다.

루터 동상. 한 손에 성경을 들고 있다.

성 마리아 시립교회
(Stadt- und Pfarrkirche St. Marien)

주　　소 Kirchplatz 20, 06886 Lutherstadt Wittenberg

연 락 처 Tel. +49 3491 62830

개방시간 부활절~10월. 월-토 10:00-18:00, 일요일 11:30-18:00
11월~부활절. 월-토 10:00-16:00, 일요일 11:30-16:00

예배시간 주일 10:00, 월-금 12:00-12:15 (정오기도)

가 이 드 매일 14:00 / 성인 4유로, 할인 2유로

개신교 최초의 청빙 목사 요하네스 부겐하겐

요하네스 부겐하겐
(루카스 크라나흐, 1537)

루터는 성 마리아 시립교회에서 요하네스 부겐하겐(Johannes Bugenhagen, 1458~1558)이라는 목회자와 함께 합동 목회를 했다. 부겐하겐은 원래 로마 가톨릭 신부였으나 루터의 책을 통해 개혁신앙이 참으로 올바른 신앙이라는 사실을 깨닫고서 비텐베르크로 찾아온 인물이다. 특별히 부겐하겐은 루터의 고충을 들어주고 위로해주던 사람이었고, 종교개혁의 무거운 짐을 함께 나누었던 루터의 동역자였다. 부겐하겐은 루터와 카타리나의 결혼을 지지하며 주례를 맡아주기도 했다. 그뿐 아니라 루터의 자녀들에게 세례도 주었고, 루터의 장례 절차까지 맡아주었다. 루터의 유족을 끝까지 보살펴준 사람도 역시 그였다.

성 마리아 시립교회는 1535년 개신교 최초의 청빙 목사를 배출했다. 중세교회의 안수 제도에 따라 성직자를 임명하지 않고, 교회 공동체가 직접 목사를 선택해 뽑는 '청빙 제도'를 실시한 것이다. 청빙 절차에 의해 최초로 선출된 목사가 요하네스 부겐하겐이다.

청빙 제도가 탄생한 역사적 배경은 14세기 '유럽의 흑사병'으로부터 시작된다. 14세기부터 10여 차례 휩쓸고 간 흑사병은 유럽을 초토화했다. 1347년부터 약 3년간 창궐한 흑사병은 유럽 전체 인구의 3분의 1을 죽음으로 내몰았다. 흑사병은 신의 저주로 불렸고, 전염병이었기에 일반인은 시신을 수습할 수 없었다. 오직 신의 대리자로 알려진 사제들만이 시신을 처리할 수 있었다. 이때 흑사병에 전염된 수많은 사제가 목숨을 잃었고, 교회는 죽은 사제들의 빈자리를 채우기 위해 교육받지 못한 무자격자들을 사제로 대거 임용했다. 이것은 곧장

교회의 부패로 이어졌다. 라틴어를 모르는 문맹 사제들은 교회의 미사를 의미도 모른 채 집례하고 있었다.

교회의 무자격자 사제임용은 교회의 타락을 부추겼다. 교황 레오 10세는 로마의 거대한 베드로 성당 건축비를 마련하기 위해 무자격자 알브레히트를 대주교에 임명했다. 막강한 권력과 재력을 겸비한 브란덴부르크 선제후의 동생이었던 알브레히트는 매우 젊은 나이에 대주교직을 두 개나 맡게 되었다. 교황은 알브레히트에게 독일 내 면죄부 독점권을 주었으며, 면죄부 판매를 재촉했다. 이것은 루터가 95개 조 반박문을 발표하는 도화선이 되었다.

사제임용의 부패를 보며 루터는 사도적 계승이 오직 주교(교황)의 안수를 통해 전달된다는 것에 반대했다. 사도적 계승이란 '안수권'에 있지 않고 오직 '복음 선포의 직무'에만 해당된다고 믿었다. 루터는 주교의 안수가 아닌, 교회 공동체를 통해 목회자를 선출할 수 있고, 동시에 해임할 수 있다고 주장했다. 중세교회에서는 베드로를 통한 사도적 계승권(제1대 교황: 베드로), 곧 안수의 성례전적 권위를 주장하지만, 루터는 교회가 그리스도의 몸이기 때문에 그리스도의 공동체로부터 직임을 위임받은 것이 성서적이라고 판단했다. 이런 배경하에 개신교 목사 청빙 제도가 출현하게 됐다.

개혁된 청빙 절차에 따라 선출된 개신교 최초의 담임목사가 성 마리아 시립교회의 부겐하겐이다. 당시 부겐하겐의 청빙 절차는 특이했다. 그는 교회와 대학, 시의회의 삼자 구도의 청빙위원회를 통해 선출됐다. 이는 곧 신앙과 지성, 사회적 인격이 통합적으로 인정될 때 비로소 목사가 될 수 있음을 뜻했다. 이 셋 중 어느 하나라도 결격 사유가 있다면 개신교 목사가 될 수 없었다. 목사는 교회 밖 어디를 가든 인정받는 사람, 인정받을 사람이어야 했다.

1525년 5월 14일, 시립교회에서 있었던 개신교 최초의 집사임명도 마찬가지였다. 루터의 동료였던 게오르그 뢰러(1492~1557)의 집사임명에 루터와 시립교회 담임목사였던 부겐하겐, 신학 교수 멜란히톤, 비텐베르크 시장, 그리고 시의 관할 판사까지 참여했다. 목사뿐만 아니라 교회의 직분자와 신자들 모두가 사회적·공적 책임을 져야 한다는 게 루터의 주장이었다.

성 마리아 시립교회 뒤편 공원에 요하네스 부겐하겐 목사의 동상이 있다. 교회공동체와 사회공동체가 합의해 선출한 개신교 최초의 청빙 목사 부겐하겐이 루터의 종교개혁 뜰에 우뚝 서 있다.

부겐하겐 하우스. 성 마리아 시립교회 뒤편에 있다.

성 마리아 시립교회 뒤편 공원에 있는 부겐하겐 동상

성 마리아 시립교회 제단화

① 중앙 패널: 성만찬

'성만찬'은 1539년 아버지 루카스 크라나흐(Lucas Cranach der Ältere, 1472~1553)의 단독 작품으로, 예수의 최후의 만찬을 그린 것이다. 한가운데 양고기는 어린 양 되신 그리스도의 공동체를 표현한 것이다. 그림에서 식탁은 원형을 하고 있다. 원탁은 서로가 계급 없이 평등하며 누구나 막힘없이 소통 가능함을 의미한다. 식탁 둘레에 앉아 있는 사람들은 예수와 베드로, 요한, 가룟 유다를 제외하고, 모두 루터 당시 비텐베르크 주민들이다. 예수의 품에 안겨있는 사람은 제자 요한이다. 요한 옆자리에 앉아서 가슴에 오른손을 얹고 있는 사람은 베드로다. 베드로는 최후의 만찬 자리에서 제자 중 하나가 자신을 팔아넘길 것을 예언하는 예수에게 가슴에 손을 얹고 "모두 주를 버릴지라도 나는 결코 버리지 않겠나이다!"(마27:33)며 다짐하는 장면이다. 예수의 오른편에 주황색 옷을 입고 옆구리에 전대를 차고 있는 자는 가룟유다이다. 그의 입이 예수의 가운데 손가락을 물고 있는데, 그가 배신자임을 암시하는 장면이다. 왼쪽 허리에 차고 있는 돈주머니에는 예수를 팔아넘겨 벌은 은 삼십이 들어있다. 원탁 밖으로 삐져나온 그의 한 발은 그가 양다리를 걸치고 있음을 뜻한다. 유다가 입은 노란 망토의 노란색은 의심의 색이다.

오른편에 검은 망토를 두르고 앉아서 원탁 밖에 있는 사람에게 큰 잔을 넘겨주는 인물은 루터다. 루터의 검은 옷은 급진적 개혁파들이 폭력으로 구 교회적인 것을 모조리 파괴했을 때, 바르트부르크에 숨어지내던 루터가 달려와 폭력적 사태를 진압했던 상황을 떠올리기 위한 것이다. 당시 루터가 입었던 옷이 검은 망토였다. 그림을 통해 비텐베르크 사람들은 '종교개혁이란, 폭력과 정반대에 위치한 말씀의 개혁'이라는 것을 회상하고자 했다. 그림 속에서 루터는 들고 있는 포도주잔을 원탁 밖의 사람에게 넘겨주고 있다. 가톨릭교회에서는 상당히 낯선 풍경이다. 열두 사도가 아닌 사람이 만찬에 참여하는 것은 사제중심주의를 깨뜨리는 것이다. 더욱이 사제들만 마셔야 하는 잔을 일반인에게 넘겨주고 있다. 검은 망토의 루터에게서 포도주를 넘겨받는 사람은 제단화를 그린 화가의 아들 크라나흐(Lucas Cranach der Jünger, 1515~1586)다. 이 장면은 종교개혁의 양형 성찬을 나타내고 있다. 빵과 포도주를 동시에 받아야 한다는 것이 종교개혁의 선언이었다. 특히 제단화에서 사도급(사제)이 아닌 외부 사람(평신도)에게 잔을 넘겨주는 장면은 '모두가 사제'라는 개신교회의 만인사제직에 근거한다.

루터 바로 왼편에 있는 긴 수염의 인물은 한스 루프트(Hans Luft, 1495~1585)로 루터의 『독일어 성서』를 인쇄했던 인쇄업자다. 사도도 아닌 인쇄업자가 화폭에 그려진 것은 루터의 '직업 소명론'에 기인한다. 사제직뿐 아니라 세속 직업에도 하나님의 소명이 있다는 것을 표현하고 있다. 그것은 이웃을 섬기는 소명이다. 한 마디로, 중앙 패널에는 루터의 만인 사제직, 비폭력사상, 양형 성찬 그리고 직업 소명론이 고스란히 반영되어 있다.

② 좌측 패널: 세례

루터의 구원관에서는 세례가 중요하다. 가톨릭 신학에서는 선행의 공덕이 강조되지만, 개신교 신학에서는 '하나님 약속'이라는 세례의 표지가 중요하다. 그림에는 세례대를 중심으로 사람들이 둘러서 있다. 아이를 안고 있는 사람은 신

학 교수 멜란히톤이다. 그는 평생 목사 안수를 받지 않았다. 왼편에 수염 난 사람은 크라나흐이고, 그 옆에 부인이 서 있다.

그림의 세례대가 특이하다. 세례대가 비정상적으로 깊고 크다. 멜란히톤은 아이를 위험하게 들고 있다. 실수하면 아이가 물에 빠져 죽을 수도 있다. 이 장면에는 화가의 의도가 숨어있다. 세례란 곧 그리스도와 함께 옛사람이 죽는 것을 뜻한다. 그러나 동시에 그리스도와 함께 새 사람으로 다시 살아난다. 화가는 의도적으로 아이를 들고 있는 멜란히톤의 모습을 불안정한 모습으로 그리면서 죽음에 대한 경각심을 갖게 만든다. 동시에 부활에 대한 메시지를 기억할 것을 암시한다.

멜란히톤은 안수받지 않은 평신도인데 아이의 세례를 집례하고 있다. 루터는 평신도도 세례를 집례할 수 있다고 말한다. 이것은 '모든 신자의 만인사제직'에 근거한다. 그러나 종교개혁이 진행되면서 세례와 성찬의 의미를 모른 채 오용되는 현장을 목격한 후 루터 역시 평신도의 세례를 금했다. 예외는 있다. 죽음이 임박했는데 목사가 없다든지 하는 위급한 상황이 생기면 일반 신자도 언제든지 세례를 집례할 수 있다. 위급 시가 아니더라도 교회공동체의 목회자의 감독 아래 집례하는 것이 가능하다. 그림은 성인 세례가 아니라 유아세례를 다루고 있다. 루터파가 유아세례의 효력을 부인하고 다시 세례를 주어야 한다고 주장하는 재세례파와 다르다는 것을 보여주기 위함이다.

③ 우측 패널: 참회

우측 패널의 그림은 '참회'에 관한 것이다. 가톨릭교회에서는 '고해 성사'라고 부른다. 하지만 루터의 참회는 고해 성사와는 다르다. 루터에게 참회는 '통회하

는 자가 믿음 안에서 형제자매에게 죄를 고백하고 그리스도의 명령에 따라 용서하는 것'을 의미한다. 이것은 천국의 열쇠의 직무에서 비롯된다. 로마 가톨릭의 고해 성사에서는 천국 열쇠의 직무는 사제에게 국한된다. 반면에 루터의 참회는 세례받은 모든 자의 직무다. 고해 성사는 최소 일 년에 한 번 정기적으로 사제에게 자신의 죄를 일일이 고해야 한다. 반면에 루터의 참회는 자발적이며 죄를 일일이 나열할 필요가 없다. 그리스도인은 자신의 죄를 목사나 공동체 안의 누구에게라도 고백할 수 있다. 고백받은 자는 그리스도의 명령에 따라 죄를 용서해야 한다.

그림 중앙에 열쇠를 들고 서 있는 사람은 성 마리아 시립교회의 담임목사 부겐하겐이다. 그의 손에는 두 개의 열쇠가 들려 있다. 예수가 베드로에게 주었던 '천국의 열쇠'(마18:18)다. 하나는 천국을 여닫는 열쇠, 다른 하나는 땅의 열쇠다. 로마교회는 천국의 열쇠를 받은 베드로에서부터 사도 계승권이 시작된다고 주장한다. 루터는 이를 모든 신자가 가진 사죄의 권한으로 해석한다. 용서는 사제가 아닌, 하나님이 하시는 것이다. 우리는 서로를 용서하며 함께 도와야 한다.

부겐하겐 목사 앞에 두 사람이 있다. 한 사람은 부겐하겐을 향해 무릎을 꿇고 있고, 다른 한 사람은 손목이 묶인 채 몸은 이미 부겐하겐 반대편을 향해 서 있다. 언제라도 밖으로 나갈 태세다. 이 둘은 서로 대비된다. 한 명은 진심 어린 죄의 고백을 통해 용서를 받지만, 다른 한 사람은 참회의 형식만 취하고 마음은 다른 곳을 향해 있다. 화가는 개신교인의 참회와 로마교회의 고백성사를 대비시키고 있다.

④ 하단패널: 말씀 선포

하단부의 그림은 설교에 관한 것이다. 오른편 설교대에는 루터가 있고, 왼편에는 비텐베르크 주민들이 말씀을 경청하고 있다. 중앙에 있는 예수의 십자가는 교회를 상징한다. 공간 벽과 바닥에 붉은색 선들이 불규칙하게 칠해져 있는데 예수의 피를 의미한다. 이곳이 예수의 십자가와 보혈이 있는 교회다.

일반적으로 교회에서 목사가 설교하면 회중은 모두 목사를 응시한다. 그런데 이 그림에 나온 사람들은 모두 십자가를 바라본다. 설교자인 루터 역시 십자가에 집중한다. 루터의 왼손은 성서 위에 놓여 있고, 오른손은 검지와 중지를 이용해 십자가를 가리킨다. 검지와 중지는 '참 신이요 참 인간이신 예수 그리스도'를 상징한다. 한 손을 성서에 올려놓고 다른 손으로 십자가를 가리키는 것은 성서의 모든 말씀이 십자가의 예수를 향하고 있다는 표식이다. 성서의 말씀은 그리스도를 설교하고, 그리스도를 향하고 있다. 중세교회의 사제들은 성서 중심이 아닌, 윤리에 대한 설교를 주로 하였다. 이에 대해 루터는 성서에 있는 그리스도 중심의 설교를 해야 함을 역설하였다.

그림 중심부에 십자가의 예수가 있다. 교회와 설교와 성서 말씀의 모든 중심이 십자가의 예수임을 나타내고 있다. 중세교회는 교황으로 대표되는 교권이 교회 중심이었다. 중세 회화의 중심에는 대부분 성인과 마리아가 있다. 그림 중심에 십자가를 옮겨 놓은 것은 루터다. 십자가의 예수가 걸친 세마포가 흩날리고 있다. 십자가의 죽음이 곧 부활 사건임을 보여준다. 왼편 회중의 맨 앞에는 루터의 아들 한스와 아내 카타리나가 있다. 뒤에는 주민들이 십자가를 바라보고 있다. 갓난아기도 보인다. 이 장면은 루터의 개혁이념이 반영된 것이다. 루터는 언제나 자녀의 신앙 교육을 강조했다. 그래서 아이는 부모와 함께 설교대 앞쪽에 앉게 했다. 루터의 설교대와 회중 사이에는 어떤 거리도 없다. 오히려 맨 앞을 차지하고 있는 사람들은 부인들과 아이들이다. 여기서도 교회의 평등주의가 나타난다. 아이와 여성 모두가 사제다(만인사제직).

(최주훈, 『루터의 재발견』, 복있는사람, 2017, 195-222)

루터의 참나무
Luthereiche

루터 하우스에서 나와 오른편 회전교차로 건너편에 '루터의 참나무'(Luthereiche)가 있다. 루터의 95개 조 반박문으로 인해 로마 교황청은 루터를 회유하려고 했다. 교황 레오 10세는 가톨릭 신학자 엑크(Johann Eck)를 라이프치히로 보내 루터와 논쟁을 벌이게 했다. 1519년 6월 27일~7월 16일까지 연옥 교리, 면죄부 판매, 고해 성사 그리고 교황의 권위에 대해 치열하게 논쟁을 벌였으나 엑크는 루터를 이길 수 없었다. 교황은 60일 이내에 루터가 자신의 주장을 철회하지 않으면 파문하겠다는 교서를 루터와 독일 전역에 배포했다. 교황은 루터에게 파문을 선언하면서 그의 모든 책을 태워버리라고 지시했다. 루터는 이단자로 낙인찍히고 말았다.

교황의 파문장을 받아든 루터는 교황이 했듯이 똑같이 갚아 주기로 했다. 1520년 12월 10일, 루터는 아침 일찍 학생들을 불러 가톨릭 신학의 토대가 된 스콜라 철학의 문서들을 쌓은 뒤 불을 붙였다. 그 위에 교황의 파문장 "주여 일어나소서!"(Exsurge Domine)를 던져 불태웠다. 그리고 소리쳤다. "네가 주님의 거룩한 자(그리스도)를 기만했기 때문에, 네가 하나님의 진리를 혼란스럽게 만들었기 때문에 너를 영원히 불에 살라버린다." 루터는 가톨릭교회와 이별을 선언하였다. 그런 다음 그 자리에 참나무를 심었다. 안타깝게도 루터가 직접 심은 참나무는 1813년 나폴레옹전쟁 때 프랑스 군인들이 찍어 없앴다. 지금의 나무는 1830년 6월 25일에 『아우크스부르크 신앙고백서』 제출 300주년을 기념하여 새로 심은 것이다. 1924년에 조각가 빌헬름 렉스(Wilhelm Rex)가 참나무 옆에 파울-프리드리히-분수와 돌 벤치를 만들었다.

교황의 파문장을 불태우는 루터 (1520)
(Paul Thumann, 1872, 바르트부르크 박물관 소장)

루터의 참나무
(Luthereiche Wittenberg)

주 소 Am Hauptbahnhof 2, 06886 Lutherstadt Wittenberg

비텐베르크 대학
(LEUCOREA)

옛 비텐베르크 대학(로이코레아)

비텐베르크 대학은 1502년 10월 18일 선제후 프리드리히 3세(1463~1525)가 세운 대학이다. 루터는 1512년에 이 학교에서 박사 학위를 받은 후 1545년까지 33년간 교수로 봉직했다.

이곳에서 루터는 종교개혁의 동역자 필립 멜란히톤(1497~1560)을 만났다. 이 두 교수의 명성이 최고조에 달했을 때 비텐베르크 대학은 전 유럽에서 온 수천의 학생들로 북적였다. 루터는 학생들에게 시편, 로마서, 갈라디아서를 비롯한 성서 과목을 가르쳤고, 그의 종교개혁사상을 확장해 나갔다. 비텐베르크 대학은 1694년에 세워진 할레 대학교와 1817년에 합병되어 할레-비텐베르크 대학교가 되었다. 1933년에는 루터의 이름을 따서 마르틴 루터 할레-비텐베르크 대학교(Martin-Luther-Universität Halle-Wittenberg)로 개명했다. 오늘날 비텐베르크에서 볼 수 있는 건물은 대학교 소속 러이코레아 재단의 컨퍼런스 센터다. 들어가는 입구에 '할레-비텐베르크 마르틴 루터 대학 공공법 재단 러이코레아(LEUCOREA, Stiftung des öffentlichen Rechts an der Martin-Luther-Universität Halle-Wittenberg)라고 적힌 현판이 있다. '러이코레아'라는 이름은 비텐베르크 대학교를 16세기 인문주의자들이 '러이코레아 대학'이라고 불렀던 데서 왔다. 비텐베르크(Wittenberg)의 원뜻인 '하얀 모래언덕'을 고대 그리스어로 번역한 것이 LEUCOREA이다. 현재 러이코레아는 다양한 학술 및 문화 활동을 하고 있다.

마르틴 루터와 필립 멜란히톤 초상화
(父 크라나흐, 1543)

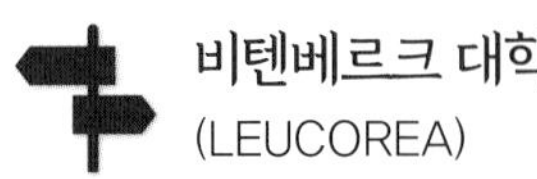

비텐베르크 대학
(LEUCOREA)

주 소 Collegienstraße 62, 06886 Lutherstadt Wittenberg

연 락 처 Tel. +49 3491 4660

크라나흐 하우스 / 크라나흐 뜰
Cranachhaus / Cranach-Hof

크라나흐 하우스(Markt 4)

성 마리아 시립교회 가까운 곳에 아버지 루카스 크라나흐(Lucas Cranach der Ältere, 1472~1553)와 아들 루카스 크라나흐(Lucas Cranach der Jüngere, 1515~1586)가 살던 집이 있다. 아버지 크라나흐는 1505년에 작센의 선제후 프리드리히에게 궁정화가로 초청받아 비텐베르크에 와서 거의 반세기를 살았다. 크라나흐는 약국과 출판사, 서점, 인쇄소 등을 운영하며, 비텐베르크 시장까지 역임했다. 그는 인쇄소(Markt 4)에서 크리스티안 되링(Christian Döring)과 함께 루터의 성서번역본들과 종교개혁 책들을 인쇄했으며, 출판물들은 그의 서점을 통해 각지로 팔려나갔다. 1517/1518년에는 비텐베르크에서 가장 큰 뜰(Cranach-Hof, Schlossstraße 1)을 인수해 작업장을 확장했다.

크라나흐는 성경의 가르침을 주제로 많은 그림을 그렸다. 무엇보다도 루터의 초상화를 연령대별로 다양하게 그렸다. 영주들과 종교개혁가들의 초상화 그리고 교회의 제단화도 그렸다. 아버지와 아들 크라나흐의 작품들은 루터 도시의 교회들과 세계 곳곳에 있는 박물관에서 볼 수 있다. 크라나흐는 루터와 종교개혁 사상을 적극 지지하고 후원했다. 친구들이 그에게 "자네는 늘 비텐베르크 수도사(마르틴 루터) 자랑을 그치지 않네그려"라고 말할 정도로 루터의 팬이었다.

크라나흐 하우스 현관문 위에 아버지 크라나흐와 아들 크라나흐의 문패가 걸려있다.
(우측: 아버지, 좌측: 아들) 현관문 왼쪽 작은 문은 인쇄실이다(Schlossstraße 1).

크라나흐 하우스(Cranachhaus)/크라나흐 뜰(Cranach-Hof)/인쇄소

주　　소 Schlossstraß 1, 06886 Lutherstadt Wittenberg

연 락 처 Tel. +49 3491 4986-10 (여행안내소)

개방시간 인쇄소 개방시간: 월-금 9:00-12:00, 13:00-16:30,
토요일 10:00-13:30

입 장 료 인쇄소 입장료: 무료

크라나흐 하우스/크라나흐 뜰/'크라나흐의 세계'와 특별전(상설 전시장)

주　　소 Markt 4, 06886 Lutherstadt Wittenberg

연 락 처 Tel. +49 3491 4986-10 (여행안내소)

개방시간 1월~10월, 화-토 10:00-17:00, 일요일 13:00-17:00
11월~12월, 화-토 10:00-17:00, 일요일 13:00-17:00

입 장 료 성인 5유로, 할인 4유로

멜란히톤 하우스
Melanchtonhaus

르네상스 양식의 멜란히톤 하우스(Melanchtonhaus)는 비텐베르크에서 가장 아름다운 집 중 하나다. 비텐베르크 대학교수로 있던 멜란히톤의 명성이 점점 커지자 많은 대학에서 그를 데려가려고 했다. 루터는 선제후에게 그가 계속 머물 집을 지어달라고 요청했다. 1536년 선제후는 멜란히톤에게 가족과 함께 살 집 한 채를 지어 선물했다. 선제후 프리드리히에게 루터와 멜란히톤은 자신이 세운 비텐베르크 대학을 빛낼, 없어서는 안 될 유능한 학자였다. 신학 교수였던 멜란히톤은 탁월한 교육으로 '독일의 교사'로 불렸다. 훗날 분열된 로마가톨릭 교회와 개신교의 화해를 위한 공로가 인정되어 '일치의 아버지'(Vater der Ökumene)라는 칭호를 얻게 되었다. 멜란히톤은 신앙과 인문주의의 접점을 찾는데도 힘을 기울였다. 멜란히톤이 죽은 후 그의 집은 일반주택으로 사용되다가, 19세기 초부터 시가 매입해 기념관으로 관리하고 있다. 멜란히톤 하우스는 1996년에 유네스코 문화유산에 등재되었다.

필립 멜란히톤
(父 크라나흐, 1537 작품)

필립 멜란히톤(Philip Melanchthon, 1497~1560)은 1497년 2월 16일 독일 브레텐에서 출생했다. 14살에 하이델베르크 대학을 졸업하고, 1518년 젊은 나이로 비텐베르크 대학의 교수가 되었다. 멜란히톤은 신학자이자 종교개혁가로 루터의 종교개혁운동에 있어서 중요한 조력자이자 대변자였다. 루터의 신학 체계를 완성한 사람도 멜란히톤이다. 1519년 루터와 함께 라이프치히 논쟁에 참석한 멜란히톤은 가톨릭 신학자 엑크와의 논쟁을 지원하기도 하였다. 1520년 교황이 루터를 파문하고 추방했을 때, 멜란히톤은 루터를 대신해 종교개혁의 흐름을 이어 나갔다. 멜란히톤은 루터의 개혁신앙을 정리하고 체계화해서 1521년에 개신교 최초의 조직신학 책 『신학총론(Loci communes)』을 펴냈다. 1530년에는 개신교 최초의 신앙고백서이자 루터교 공식 신앙고백서인 『아우크스부르크 신앙고백서』를 작성했다. 루터는 『탁상담화』에서 멜란히톤을 "양심이 선한 분이어서 매사를 진지하게 받아들이는 인물"이라고 칭송했다. 그의 신학적 업적에 대해서도 아낌없는 찬사를 보냈다. 멜란히톤은 루터에게 없어서는 안 될 종교개혁운동의 든든한 동역자였다.

멜란히톤 하우스(Melanchtonhaus) / 전시관

주 소 Collegienstraße 60, 06886 Lutherstadt Wittenberg

연 락 처 Tel. +49 3491 4203171

개방시간 4월~10월, 월-일 10:00-18:00
11월~3월, 화-일 10:00-17:00, 월요일 휴일

입 장 료 성인 5유로, 할인 2.50유로

가 이 드 일요일 11:30, 3유로

면죄부의 값싼 은혜

십자가가 아닌 면죄부

어느 날 루터는 그의 교인들이 내민 종이 한 장을 보고 격앙했다. 그것은 루터 몰래 테첼의 면죄부 부흥회에서 받아온 면죄부 판매 홍보지였다. 루터는 교인들이 그리스도의 은혜를 누릴 수 있도록 애써왔다. 하지만 그들이 정작 기뻐한 것은 십자가가 아닌 면죄부였다. 교인을 향한 루터의 영적 수고가 무색했다. 그는 교인들에게 "회개하고 형벌을 받으라"고 외쳤지만 소용없었다. 그들은 형벌 후에 받는 그리스도의 은혜보다 형벌 없이 받는 면죄부의 은혜를 더 신뢰했다. 루터는 잘못된 신앙의 길에 빠져든 교인들을 바라보며 가슴 아파했다. 그는 면죄부 오용에 대해 동료 교수들과 토론하기로 마음먹었다. 루터는 「면죄부의 능력과 효용성에 관한 토론」(95개조 반박문)이란 제목으로 면죄부를 반박하는 논제를 썼다. '모든 성인 대축일(만성절)'인 11월 1일에 독일 지역 내에서는 대대적인 면죄부 판매가 있을 예정이었다. 루터는 하루 전인 1517년 10월 31일에 비텐베르크 성채 교회 문에 그가 쓴 「95개 조 반박문」을 내걸었다.

비텐베르크 성채 교회 문에
「95개조 반박문」을 붙이는 루터
(1517.10.31)

루터 당시 교회는 이 세상에서 범한 죄의 벌은 완전히 용서받지 못하기 때문에 신자는 그에 따른 형벌을 받아야 한다고 주장했다. 죄의 형벌은 고해 시 사제가 부여하는 경건의 참회를 통해 줄일 수 있었다. 그래서 신자는 사제에게 자신이 지은 죄를 고백했고, 사제는 죄 사면의 선언과 함께 형벌로서 기도, 철야, 금식, 적선, 순례, 교회 건축헌금 등과 같은 보속(補贖)들을 부여했다. 시간이 지나면서 형벌을 감해주는 '면죄부'가 보속으로 등장했고, 인기리에 판매됐다. 교회는 면죄부 판매를 늘리려고 신학자를 동원했고, 면죄부는 일시적인 형벌뿐 아니라 모든 죄를 용서받을 수 있다고 가르쳤다. 또한, 면죄부는 교회가 부여한 참회형벌뿐 아니라, 하나님이 주는 세상의 형벌까지도 경감할 수 있다고 주장했다. 지금까지 지은 모든 죄까지도 용서해준다는 '완전 사면 면죄부'도 등장했다.

베드로 면죄부

면죄부 문제가 본격화되기 시작한 것은 로마의 베드로 성당을 건축하면서부터다. 교황 율리우스 2세는 1506년 베드로 성당의 신축을 시작하면서 여러 종류의 면죄부를 발행했다. 그의 뒤를 이어 교황 레오 10세는 1515년 신성로마제국 중 경제적으로 가장 부유한 독일의 마그데부르크와 마인츠에서 면죄부를 8년간 팔도록 허용했다. 그는 막강한 집안 출신의 젊은(23세) 알브레히트(1490~1545)를 두 교구의 대주교로 임명해 면죄부 판매를 위임했다. 알브레히트는 면죄부 발행청을 만들었고, 면죄부 판매를 위한 부흥사로 도미니크회의 수도사 테첼을 고용했다. 테첼은 면죄부 신학을 정립했고, 그의 탁월한 웅변술로 청중을 사로잡았다. "죄를 자백하고 통회하며 이 궤짝에 돈을 넣는

요한 테첼
면죄부 판매 궤짝과 면죄부(궤짝 우측)

사람은 누구를 막론하고 그의 모든 죄를 용서받을 것입니다." 그의 면죄부 설교는 당시 교회에서 가장 인기 있는 설교가 되었다. 루터는 면죄부 설교가 난무하는 교회를 바라보며 절망했다. "설교에 있어서 하나님의 말씀보다 면죄부에 더 많은 시간을 할당하는 것은 하나님의 말씀을 훼손하는 것"(54조)이라고 질타했다. 그 면죄부 설교의 자리에 루터의 교인들이 있었다.

대주교 알브레히트가 발행한 「면죄부 지침서」에는 면죄부가 모든 죄를 완전히 용서할 수 있고, 가장 위대하고, 가장 크게 도움이 되며, 지금까지 들어보지 못한 가능성으로 가득 찬 증서라고 적혀있었다. 이에 대해 루터는 면죄부는 구원과 영생에 관해 아무런 유익이 없다고 반박했다. 구원은 면죄부가 아닌 오직 믿음을 통해서만 주어지는 것이라고 주장했다. 그리스도는 복음을 전하라고 했지, 결코 면죄부를 설교하라고 명하지 않았다고 비판했다.

루터의 면죄부 반박

루터의 면죄부를 반박하는 95개 조항은 크게 네 개의 내용을 다루고 있다. 첫째, 참된 회개를 요구한다. "우리 주 예수 그리스도께서 '회개하라'(마4:17)고 하셨을 때, 이는 믿는 자의 삶 전체가 회개하는 삶이어야 함을 말씀하신 것이다. 이 말씀이 고해성사, 즉 사제에 의해 집도 되는 고백과 속죄로 이해되어서는 안 된다(1~2조)". 둘째, 교황과 교회법이 가진 권세와 연옥의 관계를 규명한다. "교황은 자기의 권위나 교회법의 권위에 부여된 것을 제외하고는 어떠한 벌도 가감할 수 없다(5조)." 셋째, 면죄부의 한계를 지적한다. 넷째, 면죄부의 오용에 대해 비판한다. "교황은 면죄부 판매자들로부터 돈을 갈취당한 많은 이들에게 성 베드로 성당을 팔아서라도 돈을 나누어 줄 것이며, 또 주어야 한다는 것을 그리스도인들은 알아야 한다(51조)."

루터의 95개 조항은 교회와 교황의 권위에 대한 도전이었다. 루터는 자기 신도들을 위해 동료 교수들과 면죄부의 잘못된 사용을 토론하고자 했다. 그래서 그는 교수들만이 아는 언어인 라틴어로 반박문을 붙였다. 하지만 그의 소박한 바람은 강풍이 되었다. 반박문은 14일 만에 신자들의 언어인 독일어로 번역되어 전역에 뿌려졌다. 마침내 루터의 반박문은 로마의 교황까지 위협했다. '오직 성경, 오직 믿음, 오직 그리스도'를 외쳤던 루터에게 '면죄부'는 하나님에 대한 인간의 교만한 도전이었다. 하나님의 전적 은총이 아닌 인간의 행위(돈)로 하나님의 구원을 얻어내려는 불신(不信)의 산물이었다. 교회와 교황의 헛된 말에 현혹된 신자들은 '그리스도의 값비싼 십자가 은혜' 대신 '면죄부의 값싼 은혜'에 믿음을 팔아버렸다. 그들은 고난의 십자가를 피하고 싶어 면죄부를 사려 했다.

7
하이델베르크 요리문답

도시정보

독일 라인강의 지류인 네카(Neckar)강을 따라 형성된 하이델베르크는 바덴-뷔르템베르크주에서 다섯 번째로 큰 도시로 인구 약 16만 명(2018년)의 대학도시이자 관광도시다. 하이델베르크는 12세기에 세워진 도시로, 1225년에는 라인(Rhein) 백작령이었고, 1720년까지는 선제후의 거성이 자리 잡고 있었다. 중세풍의 하이델베르크는 뮤지컬 영화「황태자의 첫사랑」의 무대였고, 수많은 철학자가 머물렀던 곳이다. 1386년 선제후 루프레흐트 1세(Ruprecht I)에 의하여 설립된 하이델베르크 대학교는 독일에서는 가장 오래된 대학으로 16세기에 종교개혁의 보루가 되었다. 기계, 정밀기기, 피혁, 담배, 목제품 등의 제조업이 활발한 하이델베르크지만, 이 도시에서 가장 중요한 것은 관광산업이다. 시내 구시가지에 있는 하이델베르크 성을 중심으로 해마다 수백만 명의 관광객이 하이델베르크를 방문하고 있다. 구시가지가 보유한 풍부한 문화유산으로 하이델베르크시는 2004년과 2007년 두 차례에 걸쳐 유네스코 세계문화유산에 등재를 신청했으나 성공하지 못했다. 2018년 통계에 따르면 하이델베르크 시민의 23.8%는 로마 가톨릭 신자이며, 27.3%는 개신교 신자이다. 48.9%는 종교가 없거나 다른 종교인들이다. 16세기 종교개혁의 도시였던 하이델베르크에서는 가톨릭과 개신교 신자가 매년 조금씩 감소하는 추세다.

하이델베르크 구시가지 전경. 성령교회(왼쪽)와 네카 강 위의 카를 테오도르 다리

루터의 하이델베르크 논쟁

대학교 건물 앞에 있는 하이델베르크 논쟁 명판(1983)

루터가 1517년 비텐베르크에서 「95개 조 반박문」을 발표한 이후 네 차례에 걸쳐 중요한 논쟁이 있었다. 하이델베르크(1518년 4월), 아우크스부르크(1518년 10월), 라이프치히(1519년), 보름스(1521년) 논쟁이다. 이 중 하이델베르크 논쟁은 『하이델베르크 요리 문답』이라는 개혁주의 신앙의 교리문답을 탄생시켰다.

루터가 「95개 조 반박문」을 발표한 이듬해인 1518년에 교황 레오 10세는 아우구스티누스 수도원장에게 루터의 문제를 해결하라는 지시를 내렸다. 그때 마침 루터는 비텐베르크 관구장 대리 자격으로 1518년 4월에 열린 하이델베르크 독일총회에 참석했다. 교황의 지시에 따라 루터는 4월 26일 하이델베르크 대학교 강당에 토론을 위해 섰다. 아우구스티누스 수도회 수도사들과 몇몇 교수들 그리고 학생들이 함께했다. 이 토론은 교황청의 의중을 반영한 루터를 향한 일

종의 심판장이었다. 총회에서 루터는 면죄부를 더는 직접 언급하지 않았다. 그는 죄, 자유의지, 은혜를 중심으로 하는 십자가 신학의 논제를 발표했다. 하이델베르크 논제로 불리는 이 논제에서 그는 왜 중세교회가 본질적으로 잘못된 길로 갔는지 신학적으로(28항), 철학적으로(12항) 나누어 총 40개 조항을 통해 자신의 입장을 밝혔다.

루터는 이 논제에서 사람이 자기 노력과 행위로 구원받을 수 있다는 중세 스콜라 신학을 비판하면서, 오직 하나님의 은혜로 구원받는다는 것을 입증하려 했다. 루터는 중세 가톨릭의 '영광의 신학'을 비판하면서, '십자가 신학'을 주장했다. 그는 하나님은 그리스도의 십자가 고난 속에서 자신을 보여준다고 믿었다. 그에게 숨어 계신 하나님을 알 수 있는 유일한 길은 십자가였다. 루터는 논제의 핵심인 십자가 신학을 제시한 뒤, 율법(행위)과 은혜, 하나님의 능동적인 행동과 인간의 수동적인 행동, 하나님의 사랑과 인간의 사랑을 대조하여 하나님의 주권적인 구원 사역의 위대함을 밝히며 논제를 마무리했다. 1518년 하이델베르크 논쟁을 기념하여 루터 탄생 500주년의 해인 1983년에 하이델베르크 대학건물 바닥에 명판을 만들었다. 거기엔 다음과 같은 글귀가 적혀 있다. "마르틴 루터(1483~1546). 아우구스티누스 수도원에서의 체류와 1518년 4월 26일 하이델베르크 논쟁을 기념하며. 1983년 루터의 해에."

하이델베르크 논쟁 기념 명판 글

하이델베르크 요리 문답

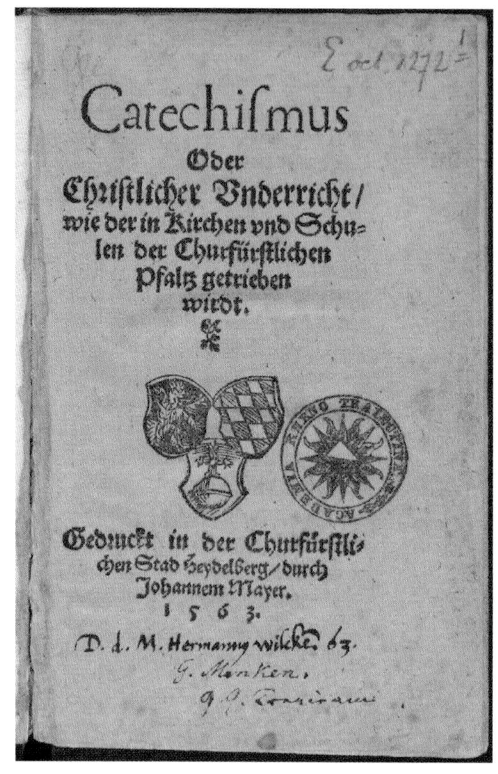
Catechiſmus
Oder
Chriſtlicher Vnderricht/
wie der in Kirchen vnd Schu-
len der Churfürſtlichen
Pfaltz getrieben
wirdt.

Gedruckt in der Churfürſtli-
chen Stad Heydelberg/ durch
Johannem Mayer.
1 5 6 3.

하이델베르크 요리문답(1563)

『하이델베르크 요리 문답』은 개혁교회의 교리문답으로 가장 널리 알려져 있다. 한국어로 번역할 때 '교리' 대신 '요리'라는 단어를 사용한 이유는 한자어가 지니는 의미 때문일 것이다. '교리'(教理)가 한 종교의 기본 이론이라면, '요리'(要理)는 종교의 중요한 교리를 일컫는다. 『하이델베르크 요리 문답』(Heidelberger Katechismus)은 루터의 『소 교리문답』과 칼뱅의 『제네바 교리문답』, 그리고 주기도 해설이 대부분을 차지하는 『제네바 교회기도』를 토대로 문답식으로 작성한 기독교 신앙고백서다.

종교개혁 이후 수많은 개혁교회가 제각기 다른 믿음과 신학을 주장하며 논쟁을 치러야 했다. 특히 루터파와 츠빙글리파의 성찬 논쟁으로 교회가 분열위기에 직면하게 됐다. 그 해결책으로 작성된 것이 『하이델베르크 요리 문답』이다. 성경에 무지한 백성의 타락이 심각해지자 『하이델베르크의 요리 문답』을 통해 일반인들에게 올바른 신앙 교육을 제공할 필요가 있었다. 신자들의 믿음을 바로 세울 수 있는 교재가 요구됐다. 목사들도 올바른 성경에 대한 가르침과 설교를 위해 표준이 되는 자료가 절실했다. 이를 위해 선제후 프리드리히 3세는 팔츠 연방의 저명한 목사와 신학자로 구성된 위원회를 조직해 하이델베르크 요리 문답을 만들게 했다. 시작한 지 일 년 만인 1563년에 『하이델베르크 요리 문답』이 세상에 나오게 되었다. 팔츠 지방의 수도였던 하이델베르크에서 발간되었기에 『하이델베르크 요리 문답』이라고 부른다. 이 요리 문답은 『웨스트민스터 소요리 문답』과 함께 개신교에서 가장 영향력 있는 신앙고백이다. 『하이델베르크 요리 문답』은 연속 4판까지 발행될 정도로 인기가 좋았다. 요리 문답은 팔츠 연방뿐 아니라 독일 전역에 보급되었으며, 유럽 곳곳에서 각 나라말로 번역돼 출간되었다. 학교와 교회에서 기독교 교리를 『하이델베르크 요리 문답』을 통해 가르치기 시작했다. 요리 문답은 교리 수업교재였을 뿐 아니라, 위로와 기도의 책으로도 사용되었다.

『하이델베르크 요리 문답』은 성경 전체의 중요 교리를 총 129개의 질문과 답변으로 가르치고 있으며, 크게 3개의 주제로 구성된다. 제1부는 우리의 죄와 비참에 관하여(제2~4주일), 제2부는 우리의 구속에 관하여(제5~31주일), 제3부는 우리의 감사에 관하여(제32~52주일)다. 제2부의 8~22주일에는 사도신경에 대해, 제3부의 34~44주일에는 십계명을, 46~52주일에는 주기도를 가르친다. 요리 문답은 총 52소절로 나뉘어 매주 한 절씩 공부할 경우 일 년에 전체를 읽게 된다.

성령교회
Heiliggeistkirche

구시가지 마르크트 광장(Marktplatz)에 있는 성령교회(Heiliggeistkirche)는 하이델베르크에서 가장 크고 의미 있는 교회다. 이곳에서 개신교 교리문답인 『하이델베르크 요리 문답』이 발표되었다. 성령교회는 1398년에 공사를 시작해 1515년에 완공되었으며, 1709년에는 고딕 양식의 외관과 조화를 이루는 바로크식 첨탑 지붕이 추가되었다. 이후 팔츠의 왕위계승 전쟁을 치르면서 교회가 크게 파괴되었고, 영주의 무덤들이 파헤쳐졌다. 오늘날 교회에는 선제후 루프레히트 3세(Ruprecht III)만 안치되어 있다. 1978년에서 1985년까지 성령교회는 대대적인 보수공사를 했으며, 붉은색을 기반으로 하는 원래의 교회 외벽 색깔이 복원되었다.

성령교회 안에는 수천 권의 책을 보관하고 있는 궁정 도서관(Bibliotheca Palatina)이 있다. 1618년~1648년에 로마가톨릭교회를 지지하는 국가들과 개신교를 지지하는 국가들 사이에 벌어진 30년 전쟁 중, 1622년에 바이에른주 선제후 막시밀리안 1세(Maximilian I, 1459~1519)가 도서관에 있던 약 5,000여 권의 책과 3,524권의 필사본을 약탈해갔다. 선제후는 빼앗은 도서들을 교황에게 바쳤고, 그중에 885권만 1816년에 돌려받았다. 반환된 책들은 현재 하이델베르크 대학 도서관에 보관되어 있다. 1706년~1936년에는 성령교회가 가톨릭과 개신교 사이를 오가며 정체성의 변화를 겪은 시기다. 한때는 장벽을 사이에 두고 가톨릭교회와 개신교회가 동시에 따로 예배를 드리기도 했다. 1936년부터 성령교회는 개신교 교회가 되었다.

▲ 성령교회 내 팔츠 선제후의 묘

◀ 하이델베르크 마르크트 광장의 성령교회

성령교회
(Die Heiliggeistkirche)

주　　소 Marktplatz, 69115 Heidelberg

개방시간 월-토 11:00-17:00, 일요일과 공휴일 12:30-17:00

예배시간 일요일 11:00, 정오기도: 월-토 12:30, 저녁기도: 월-금 18:00

하이델베르크의 명소

1. 하이델베르크 성

하이델베르크 성(Schloss Heidelberg)은 독일에서 가장 유명한 유적지 중 하나로 하이델베르크시의 상징이다. 팔츠의 왕위계승 전쟁에서 파괴되기 전까지는 팔츠(Pfalz) 선제후들의 관저였다. 1689년 루드비히 14세의 군인들이 성을 파괴하고, 1693년 9월 6일 프랑스 공병들이 성을 폭파한 뒤, 무너진 하이델베르크 성은 부분적으로 복원되었다. 1764년 6월 24일, 일부 개조된 성의 시설물에 화재가 발생해 다시 복구되었다. 네카 계곡의 붉은색 사암으로 이루어진 성터는 567.8m 높이의 쾨닉스슈툴(Königstuhl) 언덕의 북쪽 경사면 계곡 바닥으로부터 80m 높이에 있어서 구시가지를 한눈에 내려다보는데 더할 나위 없이 좋다.

하이델베르크 성이 처음으로 언급된 것은 1214년이다. 성의 건축연대는 정확하지 않으나 오랜 시간을 거치면서 지금의 성의 모습을 갖추게 되었다. 1618~1648년에 로마가톨릭교회와 개신교 간에 30년 전쟁을 치르면서 하이델베르크 성은 크게 파괴되었다. 30년 전쟁이 끝나자 1689년과 1693년 두 차례 다시 프랑스와 전쟁을 치르게 되었고, 성의 복구작업은 요원해졌다. 1689년에는 프랑스 군인들이 성과 도시를 불 질러 파괴했고, 1693년에는 그나마 남아 있던 성탑과 성벽마저 폭파했다. 하이델베르크 성은 완전히 폐허가 되었다. 이후 성의 일부를 복원하였으나 1764년 6월 24일 번개에 성 건물이 두 번 연속해 맞으면서, 성은 화재로 다시 훼손되었다. 또 한 번 성을 재건하는 과정에서 성을 옛 모습 그대로 복구해야 하는지에 대해 의견이 분분했다. 1868년, 시인 볼프강 뮐러 폰 쾨닉스빈터(Wolfgang Müller von Köningswinter, 1816~1873)는 성이 원상 그대로 복원되어야 한다고 강력히 주장했다. 여러 차례에 걸친 논쟁('하이델베르크 성 논쟁', der Heidelberger Schlossstreit) 끝에 성 복구공사가 추진되었다. 그러나 공사가 순탄치만은 않았다. 우여곡절 끝에 1897년에서 1900년까지 52만 마르크의 비용을 들여 칼 쉐퍼(Carl Schäfer)가 하이델베르크 성 복구작업을 마무리했다. 하이델베르크 성은 유럽에서 가장 가볼 만한 유적지 중 하나가 되었다.

하이델베르크 성

궁정 정원

하이델베르크 성의 궁정 정원(Schlossgarten)은 1616~1619년에 선제후 프리드리히 5세가 아내 엘리자베스를 위해 만든 정원이다. 궁정 정원의 라틴어 이름은 '호르투스 팔라티누스'(Hortus Palatinus, 팔츠의 정원)이다. 프리드리히는 살로몬 데 카우스(Salomon de Caus)에게 궁정 정원의 조성을 맡겼다. 이 정원은 소위 '토끼 정원'이라고 불리던 중세후기의 성의 정원을 확장한 것이다. 이를 위해 상당한 면적의 땅이 필요했다. 동시에 성의 방어력은 약해졌다. 프리드리히가 보헤미아의 왕으로 선출되자 거주지를 프라하로 옮기면서 정원공사를 중단했다. 정원은 완성될 기미가 전혀 보이지 않았다. 정원의 거대한 모습의 설계도만 있을 뿐이었다.

궁정 정원은 당시 유럽에서 가장 유명한 정원 중 하나로 간주 됐다. 당시의 사람들에게 정원은 '세계의 8대 불가사의한 것' 중 하나였다. 남동쪽 모퉁이에 있는 큰 동굴에는 화려한 분수가 있으며, 동굴 벽은 돌과 조개, 산호로 장식되어 있다. 선제후 칼 필립(Karl Philipp)은 1719년에 프리드리히 5세의 정원 일부를 바로크 양식으로 조성했다. 1832년 칼스루에 공과대학에 산림 식물학과가 생기면서 식물 재배에 관심이 커졌다. 그러면서 수년에 걸쳐 상록 침엽수가 자라면서 원래 낙엽수로 조성되어 있던 공원을 바꾸어놓았다는 사실을 알게 됐다. 오늘날 넓은 공원에는 조각이나 기념비 등이 일부 남아 있다.

엘리자베스 문

하이델베르크 성 뜰에 있는 '엘리자베스 문'(Elisabethentor)은 선제후 프리드리히 5세가 영국에서 데려온 아내 엘리자베스(Elisabeth Stuart)의 생일선물로 하루 만에 세운 문으로 알려져 있다. 이 문은 영국건축 양식과는 다른 초기 바로크 양식으로 지어졌다. 괴테는 이 문에서 애인 마리안네에게 로맨틱한 사랑을 고백했다고 전해진다.

괴테 기념비와 괴테-마리안네-벤치

괴테 기념비

괴테-마리안네-벤치

1749년 8월 28일 프랑크푸르트에서 태어나 1832년 3월 22일 바이마르에 묻힌 독일의 시인 괴테(Johann Wolfgang Goethe, 1749~1832)는 하이델베르크에서 유부녀인 마리안네 폰 빌레머(Marianne von Willemer)와 사랑을 나누게 됐다. 그의 나이 60대 중반이었고, 그녀는 30년이나 어렸다. 『서동 시집』(西東詩集, West-östlicher Divan)은 괴테가 마리안네를 연모하는 심정을 고백한 시집이다. 1815년 9월, 괴테와 마리안네의 마지막 만남을 기념하여 하이델베르크 성 밖 정원 오른쪽 한 곳에 '괴테 기념비'(Goethegedenktafel)가 세워졌다.

기념비 오른쪽 비스듬히 '괴테-마리안네-의자'(Goethe-Marianne-Bank)가 있다. 1922년 초반, 석회석으로 만든 이 의자는 메인 테라스의 동쪽 가장자리에 놓여 있다. 이 석재 벤치는 1919년 하이델베르크 교수들의 요청에 따라 100년 전에 출간한 괴테의 『서동 시집』을 기념하여 조성됐다. 괴테는 『서동 시집』을

괴테와 빌레머와의 편지 교환
(1803~1832년, 224편)

페르시아의 시인 하피즈에게 영감을 받아 1814~1819년에 썼다고 전해진다. 의자 등받이에는 동양에서 사랑의 메신저로 여겨지는 철새 후투티가 새겨져 있다. 의자 위에는 다음과 같은 글귀가 적혀 있다. "그리고 하템은 봄의 숨결과 여름의 불을 다시 느낀다.(Und noch einmal fühlet Hatem Frühlingshauch und Sommerbrand)." 이 문장은 괴테와 마리안네 폰 빌레머와의 만남을 묘사한 것이다.

대형 포도주 술통과 페르케오

대형 포도주 술통

페르케오 목상

하이델베르크 성 지하에는 세계에서 가장 거대한 포도주 술통이 보관되어 있다. 술통 용량은 무려 22만 리터이고 높이는 8m에 달한다. 이 술통은 1751년 선제후 카를 테오도어 때 제작됐다. 거대한 술통의 맞은편에는 난장이 페르케오(Perkeo)의 목상이 서 있다. 술통 경비병이었던 페르케오는 포도주를 하루에 18리터씩 15년 동안이나 마신 대주가였다. 그는 항상 술에 취해 있었지만 80살까지 장수했다. 어느 날 의사가 건강을 위해 술을 끊어야 한다고 말하자 바로 다음 날 세상을 떠났다고 한다. 대형 포도주 술통은 영지 내 주민들의 세금으로 걷은 포도주를 저장하는 곳으로, 130개의 떡갈나무 조각으로 되어 있다. 실제로 사용된 목재 술통으로는 세계 최대다.

독일 약제 박물관

독일 약제 박물관

약제 박물관 내부

하이델베르크 성안에 독일 최대 규모의 약제 박물관(Deutsche Apotheken-Museum)이 있다. 이곳에는 고대 시대부터 21세기까지의 약제 관련 전시물들이 총망라되어 있다. 매년 70만 명이 약제 박물관을 찾는다. 박물관에는 약재를 재는 천칭, 약재의 결과물을 추출하는 압축기, 약재함 그리고 약 관련 계기 등 다양한 것을 관람할 수 있다. 약 2만여 개의 자료들이 주제별로 11개의 전시실에 나뉘어 전시되고 있다.

약제 박물관은 1937년에 비영리재단으로 세워졌다. 초기 전시관에 기초가 된 것은 발터 하인리히의 개인소장품이다. 이것은 당시 독일에서 가장 큰 약제사 관련 개인 수집품이었다. 그 외에도 약국에 관한 개인소장품이 시간을 두고 점차 많이 기증되었다. 1938년에 뮌헨에서 약제 박물관이 개관되었지만, 1940년에 전쟁으로 폐쇄되고 말았다. 불운하게도 1943년에는 박물관 건물이 완전히 파괴되어 전시물들을 다른 곳으로 옮겨야 했다. 장소를 물색하던 중 1950년, 전쟁에도 파괴되지 않은 도시 밤베르크(Bamberg)의 새 궁전으로 박물관을 이전하게 되었다. 그것도 잠시, 전시공간이 협소한 탓에 다른 장소를 찾아야 했고, 1957년 하이델베르크 성에 지금의 약제 박물관이 둥지를 틀게 되었다. 박물관의 전시물들은 시간이 갈수록 점차 많아져 성의 11개 방과 오트하인리히 건물, 루드비히 건물 그리고 약국 탑으로 나뉘어 전시되고 있다.

독일 약제 박물관
(Das Deutsche Apotheken-Museum)

위　　치	하이델베르크 성내
개방시간	4월~10월 월-일 10:00-18:00 11월~3월 월-일 10:00-17:30
입 장 료	하이델베르크 성 입장권에 포함

하이델베르크 성
(Schloss Heidelberg)

주　　소	Schlosshof 1, 69117 Heidelberg
연 락 처	Tel. +40 6221 658880
개방시간	월-일 8:00-18:00
입 장 료	성인 콤비 티켓(산악열차, 성 뜰, 대형 포도주 술통, 독일 약제 박물관) 8유로 / 콤비 티켓 할인 4유로
오 디 오 가 이 드	한국어, 독일어, 영어, 중국어, 일본어, 프랑스어, 스페인어, 러시아어 : 5유로

2. 카를 테오도르 다리

카를 테오도르 다리(Karl-Theodor-Brücke)는 '옛날 다리'(Alte Brücke)로 더 많이 알려져 있다. 이 다리는 구시가지와 노이엔하임(Neuenheim)의 동쪽 끝자락 강 건너 지역을 연결하고 있다. 특히 '철학자의 길'로 통한다. 카를 테오도르 다리는 네카강 위에 있는 다리로서 원래는 나무로 지었다. 홍수와 폭설로 자주 다리가 망가지자 1788년 선제후 카를 테오도르가 명령해 석조다리를 짓게 됐다. 네카 계곡의 사암으로 건축된 이 다리는 아홉 번째 다리로 '카를 테오도르 다리'란 이름이 붙여졌다. 하지만 하이델베르크 시민들은 '옛날 다리'(알테 브뤼케)로 부르는 것을 더 좋아한다. 다리는 제2차 세계대전 중 파괴되기도 했으

나 복원되어 현재의 모습을 갖추게 됐다. 다리 위에는 설립자인 선제후 카를 테오도르의 조각상이 있으며, 다리 앞에는 아름다운 '다리 문'(Brückentor, 브뤼케 토어)이 있다. 이 문은 구시가지를 둘러싸고 있던 성벽 일부였으나, 현재는 성벽은 사라지고 문만 남아 있다.

브뤼케 토어

3. 철학자의 길

'철학자의 길'(Philosophenweg)은 하이델베르크 구시가지에서 네카강 건너편에 있는 하일리겐 베르크(Heiligenberg, 거룩한 산)를 오르는 등산로 중 한 곳이다. 옛 철학자들이 사색을 위해 즐겨 찾았다고 하여 '철학자의 길'이라는 이름이 붙여졌다. 구시가지 쪽에서 이 길을 가려면 카를 테오도르 다리를 건너야 한다. 독일의 대문호 괴테도 철학자의 길을 걸으며 사색을 즐겼다고 한다. 오솔길처럼 좁은 길을 따라 올라가서 바라보는 하이델베르크의 구시가지 전경은 환상적이다.

철학자의 길

철학자의 길 위에서 바라본 하이델베르크 구시가지 전경

4. 카를 문

카를 문(Karlstor)은 하이델베르크의 구시가지의 동쪽 끝에 있다. 이 문은 하이델베르크 시민들이 선제후 카를 테오도르(Karl Theodor)에게 감사의 선물로 만든 것이다. 그의 이름을 따서 '카를 문'이라고 부른다. 이 문은 1775~1781년에 지어졌으며, 도시의 출입문으로 사용되었다. 1985년 8월에 카를 문 주변이 재설계되었고, 1991년에는 약 62만 마르크를 들여 새롭게 단장하였다.

카를 문
(Karlstor)

주　소 Hauptstraße 250, 69117 Heidelberg

5. 하이델베르크 대학

1386년에 설립된 루프레히트-칼스-하이델베르크 대학교(Ruprecht-Karls-Universität Heidelberg)는 독일에서 가장 오래된 대학이며, 신성로마제국에 속했던 유럽의 국가 중에는 체코의 프라하대학교와 오스트리아의 빈대학교에 이어 세 번째로 오래된 대학이다. 1385년 10월 23일에 교황 우르바노 6세(Urbano VI, 1378~1389 재위)가 하이델베르크 대학 설립을 승인했고, 1386년에 팔츠 선제후 루프레히트 1세(Ruprecht I, 1309~1390)가 건축을 완공했다. 이후 하이델베르크 대학은 수백 년간 신학, 법학, 의학, 철학 등 4개의 단과대학으로 운영되다가 1890년에 자연과학부가 추가되었다. 1969년에는 16개의 학부가 있었으며, 2003년부터는 12개의 단과대학과 14개의 특별연구분과로 편성되어 교육과 연구에 집중하고 있다.

1386년 하이델베르크 대학이 설립될 당시 모체가 되었던 것은 신학대학이다. 신학과에서 오늘날의 하이델베르크 대학교가 탄생한 것이다. 그러나 마르틴 루터의 '하이델베르크 논쟁'에도 불구하고 1518년부터 오랫동안 루터의 종교개혁에 반대하며 대학을 폐쇄하기도 했다. 1557년 10월, 하이델베르크에 머물렀던 루터의 동료 필립 멜란히톤의 영향으로 하이델베르크 대학은 1558년에 새로운 위상을 갖추게 됐다. 이때 다양한 분야의 석학들이 교수로 초빙되었다. 하이델베르크 대학은 16세기 후반에 선제후 프리드리히 3세에 힘입어 유럽의 학문과 문화의 중심지가 되었으며, 칼뱅주의 대학이 되었다. 하이델베르크 대학은 '독일의 제네바'로서 칼뱅 신학의 중심지가 되어 유럽 전역에서 교수들과 학생들이 찾아오는 곳이 되었다. 팔츠의 공식적인 칼뱅주의화는 크리스토프 폰 에하임(Christoph von Eheim, 1528~1592)에 의해서다. 신학대학의 영향으로 1563년 유명한 『하이델베르크 요리 문답』이 만들어졌다. 칼뱅주의 외에도 16세기 말에 후기 휴머니즘이 등장했다. 이 시기에 시인, 번역가, 작곡가였던 파울 쉐데(Paul Schede, 1539~1602), 작가 잔 그루터(Jan Gruter, 1560~1627), 시인 마르틴 오피츠(Martin Opitz, 1597~1639), 서정 시인이자 출판인 율리우스 빌헬름 찐크레프(Julius Wilhelm Zincgref, 1591~1635) 그리고 동판화가 및 출판인 마테우스 메리안(Matthäus Merian, 1593~1650)이 활동했다.

하이델베르크 대학은 독일통일의 아버지이자 전 총리였던 헬무트 콜, 독일의 사회학자 막스 베버, 유대계 독일 여성 정치 철학자 한나 아렌트, 철학자 헤겔과 칼 야스퍼스, 교황 피우스 2세, 종교개혁가 필립 멜란히톤 등 유명인사들을 배출했다. 수많은 신학자와 철학자, 시인, 법조인, 과학자가 하이델베르크 대학을 거쳐 갔다. 2019년 자료에 따르면 하이델베르크 대학의 재학생 수는 3만여 명이고 교수진은 4천여 명으로 글로벌 랭킹 66위다. 약 18%가 외국인 유학생이다. 물리학 분야에서는 세계 40위 안에 든다. 2013년까지 노벨 수상자로는 세계 13등이고, 유럽 4등, 독일 내에서는 1등이다. 하이델베르크 출신으로 무려 57명이 노벨상을 받았다. 노벨 평화상 수상자로는 샤를 알베르 고바와 오귀스트 베르나르트가 있다.

헬무트 콜 / 막스 베버 / 한나 아렌트 / 프리드리히 헤겔

샤를 알베르 고바 / 오귀스트 베르나르트 / 필립 멜란히톤 / 교황 피우스 2세

하이델베르크 신학대학은 2015년 통계에 따르면 약 870명의 학생이 재학 중이다. 하이델베르크 대학은 개신교 신학을 공부할 수 있는 대학으로는 독일에서 가장 큰 학교에 속한다. 1379년에 에어푸르트 대학이 설립인가를 받았으나 학생들이 본격적으로 입학한 것은 1392년이다. 따라서 1386년에 문을 연 하이델베르크 대학은 독일 내에서 가장 오래된 (신학) 대학이 되었다. 현재 신학대에는 15명의 교수와 60여 명의 강사와 연구자가 있다. 신학대 건물은 하이델베르크 도시 여러 곳에 흩어져 있다.

하이델베르크성

하이델베르크 신학대학

학장실(Dekanat): Hauptstraße 231, 69117 Heidelberg

신학부(Theologisches Seminar): Kisselgasse 1

구 실천신학부(ehemaliges Praktisch-Theologisches Seminar): Karlstraße 16

그 외에도 여러 학부와 부서가 있다.

하이델베르크 대학

주　　소 본관 Grabengasse 1, 69117 Heidelberg

개방시간 항상 열려 있음

8

'신앙고백'과 '화의'의 도시
아우크스부르크

도시정보

개울물 위에 세워진 다리의 숫자가 베네치아보다도 많다.

아우크스부르크(Augsburg)는 바이에른주 남서쪽에 있는 자유도시이자 대학도시다. 로마 제국 시대에는 10,000여 명이 살던 도시가 19세기 들어서면서 산업화의 영향으로 급격한 인구변화를 보이기 시작했다. 도시의 인구는 1806년에는 26,000명, 1895년에는 80,000명으로 증가했다. 1939년에 아우크스부르크의 인구는 185,000명이 되었다. 그러다 제2차 세계대전을 치르면서 도시인구의 20%가 감소했고, 1945년에는 146,000명만이 거주하게 되었다. 5년 후 아우크스부르크의 인구는 중부 및 동유럽에서 온 독일 난민들로 전쟁 전과 같게 되었다. 2016년 통계에 따르면 아우크스부르크는 인구 290,000명으로 독일 도시 중 23번째로 큰 도시가 되었다. 오늘날 아우크스부르크는 인구와 경제력에 있어서 바이에른주에서 뮌헨과 뉘른베르크 다음으로 큰 도시다. 아우크스부르크는 2017년에 인구 20만 이상의 독일 대도시 중 범죄율이 두 번째로 낮은 도시로 선정되었다.

'아우크스부르크'는 독일에서 가장 오래된 도시 이름으로 기원전 15년으로 거슬러 올라간다. 아우크스부르크는 당시 고대 로마 제국의 아우구스투스 황제(Augustus, 기원전 63년~기원후 14년)의 명령으로 게르마니아를 로마의 속주로 만들고자 시도했던 티베리우스의 군사 기지가 있던 곳이다. 로마 제국 말기 '아우구스타 빈델리쿰'(Augusta Vindelicum)으로 불리던 도청소재지이기도 했다. 라틴어 '아우구스타'(Augusta)는 황제 '아우구스투스'(Augustus) 이름의 여성형 이름이다. '빈델리쿰'(Vindelicum)은 켈트족의 빈델리커(Vindeliker, 독일 남서쪽 보덴호수 근처 알프스 지역에 위치한 켈트족 거주지)에서 유래한다. 도시 이름 '아우크스부르크'(Augsburg)는 '아우구스타 빈델리쿰'에서 온 것이다.

오랜 세월 로마가톨릭교회의 주교 지배 아래에 있던 아우크스부르크는 1316년 제국 도시(자유도시)로 독립하였다. 13세기 후반 아우크스부르크는 상업 및 수공업의 발달로 알프스 북쪽에서 가장 큰 도시가 되었다. 아우크스부르크는 물자의 교역 통로가 되면서 15~16세기 유럽 전역에서 가장 부유한 도시로 성장했다. 황제와 대주교에게까지 돈을 빌려줄 정도였다. 신성로마제국의 든든한 재정지원자는 아우크스부르크의 벨저(Welser) 가문과 푸거(Fugger) 가문이었다. 벨저 가문은 아우크스부르크를 중심으로 푸거 가문과 함께 은행업과 상업으로 거부가 되었다. 푸거 가문도 만만치 않았다. 당시 아우크스부르크를 '푸거 도시'(Fuggerstadt)라고 부를 정도였다. 푸거 가문은 상업과 유통업으로 유럽 당대 거부가 될 수 있었다. 푸거 가문은 빈민들을 위해 세계 최초의 복지시설인 '푸거라이'(Fuggerei) 주택 단지를 아우크스부르크 시내에 조성하기도 했다. 나폴레옹 전쟁을 거치면서 신성 로마 제국이 몰락하고 아우크스부르크는 바이에른 왕국의 일부로 편입됐다. 대서양 항로가 개척되면서 물자의 이동이 아우크스부르크가 아닌 뤼베크(Lübeck) 등 북해 연안으로 변화하면서 17세기 이후 아우크스부르크의 번영은 막을 내리게 되었다.

아우크스부르크는 루터의 종교개혁과도 연관이 깊은 도시다. 1518년 루터의 아우크스부르크 심문 이후로 가톨릭 도시 아우크스부르크에는 루터를 추종하는 사람들이 늘어났다. 그로 인해 1530년에는 「아우크스부르크 신앙고백」(Confessio Augustana)이 발표되었다. 마침내 1534/1537년에는 시의회가 종교개혁을 공식적으로 승인했다. 1555년에는 루터교회와 가톨릭교회가 서로의 신앙의 자유를 인정한 「아우크스부르크 종교화의」(Augsburger Religionsfrieden」가 체결되었다. 16세기의 아우크스부르크는 종교개혁의 도시가 되었다. 아우크스부르크는 독일에서 유일하게 매년 8월 8일 '종교화의의 날'을 법정 공휴일로 지키고 있다. 아우크스부르크는 '종교화의' 도시답게 그리스도교 외에 유대교와 이슬람교의 신자공동체가 공존하고 있으며, 그 밖에 다양한 작은 종교공동체들이 활동하고 있다.

원래 아우크스부르크는 전형적인 가톨릭 도시로 가톨릭 인구가 개신교인보다 많은 도시다. 1833년에는 전체 인구 중 가톨릭이 61%, 개신교가 38%, 기타 종교 및 무신론자가 0.4%를 차지했다. 적어도 2003년까지는 가톨릭 신자가 절대적으로 많았다. 전체 도시인구의 50.2%가 가톨릭 신자이고, 17.4%가 개신교, 32.4%는 다른 종교를 갖거나 무종파·무종교인이었다. 2016년에는 40.7%가 가톨릭이고, 14.8%는 개신교, 44.4%는 기타종교 혹은 무종파·무종교로, 가톨릭 신자가 다소 감소 된 것으로 나타났다. 2011년에 집계된 기타 종교인들의 수를 보면 정교회 신자가 4.1%, 유대교인이 0.5%, 개신교 자유교회 신자가 0.5%, 바이에른주에서 인정하는 종교공동체(여호와의 증인 외)에 소속된 신자가 6.1%로 다양한 종교분포도를 보인다. 아우크스부르크의 무슬림은 8.8%로 집계되었다. 불교는 신자가 많지 않지만, 대체로 명상종교로 인기가 있다. 종교화의의 도시 아우크스부르크는 가톨릭교회와 개신교의 화해를 넘어 다종교·다문화가 공존하는 조화의 도시로 거듭나고 있다.

아우크스부르크 제국의회와 성 안나 교회

성 안나 교회

"개신교-루터교회 성 안나"라고 적힌 교회 내부 문

성 안나 교회(St. Anna Kirche)는 루터가 가톨릭 추기경 카예탄(Cajetan)과 논쟁을 벌인 곳으로, 최초의 개신교 신앙고백서인 「아우크스부르크 신앙고백서」가 작성된 곳이다. 성 안나 교회는 1321년에 지어져 15~16세기경에 확장되었다. 이 교회는 루터가 「95개 조 반박문」을 발표한 다음 해인 1518년, 황제 카를 5세에 의해 소집된 아우크스부르크 제국의회에 소환되었을 때 머문 곳이다. 루터는 그의 입장을 철회하라는 교황청의 요구를 거부한 뒤 자신을 체포하려는 세력을 피해 성 안나 교회에 피해 있다가 밤에 탈출했다.

1518년 10월 7일에 시작된 아우크스부르크 논쟁에서 루터와 교황청에서 보낸 추기경 카예탄(Thomas Cajetan, 1469~1534)은 약 세 번 정도 만났다. 루터와 카예탄의 논쟁에서 루터는 결코 카예탄의 위협에 물러나지 않았다. 그는 카예탄에게 루터 자신의 주장이 잘못되었다는 사실을 성경에 근거하여 합리적으로 알려준다면 기꺼이 철회하겠다고 대답했다. 그러나 카예탄은 성경으로 반박하는 루터를 이길 수 없었다. 카예탄과의 논쟁 후 쫓기는 신세가 된 루터는 「95개 조 반박문」을 발표한 지 1주년이 되던 1518년 10월 31일에 아우크스부르크에서 카예탄과 논쟁한 결과를 정리해 책으로 펴냈다. 책이 출간되고 한 달이 지난 11월 28일, 루터는 콘스탄츠와 바젤 공의회의 사크로상타(Sacrosancta) 교령2에 기초하여 공의회에서 자기 문제를 변론할 수 있게 해달라고 청원했다. 하지만 루터는 공의회에서 변론의 기회도 없이 1521년 보름스 회의에서 파문을 당했다.

종교개혁의 불길은 독일 지역을 넘어 유럽 전체로 퍼져 나갔다. 1526년에 슈파이어에서 열린 제국의회에서는 한 지역의 백성이 믿어야 할 종교는 제후의 신앙에 따르기로 한다는 법령이 통과되기까지 했다. 그러나 1차 제국의회에서 확보한 신앙의 자유는 카를 5세에 의해 위협받고 말았다. 1529년 4월 19일에 열린 제2차 슈파이어 제국의회에서 카를 5세는 1차 슈파이어 제국의회에서 결정한 사항을 폐기하고, 다음 제국의회가 열릴 때까지 유일한 합법적 신앙인 로마가톨릭에 모두 복귀하고 남아 있어야 한다는 내용을 결의했다. 그러자 독일의 여러 제후와 도시 대표가 연합하여, 1차 슈파이어 제국의회에서 결정한 사항은 바뀔 수 없다고 항의(프로테스트)하는 문서를 황제에게 제출했다. 이때부터 개신교도에게는 '프로테스탄트'(항의하는 자들)라는 이름이 붙게 됐다. 그 항의로 인해 1530년에 열린 제국의회가 '아우크스부르크 제국의회'다.

황제 카를 5세는 제국의회를 열기에 앞서 개신교도에게 자기 신앙을 논증하라고 했다. 멜란히톤은 개신교의 신앙고백서인 「아우크스부르크 신앙고백」을 작성해 몇 번의 수정 끝에 제출했다. 「아우크스부르크 신앙고백」은 총 28개 조이고, 28개 조는 다시 두 부분으로 구성되어 있다. 1조에서 21조까지는 종교개혁가들의 신앙과 교리를, 22조에서 28조까지는 로마가톨릭교회의 잘못을 비판하고 있다.

▲ 성 안나 교회 내부모습
◀ 성 안나 교회 내부에는 야콥 푸거 무덤이 있다.

아우크스부르크 신앙고백

아우크스부르크 신앙고백(1530)　　작성자 멜란히톤

「아우크스부르크 신앙고백」(Confessio Augustana)은 1530년 독일 종교개혁 당시 루터교회의 신앙고백으로 멜란히톤(Philipp Melanchthon, 1497~1560)이 작성했다. 루터의 사상에 기반한 프로테스탄트 신앙고백문이다. 루터교회의 신학과 신앙을 모두 28개 조로 압축해 독일어와 라틴어로 기록했다. 신조는 하나님, 원죄, 세례에 대해서는 로마 가톨릭과 같은 입장이지만, 이신칭의, 성찬, 선행 같은 부분에서는 다른 의견을 내었고, 츠빙글리와 재세례파의 입장을 비난하였다. 성서의 권위에 대해 언급하지 않았고, 교황직에 대해서도 정죄하지 않았다. 만인제사장직, 성변화, 연옥 등은 언급하지 않았으나 오직 은혜, 오직 믿음에 의한 칭의를 주장하였다. 츠빙글리와 독일 남부의 도시들(스트라스부르, 콘스탄츠, 메밍엔, 린다우)도 신앙고백서를 만들었다. 로마가톨릭교회는 13개 조를 정죄하는 반박문을 1530년 8월 3일에 발표했다.

성 울리히와 아프라 대성당 & 개신교 성 울리히 교회

St. Ulrich und Afra & Evangelische St.-Ulrich-Kirche

앞쪽 작은 교회가 개신교 성 울리히 교회, 뒤쪽 큰 교회가 가톨릭 성 울리히와 아프라 대성당

가톨릭 '성 울리히와 아프라 대성당'(St. Ulrich und Afra)과 개신교 '성 울리히 교회'(Evangelische St.-Ulrich-Kirche)는 울리히플라츠 19와 20번지(Ulrichplatz 19와 20)에 나란히 있다. 성 울리히 교회와 성 울리히와 아프라 대성당은 건물이 서로 붙어있지만, 예배당 입구는 각각 다르며 외벽 색깔로 구분된다. 교회 탑 위에 금색 십자가가 있고 회색 외벽의 작은 건물이 성 울리히 교회(루터교회)다. 뒤쪽의 높은 교회 탑과 흰색 외벽의 큰 건물은 성 울리히와 아프라 대성당(가톨릭교회)이다.

가톨릭 성 울리히와 아프라 대성당 내부

개신교 성 울리히 교회 내부

성 울리히와 아프라(St. Ulrich und Afra) 대성당은 가톨릭 시(市) 교구 교회로 1937년에 아우크스부르크의 바실리카 대성당이 되었다. '바실리카'(Basilica)는 역사적으로 유서가 깊고 규모가 크며 교황이 특별한 전례 의식을 거행하는 '교황 대성당'을 의미한다. 성 울리히와 아프라 대성당은 교황 직속하에 있으며, 교황의 두터운 신임을 받고 있다. 1555년, 아우크스부르크 화의(宗教和議, Augsburger Religionsfrieden) 이후로 종교 화합의 상징과도 같은 곳이기에 교황이 두 차례나 대성당을 방문했다. 1782년 5월 4일에는 교황 피우스 6세(Pius

VI)가, 1987년 5월 4일에는 교황 요하네스 파울 2세(Johannes Paul II)가 대성당에서 미사를 집례했다.

지금의 대성당은 8세기~15세기 동안 수차례 교회 재건축을 반복하면서 형성된 모습이다. 대성당의 전신이 되었던 것은, 성 아프라 교회(St. Afrakirche)로 아프라 성인(Saint Afra, 304년 사망)을 추모하기 위해 세웠다. 이후에 아우크스부르크 주교인 심페르트(Simpert, 807년 사망)와 울리히(Ulrich, 973년 사망)도 아프라 성인 곁에 안치되었다. 1012년에 '성 울리히와 아프라' 교회가 되면서 베네딕토 수도원의 부속교회가 되었다. 대성당은 내부의 길이 93.50m, 넓이 27.50m, 높이 30m로 웅장함을 자랑한다. 성당 길이와 높이가 같은 양파 모양의 투구형 지붕은 바이에른의 바로크 양식 교회의 모델이 되었다.

성 울리히 교회(Evangelische St.-Ulrich-Kirche)는 개신교 루터교회로 가톨릭교회인 성 울리히와 아프라 대성당 옆에 있다. 성 울리히 교회는 대성당을 찾는 순례자들에게는 성물 구매 장소였고, 시민들에게는 유골을 묻을 수 있는 매장장소였다. 1500년에 대성당을 재건축하면서, 오늘날 성 울리히 교회의 모습으로 완성되었다. 당시 성 울리히 교회는 주변에 살던 사람들을 위한 교구 교회(Gemeindekirche)였다. 종교개혁이 시작되자 1526년에 성 울리히 교회는 개신교 교회가 되었고, 성 울리히와 아프라 대성당은 베네딕토 수도회의 부속 수도원 교회로 남게 되었다. 1555년에 결의된 '아우크스부르크 화의'로 개신교가 신앙의 자유를 얻게 되었다. 30년 전쟁(1618~1648)이 끝나갈 무렵 성 울리히 교회는 소유권 문제로 갈등을 겪어야 했다. 가톨릭교회와 개신교 간의 전쟁을 종식하는 베스트팔렌 조약(1648년)으로 성 울리히 교회의 소유권 문제가 종결되었다. 성 울리히 교회는 개신교 교회로서 종교의 자유를 보장받게 되었다. 17세기, 성 울리히 교회는 교회 지붕과 아치형 석고 천장을 새롭게 단장하며 완전히 다른 모습으로 재탄생했다.

오늘날 성 울리히 교회는 성 울리히와 아프라 교회(대성당)와 '교회 일치'를 실천하며 아우크스부르크 시민들을 만나고 있다. 도시 한 가운데 위치한 개신교 성 울리히 교회와 가톨릭 성 울리히와 아프라 대성당은 사이좋은 '친척 '같다. 두 교회는 '교회 일치'의 상징이 되고 있다.

가톨릭 성 울리히와 아프라 교회
(St. Ulrich und Afra)

주　소	Ulrichspl. 19, 86150 Augsburg
연 락 처	Tel. +49 821 345560
입 장 료	무료
개방시간	매일 9:00-17:00
예배시간	일요일 10:30/18:00, 토요일 18:00, 월-금 9:15/18:00

개신교 성 울리히 교회
(Evangelische St.-Ulrich-Kirche)

주　소	Ulrichspl. 20, 86150 Augsburg
연 락 처	Tel. +49 821 8099000
입 장 료	무료
개방시간	월-토 11:00-16:00, 일요일 11:00-12:00, 15:00-16:00
예배시간	일요일 10:00

아우크스부르크 화의

아우크스부르크 화의(宗教和議, Augsburger Religionsfrieden)는 1555년 9월 25일 아우크스부르크 국회에서 황제 카를 5세(Karl V, 1500~1558)의 동생 로마-독일 왕 페르디난트 1세(Ferdinand I, 1503~1564)와 프로테스탄트 제후 간에 맺은 결의다. 페르디난트 1세와 달리 신실한 가톨릭 신자였던 황제 카를 5세는 신성로마제국의 종교를 일원화하기 위해 개신교를 탄압했다. 1517년에 시작된 루터의 종교개혁은 로마교황청에 대한 엄청난 도전이었다. 그러나 루터가 주장한 새로운 교리와 메시지는 독일의 제후들과 시민들에게 큰 반향을 불러일으켰다. 그 결과 로마교황청과 루터 지지 세력 간에 물리적 충돌을 피할 수 없었다. 루터는 이단으로 낙인되었고, 가톨릭교회와 개신교의 갈등은 시간이 갈수록 증폭되었다. 황제 카를 5세의 개신교도들에 대한 박해는 날이 갈수록 심해졌으며, 마침내 성난 민심은 황제의 동생 페르디난트 1세를 지지하게 되었다. 당시 로마-독일 왕이었던 페르디난트 1세는 개신교 제후들과 온건파 가톨릭 제후들의 지원 속에 가톨릭교회와 개신교 간 종교 전쟁을 종식하는 '파사우 조약'(Passauer Vertrag, 1552)을 체결했다. 3년 뒤인 1555년에는 파사우 조약을 발전시켜 '아우크스부르크 화의'를 성사시켰다.

아우크스부르크 화의의 핵심은 '그의 왕국에, 그의 종교를'(Cuius regio, eius religio)이었다. 신성로마제국 내 제후들에게 가톨릭과 루터교 가운데 종교를 선택할 자유를 부여한다는 선언이었다. '화의'(和議)의 독일어 'Religionsfrieden'를 직역하면 '종교평화'라는 뜻으로, 한 나라의 종교는 황제가 아니라 각지의 제후가 결정한다는 성명이다. 즉 지역의 제후에게 종교 선택의 자유가 주어졌다는 것이다. 이때 '종교'는 로마가톨릭교회와 루터교(개신교)를 뜻한다. 가톨릭과 개신교 중에서 하나를 선택할 수 있는 권리가 주어진 것이다. 그렇지만 이 화의는 완전한 종교의 자유는 아니었다. 개인의 신앙을 자신이 아닌 제후가 결정하기 때문이다. 그러나 적어도 시민에게는 자신의 종교가 허용되는 지역으로 이주할 수 있는 권리가 부여되었다는 점에서 획기적이었다. 이 화의를 통해 개신교는 정식으로 신앙의 자유를 인정받았다. 하지만 이것은 루터교에 대한 승인이었지 칼뱅파는 아니었다. 개신교 칼뱅파 신자들은 여전히 박해에 시달렸다.

'아우크스부르크 화의'가 갖는 의의라고 한다면, 루터의 개신교회가 공식적으로 인정을 받은 것이고, 루터교와 로마가톨릭교회와의 분쟁이 일단락되었다는 점이다. 그러나 개인에 대한 종교적 관용이 완전히 허용되지 않았다는 점에서 아쉬움이 남았다.

아우크스부르크 화의 문서(1555)

아우크스부르크의 명소: 푸거라이

푸거 가문과 루터의 종교개혁

푸거라이 입구

아우크스부르크에는 가난한 사람들을 위한 세계 최초의 사회복지시설인 '푸거라이'(Fuggerei)가 있다. 푸거라이는 1521년 독일의 최고 갑부였던 푸거(Fugger) 가문의 야콥, 울리히, 게오르크 형제가 아우크스부르크 시민들을 위해 세운 영구 임대 주택 단지다.

푸거 집안의 전성기를 이끈 야콥 푸거(Jakob Fugger, 1459~1525)는 당대 유럽 최고의 부자였다. 그의 자산이 유럽 내 총생산의 2%에 달했다고 하니 그의 재력이 얼마나 대단했는지 짐작할 수 있다. 야콥 푸거는 황제와 긴밀한 관계를 맺고 있었다. 그는 15세기 말 합스부르크가 막시밀리안 1세(Maximilian I)와 카를 5세(Karl V)에게 금융대출을 해주면서 구리와 은의 독점 판매 권리를 확보하였다. 황제에게 자금을 대준 푸거는 '자신이 없었더라면 황제가 왕위를 얻지 못했을 것'이라며, 그의 위력을 과시했다. 당시 사람들은 야콥 푸거를 '왕관을 쓰지 않은 유럽의 지배자'라고 지칭했고, 그가 살던 시대를 '야콥 가문의 시대'라고 불렀다.

그런 푸거 가문을 바라보는 루터의 시선은 곱지 않았다. 루터는 『귀족에게 보내는 글』(1520)에서 "여기서 사람들은 진정으로 푸거 가문과 그와 같은 상류층의 입에 재갈을 물려야만 합니다. 한 인간의 생애 동안 왕의 재산과 맞먹는 그렇게 큰 재산을 쌓은 것이 하나님의 뜻으로나 법적으로나 어떻게 가능하단 말입니까? 이것을 해명하기란 힘듭니다."라며 권력과 돈을 방대하게 축적한 푸거 가문을 비난했다. 푸거 가문 같은 부자들이 득세하고 있을 때 시골의 농민들과 도시의 빈민들, 환자와 노인들은 궁핍과 비참함에 시달려야 했다. 빈부의 격차는 점점 더 커져만 갔다. 이것은 사회개혁과 교회 개혁을 부추겼고, 종교개혁이 일어나는 원인 중 하나가 되었다. 푸거 가문은 중세교회의 면죄부 판매와도 무관하지 않았다.

교황 율리오 2세는 1510년에 '희년 면죄부'를 공포하고, 면죄부 판매 대금의 일부를 '성 베드로 성당' 건축 기금으로 사용하였다. 율리오 2세가 죽자 교황 레오 10세가 1513년에 면죄부 판매를 다시 시작했다. 1515년 3월, 레오 10세는 마인츠와 마그데부르크의 대주교이자 할버스타트의 주교인 알브레히트(Albrecht)에게 면죄부 판매를 지시했다. 알브레히트는 세 개의 교구를 맡기 위해 큰 빚을 지고 있어서 푸거 가문의 은행에서 돈을 빌렸다. 교황은 알브레히트에게 8년 동안 면죄부를 팔 수 있는 권한을 부여했다. 면죄부 판매금의 절반은 빚을 갚고 나머지 반은 베드로 대성당 건축을 위해 교황에게 바치게 했다. 알브레히트는 도미니크 수도회 수도사였던 요한 테첼(Johann Tetzel, 1465~1519)에게 면죄부 판매의 책임을 맡겼다. 테첼은 1504년 이후 푸거 가문과 교황을 위한 '면죄부 판매 전도사'가 되었다. 면죄부 판매의 부당함을 목격한 루터는 1517년 10월 31일 「95개 조 반박문」을 발표하며 종교개혁의 대장정을 시작하게 되었다.

야콥 푸거 기념비

세계 최초의 복지시설 '푸거라이'

유럽 최고의 부자 푸거 가문은 루터의 우려만큼 '나쁜 부자'는 아니었다. 푸거 가문의 형제들은 '주위에 가난한 사람들을 놔둔 채 나만 잘사는 것은 죄악'이라고 생각했다. 이런 가훈에 따라 야콥 푸거는 아우크스부르크의 하층민을 위한 최초의 사회복지시설인 임대주택단지를 조성하였다. 그는 집 없는 가난한 노동자들을 위해 자비로 1516년 공사를 시작해 1523년 공동임대주택단지(푸거라이)를 완성하였다. 각 주택은 면적이 60제곱미터로 침실 2개, 거실과 난로가 있는 부엌으로 총 4개의 방으로 되어 있다. 화장실은 없었고, 요강을 사용해 오물은 개울에 버렸다. 단지 내에 교회도 짓고, 공동 우물도 만들었다. 그는 아우크스부르크에 '도시 속 도시'를 만들었다. 이 공간은 온전히 가난하고 소외된 자들을 위한 곳이었다.

푸거라이는 무질서한 중세 건축물과 달리 대칭 통일성 비례를 중시한 건축물이다. 지붕 높이를 주위 벽과 맞추고 집들 사이에 직선으로 길을 만들었다. 동일한 주택구조로 비용 절감을 할 수 있었다. 집집마다 숫자로 지번을 붙이고 출입문 손잡이 모양을 다르게 하여 사람들이 쉽게 집을 찾을 수 있게 했다. 입주자들에 대한 푸거의 세심한 배려였다. 총 11개 동 140가구 규모의 주택 단지는 가난한 노동자 중 55살 이상인 사람들에게 임대료를 받고 제공되었다. 그러나 거지는 거부되었다. 푸거는 '사람은 일해야 한다'는 신념을 갖고 있었다. 푸거라이의 운영과 관리를 위해 그가 소유하고 있던 아우크스부르크 일대의 땅과 많은 건물 그리고 울창한 숲을 희사했다. 입주자의 1년 임대료는 상인의 일주일 수입인 1굴덴(Gulden)이었다. 이후 단 한 번도 임대료는 인상되지 않았다. 오늘날에도 임차인들은 화폐가치를 계산하여 1년에 단 0.88 유로만 내면 된다. 우리 돈으로 1000~1,200원 정도다. 지금은 수도세와 전기세는 사용자 부담이

분수대를 중심으로 동서남북으로 주택들이 늘어서 있다.

다. 임차인들에게 요구되는 조건이 있다. 가톨릭 신자여야 한다는 것과 매일 푸거 재단을 위하여 3회 기도해야 한다는 것이다.

제2차 세계대전 중 푸거라이는 파괴되었으나 1950년에 재건되었다. 푸거라이에는 제2차 세계대전 중 아우크스부르크가 폭격당할 때 지하에 만들었던 벙커가 보존되어 있어서 관람할 수 있다. 현재 푸거라이의 운영은 푸거 가문의 재단에서 맡고 있다. 설립자의 철학에 따라 푸거라이는 여전히 빈민구제 시설로 관리되고 있다. 현재는 67채 140호실로 150명이 거주한다. 관광객이 푸거라이를 방문하게 되면 현재 입주자들에게 방해되지 않게 조심히 둘러 봐야 한다. 13번지 집은 푸거라이 박물관이며, 14번지 집을 통해 박물관에 입장하게 된다. 이곳에서 부엌과 거실, 침실을 관람할 수 있다. 푸거 가문은 부동산과 산림업으로 번 돈의 일부를 푸거라이 개보수에 사용하고 있다. 아우크스부르크 중심지에는 '푸거 하우스'가 있다. 야콥 푸거가 황제와 가톨릭 사제들을 만나던 이곳은 변호사, 의사, 회계 사무실, 상점이 입주해 있다. 푸거의 이름을 가진 은행도 있다.

관람 가능한 집

오늘날 푸거라이 주택 실제 모습

푸거라이
(Fuggerei)

주 소 Jakoberstraße 26, 86152 Augsburg

연 락 처 Tel. +49 821 3198810

개방시간 4월~9월 8:00-20:00, 10월~3월 9:00-18:00

입 장 료 성인 4유로, 10인 이상 단체 3유로

푸거라이 박물관(13번지) 입구. 초창기 주택 모습을 볼 수 있다.

17
AV
07
25

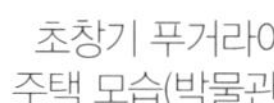

초창기 푸거라이
주택 모습(박물관)

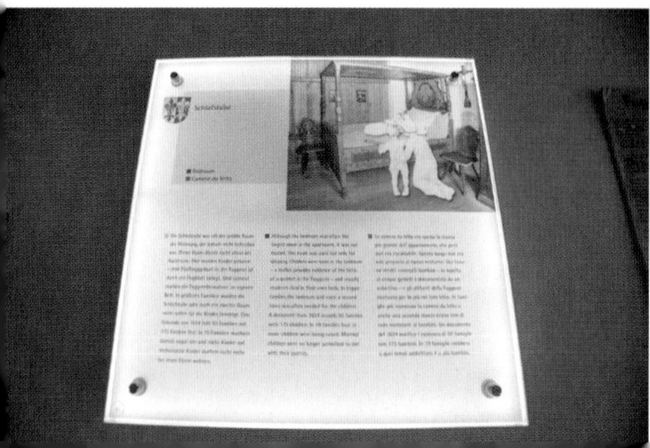

9

루터를 심문한 보름스

Wenn ich nicht mit Zeugnissen der Schrift oder mit offenbaren Vernunftgründen besiegt werde, so bleibe ich von den Schriftstellen besiegt, die ich angeführt habe, und mein Gewissen bleibt gefangen in Gottes Wort.
Denn ich glaube weder dem Papst noch den Konzilien allein, weil es offenkundig ist, dass sie öfters geirrt und sich selbst widersprochen haben. Widerrufen kann und will ich nichts, weil es weder sicher noch geraten ist, etwas gegen sein Gewissen zu tun.
Gott helfe mir. Amen.
Heilige Schrift

도시정보

보름스는 독일 남서부 라인란트팔츠(Rheinland-Pfalz)주에 있는 도시다. 만하임의 북서쪽에 위치하는 보름스는 유럽에서 가장 유서 깊은 도시 가운데 하나로 원래 켈트족의 정착지였다. '보름스'(Worms)라는 이름은 '켈트족의 정착지'를 뜻하는 라틴어 '보르베토마구스'(Borbetomagus)에서 기원한다. '보르베토마구스'는 '물이 있는 들판' 혹은 '신의 평원'이란 의미를 지니고 있다. 이 라틴어 이름은 중세 초기에 독일 정착민의 언어로 바뀌어 '바르마츠펠트'(Warmazfeld), '바르마치아'(Warmazia/Varmacia), '보르마치아'(Wormazia/Wormatia), 그리고 마침내 오늘날의 '보름스'(Worms)가 되었다. 라틴어 '보르마티아'(Wormatia)는 중세시대에 중요한 유대인 공동체가 거주했던 히브리어 도시 이름과 같다. '보름스'란 이름의 기원만 보아도 이 도시가 유대인 공동체와 얼마나 긴밀했는지 짐작할 수 있다. 보름스는 마인츠, 슈파이어와 함께 '유대인 도시'였으며, 독일 유대인 문화의 중심지였다. 보름스에는 유럽에서 가장 오래된 유대인 묘지가 있으며, 슈파이어에는 중세시대의 유대교 회당이 보존되어 있다.

보름스는 니벨룽엔 도시와 루터 도시로 잘 알려져 있다. 보름스에서 신성로마제국 황제 카를 5세는 1521년 3월 제국의회를 소집하고, 종교개혁가 루터를 심의하였다. 루터는 황제 앞에서 심문을 받으며 역사에 길이 기억될 말을 남겼다. "제가 여기에 서 있습니다. 하나님이여 나를 도우소서!" 보름스 대성당 뒤편 하일스호프 정원에는 루터가 심문받던 장소가 보존되어 있다. 1200년에 완공된 보름스 대성당(돔)은 마인츠 및 슈파이어 대성당과 함께 로마네스크 양식의 대표적 교회 건물이다.

1500년에 인구 6,000명에 불과했던 보름스는 2019년 기준으로 인구 86,759명의 도시로 성장했다. 2011년 통계에 따르면, 보름스의 종교인구는 전체 거주민의 37.3%가 개신교이며, 27.9%는 로마 가톨릭이고, 34.8%는 무종교다. 2019년에는 30%가 개신교, 24%가 로마 가톨릭교 그리고 46%가 무종교인이다. 2011년과 비교해 그리스도교인의 수가 점점 감소하고 있는 것으로 나타났다. 무종교인은 전체 인구의 절반에 가깝다. 보름스는 상공업 도시이며 포도주 거래의 중심지로서 피혁, 섬유, 전기기구, 페인트, 도자기, 화학, 기계 등, 제조업이 발달했다.

교황 눈 밖에 난 루터

그리스도인의 자유(1520, 독일어판)

1517년 「95개 조 반박문」을 발표한 이후 교황 레오 10세의 눈 밖에 난 루터는 교황과의 관계 회복을 위해 『그리스도인의 자유』를 썼다. 그는 이 책에서 지금까지의 모든 논쟁은 로마 교황 개인에게 한 언사가 아니라, 로마 교황에게 아부하는 자들에 대한 공격이었음을 밝혔다. 그러나 루터의 노력에도 불구하고 교황은 루터를 책벌하고 파면하였다. 루터의 파면에 적극적으로 나선 사람들은 추기경 카예탄과 대주교 엑크였다. 이들은 교황을 선동하여 「주여 일어나소서」라는 칙서를 발표하게 했다. 이 칙서에서 교황은 "루터의 주장 중 41개 항목이 이단적이며, 망측하고, 오류투성이며, 경건한 귀에는 거슬리는 것으로서 단순한 심령들을 미혹하여 가톨릭 신앙을 위배하는 것"이라고 정죄했다. 루터는 칙서가 발표된 후 60일 이내에 자신의 주장을 취소하라는 명령을 받았고, 그렇게 하지 않으면 파문될 것이라고 위협받았다. 그러나 루터는 이 엄포를 무시했다. 오히려 그는 비텐베르크 대학교수들 및 학생들과 함께 1520년 12월 10일 비텐베르크의 엘스터 문밖에서 교황의 칙서와 교령집들, 스콜라 신학자들의 책들을 불태웠다. 그러자 교황청은 1521년 1월 3일에 교서 「로마 교황이 가르친다」를 통해 루터를 최종적으로 파문했다. 교황청 대사 알레안더는 루터가 즉시 교황청으로 와서 심문을 받아야 한다고 주장했다. 그러나 작센의 선제후 프리드리히의 요청으로 루터는 로마가 아닌 독일 내 보름스에서 심문을 받게 됐다. 루터는 민중들의 열광적인 환송과 축복의 함성을 받으며, 4월 16일 보름스 제국의회에 서게 됐다.

보름스 제국의회에 선 루터

보름스 제국의회에 선 루터. 왼손은 그의 책들을 집고 오른손은 하늘을 향해 "하나님이여 나를 도우소서"라고 외친다. (헤르만 프뤼더만, 1864)

루터는 심문을 받기 위해 황제 칼 5세뿐 아니라 영주들과 제국의 모든 의원 앞에 섰다. 그는 이곳에서 1521년 4월 17~18일 이틀 동안 심문을 받았다. 보름스에서 루터 심문이 열린다는 소식에 4천여 명의 시민들이 몰려왔다. 루터는 제국의회에서 먼저 독일어로 연설한 후 자신의 주장을 라틴어로 다시 펼쳤다. 4월 17일 오후 4시에 열린 심문에서 엑크 대주교는 루터에게 "철회하라, 불태우라, 뉘우쳐라"고 다그쳤다. 긴 책상 위에는 루터가 쓴 책 25권이 놓여있었다. 엑크는 루터에게 "이 책들을 썼는가? 주장을 철회하는가?"라고 물었다. 그러나 루터는 엑크에게 최종 답변을 하루 늦춰달라고 요청했다. 루터는 다음 날 다시 황제 앞에 섰다. 그리고 역사에 길이 기억될 만한 말을 남겼다.

"저는 교황도 공의회도 믿을 수 없습니다. 그들도 자주 오류를 범했고, 서로 모순되었기 때문입니다. 따라서 만일 저를 성경의 증거나 이성적으로 납득할 수 있는 근거들을 통하여 반박하지 않는다면 저를 지배하고 있는, 제가 증거로 제시한 성경 말씀들로 인하여 저는 더 이상 뒤로 물러서지 않을 것입니다. 그리고 제 양심은 하나님의 말씀 속에 사로잡혀 있습니다. 그러므로 저는 성경적으로 증거가 확실하다고 믿는 저의 책 중 그 어떤 것도 철회할 수 없고 하지도 않을 것입니다. 왜냐하면, 양심을 거슬러 행동하는 것은 확실하지도 순전하지도 않기 때문입니다. 나는 달리 아무것도 할 수 없습니다. 제가 여기에 서 있습니다. 하나님이여 나를 도우소서. 아멘."

퇴장할 때 루터는 그를 둘러싼 군중을 위로하면서 숙소로 갔다. 루터가 귀로에 오른 지 얼마 후에 황제는 루터에게 체포령을 내렸다. 그러나 국민의 영웅을 잡아 죽일 수는 없었다. 루터가 길을 떠난 지 8일 만인 4월 26일 선제후 프리드리히는 비밀히 자기 병력을 보내어 루터를 납치해 아이제나흐에 있는 바르트부르크성에 숨겼다. 이후 루터는 그곳에서 독일어로 성경을 번역하며 종교개혁의 역사를 이어갔다.

보름스 대성당
Wormser Dom

보름스 대성당(Wormser Dom)은 1181년에 완공된 로마가톨릭교회의 성당으로 슈파이어(1060년 완공)와 마인츠 대성당(1009년 완공)보다 100년 이상 늦게 지어졌다. 한때 대성당의 지위를 가지고 있었으나 현재는 마인츠 교구에 속해 있다. 보름스 대성당은 네 개의 둥근 탑과 두 개의 큰 돔 그리고 끝에 제단이 설치된 바실리카 양식의 건물로, 내부는 붉은색 사암으로 되어 있다. 1110년에 축성된 옛 성당 건물의 잔재는 1층 평면 부분과 서쪽 탑의 저층부만 남아 있고, 나머지 부분은 1181년에 완공되었다. 보름스 대성당은 1130~1181년에 주요 부분이 건축되었다. 서쪽의 제단 부분과 아치 부분은 13세기에 시공된 것이며, 14세기에 남쪽 정문이 추가되었고, 중앙 돔이 재건되었다.

보름스 대성당은 1521년 보름스 제국의회 시대 이후 그 의미를 상실했다. 그것은 제국의회 직후 보름스의 일부 교회들이 마르틴 루터의 가르침을 받아들였기 때문이다. 1556년에는 팔츠 선제후 지역에 있는 모든 교구도 루터의 종교개혁에 동참했다. 30년 전쟁을 치르는 동안 1632년부터 1635년까지 스웨덴 군대가 보름스를 점령했는데, 그때 군대는 대성당에서 개신교 설교자가 집례하는 예배를 드렸다. 1802년부터 보름스 대성당은 가톨릭 교구 교회가 되었다. 보름스 교회는 이전에 주교교회로서 중요한 의미를 지녔던 것을 기억하여 교황 비오 9세(Pius IX)에 의해 1862년에 주교좌 성당이 되었다. 1925년에는 교황 비오 11세에 의해 '작은 바실리카'로 승격됐다.

2017년 종교개혁 500주년 기념의 해에 보름스 대성당과 개신교 루터교회를 연결하는 '빛의 다리'(Lichtbrücke)가 설치되었다. 2017년 10월 27일에서 11월 1일까지 이 다리를 통해 가톨릭교와 개신교 신자들이 서로 오가며 '하나 됨'의 의미를 되새겼다.

보름스 대성당

주　　소 Domplatz, 67547 Worms

연 락 처 Tel. +49 6241 6115

개방시간 **3월~10월**
월-금 9:00-18:30,
토 9:00-16:00,
일 12:45-15:00, 16:00-18:30

11월~2월
월-금 9:00-17:00,
토 9:00-15:00,
일 12:45-15:00, 16:00-17:00

루터의 보름스 심문 장소

1521년 루터가 심문받던 장소인 주교궁(Bischofshof)은 1689년 프랑스군에 의해 파괴되었다. 현재는 보름스 대성당 북쪽 편 심문 장소가 하일스호프 정원(Heylshofgarten)으로 조성되었다. 1521년 제국의회가 열렸을 당시 이곳에는 황제 카를 5세가 살고 있었다. 제국의회 건물은 오늘날 삼위일체 교회의 뒤편 시민공원 자리에 있었다. 1521년 루터를 심문했던 제국의회는 의회 건물이 아닌 주교 궁에서 열렸고, 루터는 4월 17일과 18일 양일에 걸쳐 황제와 의회 앞에서 심문을 받았다. 루터의 유적이 있는 하일스호프 정원은 대성당 광장 오른편 철문 안쪽으로 들어가야 한다. 루터가 심문받던 자리에는 철제 기둥과 계단으로 된 조형물이 세워져 있다. 여기서 루터는 "나는 달리 어찌할 도리가 없습니다. 제가 여기에 서 있습니다. 하나님이여, 나를 도우소서. 아멘!"이란 유명한 말을 남겼다. 지역 로터리클럽은 2017년 종교개혁 500년 주년을 맞이해 조형물 앞에

1521년 보름스 의회의 루터. 오른쪽 책상에 그의 책들이 널려져 있다.
(안톤 폰 베르너 작품, 1877).

청동으로 '루터의 신발'을 제작해 설치했다. 예술가 노베르트(Norbert) 부부가 만든 '루터의 신발'은 종교개혁의 큰 발걸음을 내디딘 곳이란 뜻을 담고 있다. 2021년은 루터가 500년 전에 보름스 제국의회에서 심문받았던 500주년 기념의 해다.

루터의 신발

Wenn ich nicht mit Zeugnissen
der Schrift oder mit offenbaren
Vernunftgründen besiegt werde, so
bleibe ich von den Schriftstellen
besiegt, die ich angeführt habe, und
mein Gewissen bleibt gefangen in
Gottes Wort.
Denn ich glaube weder dem Papst
noch den Konzilien allein, weil es
offenkundig ist, dass sie öfters geirrt
und sich selbst widersprochen haben.
Widerrufen kann und will ich nichts,

보름스 심문 장소

보름스 루터교회
Evangelische Lutherkirche Worms

보름스 루터교회

보름스 개신교 루터교회(Evangelische Lutherkirche Worms)는 종교개혁의 상징물로서 1912년에 다름슈타트의 건축가 프리드리히 퓨처(Friedrich Pützer, 1871~1922)가 설계했다. 가죽 산업의 부흥으로 보름스를 서쪽으로 확장하면서 칼스플라츠(Karlsplatz)에 교회가 필요하게 되었다. 새로 짓는 교회는 '단순하고 확고하며 진지한 모습'이어야 했고, 도심의 오래된 교회들과 연관해 지어야 했다. 그래서 루터교회는 붉은 사암 벽은 보름스 대성당의 붉은 벽 색깔에서 착안했고, 교회 첨탑의 둥근 지붕 모양은 바울교회에서 가져와 지었다. 교회는 루터의 찬송인 "내 주는 강한 성이요"를 주제로 건축됐다. 교회 곳곳에서 볼 수 있는 다섯 잎의 루터 장미는 루터교회의 특징을 나타낸다.

루터 장미

교회 내부는 1891년 비스바덴 프로그램(Wiesbadener Programm)에 따라 설교 공간이 균일하게 설계됐다. 즉 제단과 설교단 그리고 오르간이 동등한 가치를 지니고 있다는 것을 보여주기 위해 교회 중앙에 나란히 배치됐다. 또한, 보름스 루터교회는 본당(회중석)과 제단이 분리되지 않는다. 개신교에서는 성찬대로서의 제단과 설교단은 둘 다 복음을 선포하는 장소로서 같은 의미를 지닌다. 가톨릭교회는 성찬대와 설교단이 분리되어 있으나, 개신교 교회는 성찬대와 설교단이 분리되지 않는다. 두 곳 다 복음을 선포하는 장소다. 종교개혁가 루터는 성경 말씀을 전하는 설교가 예배의 핵심이 되어야 한다고 주장한다. 가톨릭교회의 미사가 성만찬에 비중을 둔다면, 개신교 예배에서는 설교가 꽃이고 중심이다. 루터교회의 설교단이 중심에 있는 것은 이러한 이유에서다. 건축가 퓨처(Friedrich Pützer, 1871~1922)는 설교단과 오르간과 찬양하는 자리를 하나로 연결해 설계했다. 설교자와 성가대, 오르간 반주는 함께 예배를 진행한다고 생각했다. 여기에도 루터의 종교개혁 정신이 반영됐다. 루터에게 말씀은 예배의 중심이다. 찬양도 예배에 있어서 빼놓을 수 없는 주요소다. 회중 찬송을 만들어 교회 예배에 찬송의 대중화를 꾀했던 루터의 의도대로 보름스 루터교회는 설계됐다.

보름스 루터교회 내부. 성찬 제단, 설교단, 오르간, 성가대석이 중앙에 함께 있다.

보름스 루터교회
(Evangelische Lutherkirche Worms)

주　　소　Friedrich-Ebert-Straße 45, 67549 Worms

연 락 처　Tel. +49 6241 57956

예배시간　일요일 10:00

루터 도서관 / 보름스 시립도서관

보름스 시립도서관 내 루터 도서관이 있다.

보름스 루터 도서관은 보름스 시립도서관(1878년 완공) 안에 있다. 루터 도서관 안에는 종교개혁시대의 617권의 출판물과 마르틴 루터의 글들이 보관되어 있다. 1883년, 막시밀리안 폰 하일(Maximilian von Heyl, 1844~1925)은 보름스의 서적상인 율리우스 슈테른(Julius Stern)에게 서둘러 루터전집을 수집하게 했다. 폰 하일은 이를 위해 사비 32,000마르크를 슈테른에게 지급했다. 돈을 받은 슈테른은 각방으로 루터의 책들을 수집해왔다. 슈테른이 이 책들을 어디서 가져왔는지는 부분적으로만 알려져 있다. 일부는 라이프치히에 있는 테오도르 오스발트 바이겔(Theodor Oswald Weigel, 1812~1881)의 중고서점에서 왔다. 슈테른은 489개의 목록번호를 적어 일람표를 작성했다. 막시밀리안 폰 하일은 루터 탄생 400주년을 맞아 보름스 도시에 수집된 루터 서적들을 기증했다. 이를 위해 폰 하일은 뮌헨의 설치 예술가 로렌츠 게돈(Lorenz Gedon)에게 루터의 도서를 보관할 수 있는 '루터 방'(루터 도서관)을 만들게 했다. 이후 마인츠의 주교좌 성당 참사 회원과 예술전문가, 그리고 서적 수집가 프리드리히 슈나이더(Friedrich Schneider)가 루터의 서적들을 계속 기부했다. 이렇게 수집된 루터의 도서는 현재 보름스 시립도서관에 '루터 도서관'이라는 이름으로 보관되어 있다. 『그리스도인의 자유에 대하여』(1520), 『독일 귀족들에게 고함』(1520), 『9월 성경』(1522), 『보름스 성서』(1529) 등 루터의 주요 저작들이 루터 도서관에 소장되어 있으며, 일부는 2015년 10월에 유네스코 세계문화유산에 등재되었다.

보름스 시립 도서관

주　　소 Marktplatz 10, 67547 Worms

연 락 처 Tel. +49 6241 8534212

개방시간 월.화.목 10:00-12:00/14:00-18:00,
수 10:00-12:00, 금 10:00-18:00,
토 10:00-13:00 (일요일 휴무)

루터 기념비
Lutherdenkmal

'루터기념비'(Lutherdenkmal)는 루터의 종교개혁을 기념하기 위해 만든 것으로, 세계에서 가장 큰 종교개혁기념비 중 하나다(제일 큰 것은 스위스 제네바에 있다). 루터기념비를 독일의 조각가 에른스트 리첼(Ernst Rietschel, 1804~1861)이 설계했으나 건축을 완성하지 못하고 죽자, 돈도르프와 키츠, 쉴링, 건축가 니콜라이가 12년(1856~1868) 공사 끝에 완공했다(1868년 6월 25일). 당시 프로이센 군주이자 훗날 독일 황제가 된 빌헬름 1세가 제막식에 참석했다. 루터가 심문을 받은 장소는 보름스 대성당이 있는 곳으로 로마가톨릭교회의 소유다.

그곳에는 종교개혁과 관련된 기념물을 세울 수 없어서, 루터가 심문받았던 실제 장소에서 약 100m 떨어진 곳인 루터 광장(Lutherplatz)에 '루터기념비'를 조성하였다. 루터 광장에는 루터를 비롯해 종교개혁과 관련된 여러 인물의 동상이 함께 있다. 가운데 가장 높은 곳에서 성경을 들고 있는 사람은 루터다. 루터의 눈은 자신이 재판받았던 장소를 바라보고 있다. 그의 발아래에는 "나는 달리 어찌할 도리가 없습니다. 제가 여기에 서 있습니다. 하나님이여, 나를 도우소서. 아멘."이라는 보름스 제국의회에서 남긴 명언이 새겨져 있다. 루터의 동상을 중심으로 사면에 '루터의 결혼'(좌), '보름스 제국의회'(앞), '성경 번역'(우), '95개 조 반박문'(뒤)의 장면이 조각되어 있다.

루터 동상과 4인의 종교개혁 선구자.
사보나롤라(중앙), 발데스(좌), 후스(우), 위클리프(사진으로는 보이지 않으나 뒤쪽 우측)

중앙에 솟아있는 루터 동상 아래에는 종교개혁의 선구자 넷(사보나롤라, 발데스, 후스, 위클리프)이 동·서·남·북 방향으로 앉아 있다. 앞쪽 좌측의 **지롤라모 사보나롤라**(Girolamo Savonarola, 1452~1498)는 이탈리아의 도미니쿠스회 수도사이자 설교가, 종교개혁가다. 그는 르네상스 시대에 이탈리아 피렌체에서 활동하면서 메디치 가문과 교황 알렉산데르 6세의 부도덕을 강하게 비판했다. 사보나롤라는 로마가톨릭교회와 이탈리아가 벌을 받을 것이라고 예언했다. 그가 교회와 속세의 도덕적 부패를 맹렬히 비난하자 민중들은 그를 지지하기 시작했다. 1431년 사생아로 태어난 교황 알렉산데르 6세는 자신도 수많은 정부를 두고 16명의 사생아를 낳았으며 친딸과 근친상간으로 아들을 낳기까지 했다. 알렉산데르 6세는 1492년 보르자 가문의 힘과 막대한 뇌물로 62세 나이에 교황이 되었으나, 도덕적·성적 타락은 멈추질 않았다. 1490년 피렌체 산 마르코 수도원 부원장이 된 사보나롤라는 "로마 교황 알렉산데르 6세는 하나님을 모독하고 성직을 매매하는 자이며, 온갖 파렴치한 죄악을 저지른 자요, 거듭나지 못한 자"라며 교황을 맹비난했다. 사보나롤라는 교황과 로마교회의 부패와 타락에 맞서 종교개혁을 실현하기 위한 법률을 제정하였다. 그의 교회권위에 대한 반항에 교황은 회유책으로 사보나롤라에게 추기경 자리를 제안했다. 단칼에 거절한 사보나롤라는, "로마 성직자들은 그리스도를 욕되게 하고 있다. 성찬식에서 매매한다. 그들은 더 많은 돈을 주는 자에게 성직을 판매한다"며 거세게 비판했다. 1497년 5월 12일, 교황은 사보나롤

사보나롤라

라를 파면하였다. 사보나롤라는 1498년 5월 23일 피렌체에서 교수형을 당한 뒤 화형 됐다. 그는 종교개혁가이자 사회개혁가였으며, 도덕 개혁가이자 정치개혁가였다.

루터 동상 앞쪽 우측의 **얀 후스**(Jan Huss, 1372~1415)는 체코의 신학자이며 종교개혁가로서 영국의 존 위클리프의 영향을 받았다. 위클리프가 중세교회에 종교개혁의 여명을 밝혀 주었다면, 얀 후스는 빗장을 연 사람이고, 루터는 완성한 사람이다. 후스는 위클리프와 같이 성서를 유일한 권위로 강조하였다. 그는 성경의 가르침들을 삶 속에 실천할 것을 주장한 대중설교가였다. 후스는 10여 년 동안 약 3,000번 이상 체코어로 설교하였다. 대중들이 쉽게 알아들을 수 있는 언어로 복음을 전하였다. 찬송 가사를 지어 대중적인 찬송을 보급하기도 하였다. 100년 후 독일에서 루터가 대중의 언어인 독일어로 성경을 번역하고 회중 찬송가를 만든 것이 우연은 아니다.

얀 후스

얀 후스는 1409년 프라하대학의 총장이 되자 체코 출신의 교수들과 함께 교회갱신과 사회개혁 운동을 벌였다. 교황 알렉산더 5세는 1409년 12월에 교서를 내려 후스를 공격하였고, 가톨릭교회는 후스에게 설교 금지령을 내렸다. 후스가 이에 굽히지 않자 대체교황 요한 23세는 1411년 3월 15일 후스에게 파문을 선포하였다. 그러자 후스는 가톨릭교회의 면죄부 판매를 공개적으로 비판했다. 그 여파로 후스는 이듬해 프라하에서 추방됐다. 그는 여전히 여러 도시를 다니며 농민들과 평신도들에게 체코어로 설교하며 교회를 비판했다. 교황청은 1414년 10월에 열리는 콘스탄츠 공의회에 얀 후스가 참석할 것을 요구했다. 후스는 교회의 고위성직자들에게 자신의 주장을 전할 마음으로 11월 3일에 독일 콘스탄츠에 도착했다. 법정에 선 후스는 자신의 주장을 절대 굽히지 않았다. 그러자 공의회는 그를 이단자로 판결했다. 12월 6일 후스는 체포되어 도미니쿠스 수도원의 지하 감옥에 갇혔다. 이듬해 7월 6일에 소집된 콘스탄츠 공의회 전체회의에서 후스는 이단으로 정죄 되었고 사형선고를 받았다. 그날 그의 시신은 콘스탄츠 외곽에서 화형됐다. 교회개혁에 관한 후스의 주장은 100년 후에 마르틴 루터에게서 완성되었다. 후스의 주장은 대략 6가지로 요약된다: ① 그리스도의 몸이 성만찬에 임재하지 않는다. ② 교황의 무오성 부인, ③ 고해성사 거부, ④ 상급 성직자에게 무조건 순종할 것 거부, ⑤ 성직자의 독신 거부, ⑥ 면죄부에 대해 문제 제기. 후스는 끝까지 "진리의 유일무이한 원천(Quelle)은 성서에 있다"고 강조하면서 성서의 권위를 내세웠다. 이것은 100년 후 독일의 종교개혁가 루터가 주장했던 바이다.

루터 동상 우측 뒤쪽에 있는 **존 위클리프**(John Wyclif, 1320~1384)는 영국의 기독교 신학자이며 종교개혁가다. 그는 교황의 권력과 로마가톨릭교회의 교리, 로마교황청의 부패를 비판하였다. 위클리프는 성경의 권위는 교황보다 위에 있다고 주장했다. 오직 성경만이 유일한 표준이며, 교황의 권위나 제도는 성경 상 전혀 근거가 없다고 외쳤다. 그는 성경을 대중의 언어로 번역해 일반 신자들도 직접 성경을 읽을

존 위클리프

수 있길 바랐다. 성경 번역은 종교개혁에 있어서 가장 토대가 되고 우선하는 과제였다. 사제들의 언어인 라틴어에서 민중의 언어로 성경을 번역하는 일이 개혁의 기초였다. 체코의 얀 후스와 독일의 마르틴 루터가 추진했던 자국어(체코어·독일어) 성서번역은 이미 위클리프에게서 출발한 것이었다. 위클리프는 복음을 민중에게 전하기 위해 당시 라틴어로 되어 있던 성경을 영어로 번역했다. 아쉽게도 영국 국회의 반대로 그의 성경은 대중에게 보급되지 못했다. 성경의 현대어 번역사업은 바다 건너 먼 이국땅 체코에서 결실을 보았다. 위클리프에게 영향받은 얀 후스가 라틴어 성경을 체코어로 번역한 것이다. 그러나 성경 번역이 가져온 후폭풍이 엄청났다. 후스의 성경에 근거한 교회개혁은 로마교회를 분노케 했다. 후스는 1415년 콘스탄츠 공의회의 결의에 따라 화형 됐다. 같은 해 콘스탄츠 공의회는 1384년 심장발작으로 세상을 떠난 위클리프를 이단으로 판결하고, 그의 저작을 불태우고 무덤을 파헤쳐 부관참시하게 했다. 교회는 "성경은 천국 열쇠와 함께 자신들에게만 맡겨졌으며, 그것을 읽고 해석하는 것도 사제들만이 할 수 있는 일"이라고 주장하며, 성경번역자들을 잔혹하게 죽였다. 그러나 개혁의 물결은 누구도 막을 수 없었다. 위클리프와 후스의 자국어 성경 번역은 100년 후 루터에 의해 완성되어, 성경을 누구나 읽고 배울 수 있게 되었다.

루터 동상의 좌측 뒤쪽에 있는 **페트루스 발데스**(Petrus Waldes, ?~1218)는 프랑스 리옹의 상인이자 발도파(Waldenser) 신앙공동체의 평신도 설교자다. 발데스는 마태복음 10장의 제자 파송에 감동되어 1176년에 청빈 운동을 추진하면서 그리스도교 역사상 처음으로 반(反) 교황·교회운동을 일으켰다. 그는 교황의 부와 세속적 권세를 비판하면서, 교황에게 필요한 것은 예수와 사도들의 청빈한 삶이라고 주장했다.

발데스는 동료 순회설교자들과 함께 성경 번역 표준의 기반을 다졌다. 그는

발데스

성경연구에 몰두하며 1170년대 초에 슈테판 폰 안세(Stephan von Anse)에게 라틴어 성경 번역과 불가타(Vulgata, 새 라틴어 성경)를 지방 프랑스어인 옥치타니아어(okzitanisch)와 프로방스식 방언으로 번역하도록 부탁했다. 번역된 성경은 그 지역에 사는 사람 누구나 읽을 수 있는 쉬운 책이 되었다. 아쉽게도 이 번역된 사본들은 현재 남아 있지 않다. 발데스는 성서번역뿐 아니라 가난한 자들을 돌보는 일에도 헌신적이었다. 리옹에 기근이 들었을 때 가난한 자들을 돌보면서, 그들에게 수개월 동안 성경 말씀을 가르쳤다. 그의 청빈한 삶과 설교는 많은 사람에게 감동을 주었다. 발데스는 그를 따르는 사람들에게 마가복음 16장 15절처럼 "온 천하에 다니며 만민에게 복음을 전파하라"고 당부했다. 이것은 평신도 설교권의 자유를 허락하지 않는 가톨릭 교회와 부딪히게 되었다. 발데스는 1179년 교황 알렉산더 3세에 의해 로마에서 열린 제3차 라테란공의회에서 교황의 공적 설교권의 이행과 커다란 마찰을 일으켰다. 발데스가 대주교의 설교 금지령을 따르지 않자, 1182/83년에 대주교는 발데스를 출교시켰다.

루터기념비 바깥 둘레 앞쪽에는 루터를 지켜주었던 프리드리히 선제후(좌)와 종교개혁을 추진하고 슈말칼텐 동맹을 이끌었던 헤센주의 개신교 영주 필립 백작(우)이 있다. 뒤로는 잉골슈타트의 교수이자 인문학자인 요한 로이힐린(좌)과 로이힐린의 조카이자 비텐베르크 대학의 교수, 루터의 종교개혁 동지이자 친구인 멜란히톤(우)이 있다. 4명 사이에 3명의 여자 조각상이 있는데, 각각 아우크스부르크(우)와 슈파이어(뒤), 마그데부르크(좌)를 상징한다. '평화의 종려 가지를 든 아우크스부르크'는 「아우크스부르크 신앙고백」(1530)과 「아우크스부르크 화의」(1555)를 기념한다. '저항하는 슈파이어'는 1529년 슈파이어 제국의회에서 개신교 측 참석자들이 의회의 가톨릭 대표자들에게 저항하자, '프로테스탄트'(저항자)라는 이름을 얻게 된 것을 기념한다. 이때부터 개신교를 '프로테스탄트'라고 부르게 되었다. '애도하는 마그데부르크'는 30년 종교전쟁 당시 가톨릭 리가의 지도자 틸리의 명령으로 마그데부르크가 1631년에 약탈당하고 파괴된 것을 기억하기 위한 것이다.

평화의 종려 가지를 든 아우크스부르크

저항하는 슈파이어

애도하는 마그데부르크

루터기념비
(Lutherdenkmal)

주　　소 Lutherplatz / Lutherring, 67547 Worms

루터나무
Lutherbaum

루터나무(Lutherbaum)는 루터 광장에서 2.2㎞ 떨어져 있는 보름스-피플리히하임(Worms-Pfiffligheim), 루터바움 슈트라세(Lutherbaum Strasse, 루터나무 거리)에 있으며, 보름스 중앙역 앞에서 대중교통 버스로 약 20분 남짓 걸린다. 루터나무는 버스 정거장에서 내리면 금방 눈에 띄는 곳에 있다. 이 느릅나무는 1521년 보름스 제국의회에서 있었던 루터의 심문을 기념하기 위해 심었다. 나무 외에 다른 부분(목판)은 조각가 구스타프 논넨마허(Gustav Nonnenmacher, 1914~2012)가 나무를 양각해 만들었다. 루터나무를 보호하기 위해 나무 밑 주위에 돌의자를 설치했다. 높이가 30m 이상이고 둘레가 9m나 되는 루터나무는 1870년까지는 가장 크고 유명한 느릅나무였다.

느릅나무인 '루터나무'와 관련해서는 다양한 일화가 있다. 가장 널리 알려진 것은, 1521년 루터가 보름스 제국의회에 가던 중 한 그루의 나무 아래에서 휴식을 취하면서 설교했는데, 바로 그 나무가 '루터나무'라는 설이다. 가장 오래된 이야기는 19세기 후반에 만들어진 것으로, 제국의회가 진행되는 동안 동네 할머니 두 명이 루터의 가르침에 대해 논쟁을 벌이고 있었다. 이때 한 할머니가 손에 들고 있던 지팡이를 땅에 꽂으면서 "만일 루터가 옳다면, 이 지팡이가 나무가 될 것"이라고 말했다. 그런데 그 지팡이가 나무가 되어 지금의 '루터나무'가 되었다는 것이다. 믿기 어려운 설화지만 종교개혁에 희망을 품었던 당시 민중의 소망을 보여주는 이야기이다. 덧댄 철판에는 두 할머니가 논쟁하는 모습이 새겨져 있다. 칼 폰 게로크(Karl von Gerok)는 1882년에 '피플리히하임의 루터나무'라는 시(詩)에서 느릅나무 아래에서 루터가 쉬어갔다고 전한다.

루터나무의 실제 나이는 알려진 바 없으나, 16세기 초에 심었을 것으로 추정한다. 1870년 10월 26일, 허리케인으로 느릅나무의 3분의 2가 잘리기도 했다.

보름스 피플리히하임, 루터바움 거리에 있는 루터나무

이후 나무의 그루터기와 가지를 보호하기 위해 땅을 파서 줄기가 다시 살아나도록 거름을 주었다. 1902년에는 나무 안에 비어있는 부분을 타르로 메웠고, 나무 주위에는 돌의자로 보호용 울타리를 쳤다. 불운하게도 1912년 8월 29일에 뇌우로 나무가 다시 쓰러졌다. 시의회는 나무의 보수·유지를 위해 추가 기금을 승인했고 나무를 살리기 위해 애썼다. 그런 노력에도 불구하고 1949년에 루터나무는 죽고 말았다. 1954년 논넨마허는 루터나무로 '제국의회에 선 루터'를 조각했다. 그와 함께 보름스 마르누스 교회의 재건축비용을 마련하기 위해 루터교회를 상징하는 '루터 장미'도 루터 그림 윗부분에 조각했다. 1998년에는 루터나무의 몸통과 기념현판이 개조되었으며, 1999년 봄에는 재정적 후원에 힘입어 루터나무 안에 어린 느릅나무를 심었다. 지금은 그 느릅나무가 크게 자라 그 옛날 '루터나무'를 회상할 수 있게 되었다.

루터나무 정면.
나무 둘레에 보호막 돌 의자가 있다.

루터나무 목판 아래에는 제국의회에 선 루터와
위에는 루터 장미가 새겨져 있다.

좌측 목판과 우측 초기 루터나무 사이에
새로 심은 느릅나무가 서 있다.

루터나무 측면. 루터 당시 심었던
느릅나무의 몸통 부분이 보인다.

루터나무
(Lutherbaum)

주 소 Lutherbaumstraße 30, 67549 Worms

보름스의 명소

1. 유대인 묘지 '거룩한 모래'

유대인 묘지 '거룩한 모래'. 좌측 중앙에 흰 종이들이 흩어져 있는 두 묘비 중 왼쪽에 있는 것은 랍비 마이어 벤 바루흐(Meir ben Baruch)의 묘비고, 오른쪽 묘비는 랍비 알렉산더 벤 살로몬 빔펜(Alexander ben Salomon Wimpfen)의 묘비다.

보름스에는 유럽에서 가장 오래된 '거룩한 모래'(Heiliger Sand)라는 유대인 묘지가 있다. 이곳에는 1076년부터 1911년까지 약 2,500개의 유대인 묘비가 있다. 가장 오래된 것은 1058/59년 묘비로, 긴 세월을 거치면서 글자가 훼손되어 묘비의 주인은 알 수 없다. 이름을 알 수 있는 묘비 중 가장 오래된 것은 1076/1077년 야콥 하바추어(Jakob haBachur)의 묘비다. 1260년에는 유대인 묘지를 보호하기 위해 둘레에 단단한 장벽을 세웠다.

묘지는 오래전부터 있었던 구역과 새로 조성된 구역으로 구분되어 있다. 오래된 구역인 랍비네르탈(Rabbinertal)에는 1076년 제1차 십자군이 보름스 지역을 지나가면서 무참하게 살해한 유대인들이 묻혀 있고, 새로운 구역에는 18세기부터 1940년까지 사망한 유대인들이 안치되어 있다. 1034년 랍비네르탈 구역에 세워졌던 독일에서 가장 오래된 유대인 회당은 1938년 방화로 소실되었다가 1960년대에 복원되었다.

보름스는 중세시대에 유대인에 대한 시 당국의 관대한 정책으로 유대인 정착지가 형성되면서 '작은 예루살렘'으로 불렸다. 그러나 1076년 유대인 학살에 이어 1349년에는 유대인이 우물에 독을 넣었다는 이유로 수많은 사람이 살해되었다. 제2차 세계대전 중에는 나치에 의해 보름스에서만 1,000명 이상이 살해되는 등 유대인 학살이 끊임없이 자행됐다.

유대인 묘지

주　　소 Willy-Brandt-Ring 21, 67547 Worms

개방시간 10월~3월 일-금 8:00-16:30,
4월~9월 일-금 8:00-20:00
(토요일은 유대인 안식일로 휴무, 공휴일도 휴무)

유대인 묘지 안내도

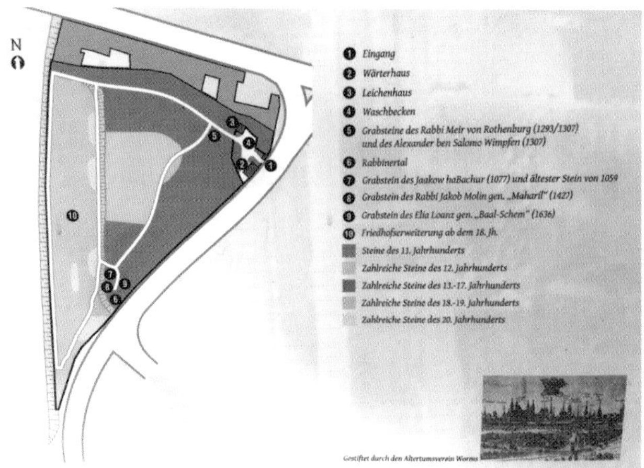

① 입구

② 관리인의 집

③ 영안실

④ 세면대

⑤ 랍비 마이어 폰 로텐부르크(1293/1307) 묘비,
랍비 알렉산더 벤 살로모 빔펜(1307) 묘비

⑥ 랍비네르탈

⑦ 야콥 하바추어(1077) 묘비와 1059년 가장 오래된 묘비

⑧ 랍비 야콥 몰린 세대 "마하릴"(1427)

⑨ 엘리아 로안츠 세대 "발-쉠"(1636)

⑩ 18세기부터 묘지 확장

■ 11세기 묘비들

■ 12세기 묘비들

■ 13-17세기 묘비들

■ 18-19세기 묘비들

■ 20세기 묘비들

2. 삼위일체교회

삼위일체교회(Dreifaltigkeitskirche)는 보름스 대성당 남쪽 길 건너편에 위치한다. 삼위일체교회의 정식이름은 '성 삼위의 종교개혁 기념교회'(Reformations-Gedächtnis-Kirche zur Heiligen Dreifaltigkeit)다. 보름스에서 가장 큰 바로크 양식의 개신교인 삼위일체교회는 종교개혁을 기념하기 위해 세워졌다. 1689년에 팔츠 왕위계승 전쟁으로 도시가 파괴되자, 무너진 시청사 자리에 루터 시립교회의 주춧돌을 놓았다(1709). 루터 시립교회는 1725년에 보름스의 새로운 개신교 교회인 '삼위일체교회'로 재탄생하였다. 제2차 세계대전 동안 심각한 손상을 입었던 교회는 오토 바르트닝(Otto Bartning)과 오토 되르츠바흐(Otto Dörzbach)에 의해 1955년에서 1959년까지 재건되었다. 교회 내부는 현대화되었고, 외부는 확장·복원되었다. 현대적 모자이크 창문에는 보름스 국회의 재판장에 섰던 루터가 묘사되어 있다.

삼위일체교회
(Dreifaltigkeitskirche)

주 소 Marktplatz 12, 67547 Worms

연 락 처 Tel. +49 6241 23917

개방시간 월-금 9:00-11:30 (토.일 휴무)

예배시간 일요일 10:00

교회 내부. 앞쪽 제단과 창문

교회 내부. 뒤쪽 오르간

3. 하일스호프 미술관

하일스호프 미술관(Kunsthaus Heylshof)은 예전에 보름스 국회와 중세시대의 제국숙소가 있었던 하일스 궁 자리에 위치한다. 독일 황제 카를 5세가 1521년 루터를 보름스 제국의회에 소환하여 종교회의를 열었던 곳이다. 1689년 화재로 원래 건물들은 불에 타버렸으며, 건물의 잔재는 이후 루터 종교회의 장소를 재건하는 데 이용됐다.

1884년 코넬리우스 폰 하일(Cornelius von Heyl) 남작 부부가 작은 공원이 딸린 하일스 궁을 세웠다. 코르넬리우스 남작은 아내가 죽은 후 자택과 부지, 소유 작품들을 공공에 기증했다. 1923년에는 미술관 운영을 위한 재단이 설립되었다. 제2차 세계대전 중인 1945년에 화재로 건물이 무너졌으나 작품들은 미리 안전한 장소로 이전해 해를 입지 않았다. 이후 하일스 궁 자리에 미술관 건물이 재건축되었고, 1961년부터 다시 전시를 시작했다. 현재 미술관에는 부부가 소유했던 그림, 도예, 유리공예, 특별전시물과 독일, 네덜란드, 프랑스 화가들의 회화작품이 있다. 이 미술관은 뛰어난 도예작품으로 유명하다.

하일스호프 미술관
(Kunsthaus Heylshof)

주 소 Stephansgasse 9, 67547 Worms

연 락 처 Tel. +49 6241 22000

개방시간 4월~12월 화-토 14:00-17:00, 일요일&공휴일 11:00-17:00
1월~2월 휴무

입 장 료 성인 5유로, 학생(18세 이상) 2유로,
어린이와 청소년(18세 이하) 무료,
그룹 3.5유로(10명 이상), 매월 첫 번째 일요일은 무료

10

루터를 숨겨준 도시 아이제나흐

도시정보

바르트부르크

독일 중부 튀링엔주에 속하는 아이제나흐(Eisenach)는 루터 도시로 인구 43,000명의 중소산업도시다. 아이제나흐는 프랑크푸르트와 라이프치히 중간에 있다. 이곳이 도시로 기능하게 된 정확한 시기는 분명하지 않으나 일반적으로 바르트부르크(Wartburg)가 세워진 때라고 본다. 아이제나흐는 1991년 독일이 통일되기 전에는 동독에 속해 있었다. 도시 아이제나흐가 유명해진 것은 1999년에 유네스코 세계 문화유산으로 지정된 바르트부르크를 통해서다. 바르트부르크는 1521년 보름스 제국의회에서 심문을 받은 루터가 황제의 체포령으로 달아나 숨어 지낸 곳이다. 루터는 성의 다락방에 숨어서 신약성서를 독일어로 번역했다. 자국어 성경 번역은 종교개혁의 토대가 되었다. 아이제나흐는 루터로 인해 종교개혁의 도시, 루터 도시가 되었다. 이 도시는 루터 어머니의 고향이기도 하다. 루터는 이곳에서 1498년에서 1501년(15~18세)까지 학창시절을 보냈다. 루터 외에도 아이제나흐는 '음악의 아버지' 요한 세바스티안 바흐(Johann Sebastian Bach, 1685~1750)가 탄생한 도시로도 유명하다. 바흐가 세례받았던 게오르크 교회(Georgenkirche) 안에는 바흐 동상이 있다.

아이제나흐는 19세기 후반 산업화에 발맞춰 1896년에 자동차 공장이 설립됐다. 이 자동차 공장을 1928년에 베엠베(BMW)가 인수했다. 제2차 세계대전이 끝나자 아이제나흐는 동독령이 되면서 자동차 공장은 국영화되었다. 1953년에는 'VEB. Automobilwerk Eisenach'(아이제나흐 자동차)란 이름의 차가 출시됐다. 1955년부터는 'Wartburg'(바르트부르크) 자동차도 생산됐다. 1990년 10월 3일 동·서독이 통일되면서, 구동독 기업의 매각을 관장한 신탁 관리 공사에 의해 자동차회사는 문을 닫게 됐다. 다행히도 오펠(Opel)이 아이제나흐에 자동차 공장을 곧바로 세우면서 이 도시의 자동차 산업전통을 이어 나갈 수 있었다. 오늘날 아이제나흐는 오펠과 보쉬(Bosch) 같은 자동차산업에 4,000여 명의 노동자가 종사하고 있다. 아이제나흐는 튀링엔주의 산업 중심도시로 발전하고 있다.

게오르크 교회
Georgenkirche

개신교-루터교회인 게오르크 교회(Georgenkirche 혹은 St. Georg Kirche〈성 게오르크 교회〉라고 부르지만 게오르크 교회가 정식 명칭)는 아이제나흐의 시립교회이자 주교교회로 아이제나흐 시내 광장에 있다. 이 교회는 루트비히 3세가 1180년에 세웠다. 1899~1902년에 교회를 대대적으로 개조해 오늘날의 모습을 갖추게 됐다. 이 교회를 대표하는 두 사람이 있는데, 종교개혁가 루터와 작곡가 바흐다.

교회 음악의 아버지인 요한 세바스티안 바흐(Johann Sebastian Bach, 1685~1750)는 1685년 3월 21일에 아이제나흐에서 태어났다. 그는 태어난 지 이틀 만에 게오르크 교회에서 세례를 받았다. 1503년에 만들어진 후기 고딕 양식의 바흐 세례반이 교회 제단 중앙에 그대로 남아 있다. 1665년에서 1797년까지 130년이 넘도록 바흐 가족이 게오르크 교회의 오르간 반주를 맡았다.

루터는 게오르크 교회에서 종교개혁 시기에 종종 설교했다. 이로 인해 게오르크 교회는 가장 오래된 개신교 교회 중 하나가 되었다. 1498년에 루터는 친척들이 있는 아이제나흐로 이사 와서 15살~18살까지 게오르크 사제학교에 다녔다. 그는 매우 성실하고 재능 있는 학생으로서 학업을 위해 아르바이트도 했다. 이 학교는 당시 가톨릭교회였던 게오르크 교회 부속 학교로서 현재는 남아 있지 않다. 루터는 게오르크 교회에서 아동합창단의 일원으로 노래하기도 했다. 그의 음악에 대한 사랑은 평생 이어졌다. 루터의 음악적 재능을 키웠던 게오르크 교회에서 교회 음악의 아버지 바흐가 세례를 받았고, 바흐 가족이 교회 오르간 반주자로 오랜 기간 활동했다는 것은 우연이 아닌 듯하다.

1521년 4월 9일, 보름스 제국의회로 가던 중 루터는 게오르크 교회에서 설교했다. 보름스에서 그의 주장을 굽히지 않은 루터는 5월 1일 아이제나흐로 돌아왔다. 그다음 날 많은 신자가 모여든 교회에서 설교했다. 5월 3일 루터는 가족의 본적인 뫼라(Möhra)로 떠났으며, 다음 날 마을광장에 있는 보리수 밑에서 설교했다. 전날 루터는 찻길은 적게 이용하라는 소식을 비밀리에 전달받았다. 5월 4일 늦은 저녁, 여행길에 나섰던 루터는 근처 글라스바흐그룬트에서 습격을 받았다. 교황청은 이단자 루터를 잡아들이려 했으나, 작센의 선제후 프리드리히가 루터를 아이제나흐의 바르트부르크로 피신시켰다. 루터는 그곳 성 꼭대기 다락방에서 젊은 귀족 융커 외르크(Junker Jörg)라는 기사로 변장해 10개월(1521.5.4~1522.3.1) 동안 숨어 지내면서 성경을 번역했다. 게오르크 교회는 루터의 종교개혁 여정 속의 한 교회였다.

1676년에 세워진 설교단(좌측)과 바흐의 세례반(중앙)

교회 입구에 있는 바흐 동상

바흐 가족이 연주한 오르간

게오르크 교회
(Georgenkirche)

주 소 Markt, 99817 Eisenach

연 락 처 Tel. +49 3691 213126

개방시간 여름 10:00-12:30, 14:00-17:00
겨울 10:00-12:00, 14:00-16:00
(일요일 오후 휴무)

루터 하우스
Lutherhaus

루터 하우스(우측 흰색의 목조주택)와 루터 작업실(좌측 루터 그림이 있는 작은집)

루터 하우스에 전시된 루터 초상화

루터가 아이제나흐로 전입해 하숙하던 곳은 귀족 미망인이었던 우르술라 코타(Ursula Cotta)의 집이다. 여기서 루터는 1483년부터 1501년까지 살았다. 이 집이 오늘날의 루터 하우스(Lutherhaus)이자 루터에 관한 것을 전시하는 박물관이다. 루터 하우스는 아이제나흐의 반 목조주택 중 가장 오래된 집이다. 훗날 루터는 학교 다니던 시절을 추억하며 아이제나흐를 "내가 사랑하는 도시"라고 회고했다. 루터 하우스는 1944년에 폭격으로 파괴된 후 1956년에 복원됐으며, 2013~2015년에 리모델링 되었다. '루터 하우스' 박물관에는 루터의 성경 번역을 기념하여 성경을 주제로 하는 전시회가 상시 열리고 있다. 이 전시관은 역사적인 전시품들과 현대적인 멀티미디어 기술이 함께 어우러져, 루터와 종교개혁을 생생하게 체험할 수 있다. 루터가 사용하던 두 개의 방에는 아이제나흐 학창시절의 전시품이 진열되어 있다. 위층에는 독일 개신교 목사관의 역사를 재현해 놓은 전시관이 있다.

루터 하우스(박물관) 입구

루터 하우스(Lutherhaus) / 박물관

주　　소 Lutherpl. 8, 99817 Eisenach

연 락 처 Tel. +49 3691 29830

개방시간 4월~10월: 매일 10:00-17:00, 11월~3월: 화-일 10:00-17:00(월 휴무)

입 장 료 전체 전시관 성인 8유로, 그룹 7유로(1인당), 할인 6유로, 학생단체 4유로(1인당)
상설 전시관 성인 6유로, 그룹 5유로(1인당), 할인 4유로, 학생단체 3유로(1인당)
특별 전시관 성인 4유로, 그룹 3.50유로(1인당), 할인 3유로, 학생단체 2.50유로(1인당)

바르트부르크
Wartburg

루터가 숨어 지냈던 성 바르트 부르크

아이제나흐에서 북쪽에 위치한 바르트부르크(Wartburg, '바르트부르크 성'으로 번역되기도 하지만, '바르트부르크'의 '부르크'(Burg)가 '성'이란 뜻이므로 '바르트부르크'로 사용)는 루트비히 데어 스프링거(Ludwig der Springer, 1042~1123) 백작이 1067년에 세운 성(城)이다. 바르트부르크는 1999년에 유네스코 세계문화유산에 등재됐다. '바르트부르크'란 이름은, 성을 설립한 루트비히 백작이 성을 세울 자리를 발견하고는 "기다려라(Warte), 이곳에 나의 성(Burg)을 세울 것이다"라고 한 데서 유래한다. '바르트부르크'(Wartburg)를 직역하면 '성을 기다려라!'란 뜻이다. '바르트부르크'의 또 다른 의미는 '깨어 있는 성'(Wachburg) 혹은 '파수꾼의 성'(Wächterburg)이다. 1777년에는 독일의 대문호 괴테(Johann Wolfgang von Goethe, 1749~1832)가 바르트부르크를 방문해 폐허의 그림을 남기기도 했다. 괴테는 바르트부르크를 찾는 수많은 순례객을 보고 이곳에 박물관을 만들 것을 제안하였다. 오늘날의 바르트부르크는 19세기 초에 작센의 대공이 대부분 재건한 것이다.

루터는 보름스 제국의회에서 쫓겨와 이곳에서 1521년 5월 4일부터 1522년 3월 1일까지 융커 외르크(Junker Jörg)라는 이름의 기사 신분으로 숨어지냈다. 바르트부르크에 숨어있는 동안 루터는 신약성경을 그리스어에서 독일어로 번역했다. 1521년 12월에 시작해 이듬해 3월 1일까지, 11주 만에 루터는 '독일어 성경'이란 위대한 업적을 남겼다. 그는 성직자의 전유물이었던 라틴어 성경을 대중이 읽을 수 있는 독일어로 번역했다. 번역 작업은 신약성경 그리스어 원전에서 일상의 언어인 독일어로 직접 번역했다. 루터는 라틴어 성경으로 인한 오류들을 바로잡고자 했다.

루터가 성경을 번역한 방(Lutherstube)

루터 당시 성경은 라틴어 필사본뿐이었다. 그래서 성경이 500굴덴(우리 돈 약 5억 원)으로, 부의 상징이었다. 일반 노동자 2~3주 노동 임금이 1굴덴(약 100만 원)이었다고 하니, 억대 부자가 아니면 성경을 가질 수 없었다. 루터는 누구나 쉽게 성경을 읽을 수 있게 독일어로 번역했다. 그의 수고로 성경은 1.5굴덴에 독일 전역에 보급되었다. 일반 신자들은 성직자들의 지배에서 벗어나 이제 자유롭게 성경을 읽을 수 있게 되었다. 루터의 성경 번역은 영어, 프랑스어 등 다양한 자국어 성경들이 출현하는 계기가 되었다. 그리고 성경은 누구나 읽고 배울 수 있는 '하나님의 말씀'으로 빛을 보게 되었다. 독일어 성경은 교회를 개혁시킨 기반이 되었고, 표준 독일어의 효시가 되었다.

고래 척추 발 받침대

바르트부르크의 루터 방

바르트부르크의 다락방(일명, 루터 방)에서 숨어지내면서 루터는 신약성경을 번역했다. 벽에 걸려 있는 액자 속의 루터는 융커 외르크 기사로 변장한 모습이다. 턱수염에 검은 옷을 입은 루터를 아무도 알아채지 못했다. 책상 위에는 그 자리에서 번역한 '9월의 성경'이 펼쳐져 있다. 루터는 '루터 방'에서 인문주의자 에라스무스(Desiderius Erasmus, 1466~1536)가 편찬한 그리스어 신약성경(1519년 제2판)을 11주 만에 독일어로 옮겼다. 루터 번역본은 1522년 9월에 비텐베르크에 있는 루카스 크라나흐의 인쇄소에서 출간되었다. 이 성경을 '9월의 성경'이라고 부른다. 구텐베르크의 인쇄술 덕분에 성경을 대량으로 찍어 대중들에게 판매할 수 있었다. 초판으로 3,000부를 찍었다. 물론 한 권당 가격은 여전히 비쌌다. 하지만 성경은 출판되자 곧 품절 되었다. 1534년 루터의 성경은 소 2.5마리 가격(1,300만 원)이었다. 1456년엔 성경 한 권이 소 14마리 가격이었다고 하니 루터의 성경이 훨씬 싼 편이다. 1734년에도 소 한 마리로 성경 36권을 살 수 있을 정도로 비쌌다. 그래서 돈 있는 사람이 성경을 사면 여러 사람이 돌려 읽었다. 종교개혁 이전에는 상상도 할 수 없는 일이었다. 돈이 있어도 사제가 아니면 성경을 읽을 수 없었다. 루터 덕분에 '누구나', '자유롭게' 성경을 읽을 수 있게 된 것이다.

‘루터 방’에서 루터의 유일한 유품은 고래 척추로 만든 ‘발 받침대’다. 이것은 1669년에 작성된 가장 오래된 바르트부르크 목록에 적혀 있어 알려졌다. 하지만 발 받침대가 언제, 어떻게, 어디에서 왔는지는 불분명하다. 요나의 고래 이야기 때문인가? ‘고래 뼈’ 성물은 다른 곳에서도 발견된다. 마그데부르크 대성당에는 고래 뼈가 보관되어 있고, 비텐베르크 성채 교회는 고래 갈비뼈를 보존하고 있다. 고래 갈비뼈는 발트해에서 죽은 고래에서 나왔으며, 1324년에 발트해 남쪽 연안에 있는 독일 도시 포메른(Pommern)의 공작이 이 뼈를 비텐베르크로 보내면서 교회의 성물이 되었다. 현자 프리드리히는 고래의 두 번째 갈비뼈를 얻었다.

바르트부르크에 있는 고래 척추도 같은 고래의 것으로 추정하지만, 입증되지는 않았다. 루터가 바르트부르크에서 공부하고 번역할 때 이 뼈를 발 받침대로 사용했는지는 여전히 불투명하다. 하지만 성의 목록 외에도 고래 척추는 18세기 초부터 역사적 문헌 속에서 계속해 언급되고 있으며, 그 후 루터 방을 묘사할 때마다 등장하고 있다. 1952/1953년에 루터 방 안에 있던 모든 ‘루터의 유물들’(상자, 술잔, 전등 등등)을 제거하면서 고래 척추만 유일하게 남겨 두었다. 고래 척추를 가장 신빙성 있는 루터의 유물로 본 것이다. 그런데 고래 척추를 발 받침대로 책상 옆 바닥에 놓다 보니 사람들에게 주목받지 못하고 있다. 루터가 직접 사용한 것은 루터 방의 책상도 의자도 아닌, 고래 척추 발 받침대였는데 말이다.

루터 방. 고래 척추 발 받침대

루터 방의 잉크 자국

루터 방의 벽난로. 그 옆에 움푹 파인 벽이 루터가 던진 잉크 자국이 있던 자리다.

전설에 따르면, 악마는 1521/1522년 겨울에 바르트부르크 방에 있는 루터를 몹시 괴롭혔다고 한다. 루터는 어린 시절부터 악마와 씨름하며 지냈다. 그런데 숨어지내는 루터 방에서도 악마를 맞닥뜨린 것이다. 어느 날 독일어 성경 번역에 집중하고 있는 루터의 귀에 긁는 듯한 굉음이 들렸다. 루터는 이 소리가 성경 번역을 방해하려는 악마의 짓이라고 생각했다. 그는 악마를 몰아내기 위해 대담하게 잉크병을 들어 악마의 얼굴을 향해 던졌다. 파란색 잉크는 벽난로 옆 벽에 흩뿌려졌다. 그로 인해 벽에는 파란 잉크 자국이 남게 됐다. 지금은 잉크 자국이 있던 자리에 움푹 파인 벽만 있다. 당시 바르트부르크 루터 방에서 실제로 무슨 일이 일어났는지는 아무도 모른다. 루터는 바르트부르크 다락방에서 있었던 많은 일을 전하고 있지만, 잉크 얼룩에 대해서는 침묵하고 있다.

1650년 이후에 나온 글과 그림들은 벽의 얼룩에 대해 집중해 전하고 있다. 그러나 벽에 있는 잉크 자국이 루터 시대의 것인지는 여전히 의문이다. 후에 잉크 자국은 십여 번 덧칠해지기도 하고 새로운 자리로 옮겨지기도 했다. 루터 방을 찾은 방문객들은 벽을 만지기만 한 게 아니라, 잉크 자국을 유물이라고 생각해 벽을 긁어 부스러기를 집에 가져가기도 했다. 그러다 보니 지금은 잉크 자국은 보이지 않고, 대신 움푹 파인 벽만 남게 됐다. 녹색 난로 뒤쪽 위에도 얼룩이 있었다. 전해 오는 바에 따르면, 루터는 잉크 병을 번역 작업을 할 때가 아닌, 밤중에 침대에서 던졌을 것으로 추정한다. 그가 방에서 (마귀가 내는) 소음으로 인해 잠을 잘 수 없었기 때문에 던졌다는 것이다. 그러나 그가 침대에서 잉크병을 어떻게 집어들 수 있었는지는 의문이다. 어찌 되었든, 루터가 잉크병을 던져 생긴 잉크 자국이 있었던 것만은 분명하다. 다만, 작업 중 마귀를 쫓고자 잉크병을 던진 것인지, 마귀로 인해 잠을 못 자서 던진 것인지 알고 있는 자는 루터뿐이다.

바르트부르크 연회장

음유시인대회와 음악회가 열린 연회장

바르트부르크 안에는 '루터 방' 외에도 역사적으로 중요한 방들이 있다. 그중 하나가 음유시인대회와 음악회를 열었던 연회장이다. 중세의 음유시인이란 12세기에서 14세기에 걸쳐 활동하던 시인이나 방랑 시인을 가리킨다. 음유시인 중에는 크게 출세하지 못한 귀족이나 기사 출신이 많았다. 13세기 초 바르트부르크 연회장에서는 독일의 음유시인들의 경연 대회가 열리곤 했다. 1842년 독일의 작곡가이자 연주자, 지휘자인 빌헬름 리하르트 바그너(Wilhelm Richard Wagner, 1813~1883)가 여행 중 이곳에 머물렀는데, 그때 오페라 탄호이저를 구상했다.

엘리사벳 방과 회랑

바르트부르크 안에는 화려한 모자이크화로 방 전체를 메운 '엘리사벳 방'과 14개의 프레스코화로 일생을 묘사한 '엘리사벳 회랑'이 있다. 헝가리의 프레스부르크에서 국왕 앤드레 2세(Endre II)와 왕비 게르트루다(Gertruda)의 딸로 태어난 엘리사벳(Elisabeth)은 4살 때 정치적 이유로 튀링엔의 영주 헤르만 1세의 둘째 아들인 루트비히 4세(Ludwig IV)와 약혼했다. 약혼 후 엘리사벳은 독일의 사절단을 따라 바르트부르크에 와서 루트비히와 함께 지냈다. 둘은 서로 신앙이 두터운 남매처럼 사이좋게 지냈으며, 신심이 깊은 시어머니의 영향으로 엘리사벳도 깊은 신앙인으로 자라게 되었다.

1217년 4월 25일 헤르만 1세가 죽자 17살이었던 루트비히는 튀링엔의 백작이 되었다. 1218년 7월 6일 기사 작위를 받은 21살의 루트비히는 14살의 엘리사벳과 1221년 늦은 봄에 결혼했다. 둘 사이에 세 명의 자녀를 두었다. 그러나 불운하게도 남편 루트비히 4세가 1227년에 십자군에 가담하였다가 이탈리아 오트란토에서 전염병으로 사망하고 말았다. 그 후 여왕이 된 엘리사벳은 자선활동

튀링엔의 성녀 엘리사벳

에 전념하며, 재산을 가난한 사람들에게 나눠주었다. 그녀는 자녀들을 위해 대비책을 마련한 뒤, 작은형제회 재속 회원이 되어 세속을 떠났다. 엘리사벳은 헤센주에 있는 마르부르크 성에 살면서 가난하고 병든 사람들을 돌보며 헌신했다. 병든 사람들을 위하여 직접 음식을 날라주고 옷을 지어 주기도 했다. 그러나 시동생은 가난한 사람들에게 재산을 나눠주는 그녀를 못 마땅히 여겨 마르부르크 성에서 쫓아냈다. 얼마지나 엘리사벳이 죽게 되었다는 소식을 전해들은 시동생은 그녀를 다시 성으로 데려왔다. 4년 후 그녀는 마르부르크 성에서 죽음을 맞이하게 됐고, 아들은 아버지 루트비히 4세의 뒤를 이어 백작이 되었다.

헝가리 출신의 엘리사벳은 사후 독일인들에게 가장 사랑받는 '구제와 구휼의 성녀'가 되었다. 그녀는 1235년 5월 28일 성령 강림 대축일에 이탈리아 페루자(Perugia)에서 교황 그레고리우스 9세(Gregorius IX)에 의하여 시성 되었다. 성녀 엘리사벳은 24살의 젊은 나이에 운명하였지만, 오늘날에는 작은형제회 재속 3회의 수호성인으로 높은 공경과 사랑을 받고 있다. 14세기 이후 엘리사벳의 성화는 망토에 장미꽃을 담고 있는 모습으로 그려졌는데, 그것은 그녀의 천부적인 자선 행위에서 연유한다. 엘리사벳이 4살 되었을 때 궁중 부엌의 음식을 몰래 가지고 나와 성 앞의 걸인에게 주곤 했다. 그러던 어느 날 아버지와 마주쳤다. 아버지는 딸에게 무엇이냐고 묻자, 어린 공주는 놀라 "장미예요"라고 대답했다. 보여 달라는 말에 치마를 펼치자 빵은 장미로 변해 있었다. 장미의 기적을 본 아버지는 그때부터 그녀가 원하는 대로 얼마든지 가난한 이들에게 주어도 좋다고 허락했다. 그래서 성 엘리사벳의 성화에는 장미꽃이 그려지게 되었고, 그녀는 빵 제조업자와 빵집의 수호성인이 되었다.

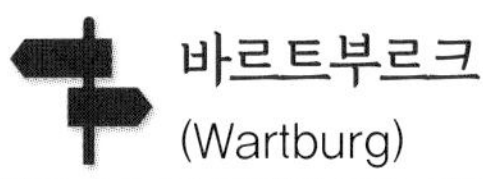

바르트부르크
(Wartburg)

주 소	Auf der Wartburg 1, 99817 Eisenach
연 락 처	Tel. +49 3691 2500
개방시간	11월~3월, 가이드 관람 매일 9:00-15:30 / 외부 관람 17:00 시까지 (가이드 동반 관람, 마지막 가이드 15:30, 영어 가이드 매일 13:30) 4월~10월, 가이드 관람 매일 8:30-17:00 / 외부 관람 20:00 시까지 (가이드 동반 관람, 마지막 가이드 17:00, 영어 가이드 매일 13:30)
입 장 료	궁전, 박물관, 루터 방, 도서실 관람 성인: 12유로, 단체(15명 이상): 10유로(1인당), 할인(27세 이하 대학생, 장애인): 8유로, 초중고생: 5유로, 가족: 29유로(부모 또는 조부모 + 18세 이하 학생), 6세 이하 어린이: 무료 (※ 25명 이상 단체는 예약 요망)
사진촬영	카메라 조명과 삼각대 없이 촬영 2유로

누구나 읽게 된 성경

루터, 이단자가 되다

1517년 10월 31일 독일 비텐베르크 성채 교회 문에 붙인 「95개 조 반박문」의 파장은 독일을 넘어 로마 교황청에까지 미쳤다. 루터는 단지 면죄부의 오용에 대해 비판했을 뿐인데, 교황청에서는 교황권에 대한 도전으로 받아들였다. 더욱이 로마교회가 보기에 루터는 '새로운 교회'를 세우려고 한 이단아였다. 교황청은 교황의 권위를 추락시킨 루터를 설득하려 했다. 그러나 누구도 그의 신념을 꺽질 못했다. 이탈리아의 뛰어난 학자 출신 추기경 카예탄도, 로마교회의 대표적 신학자 요한 엑크도 루터와의 논쟁에서 이길 수 없었다. 성경에 근거하지 않는 이성에 의한 논증은 루터의 신념을 바꾸지 못했다. 루터에게 성경의 권위보다 높은 권위는 없었다. 교황도 공의회도 성경의 권위보다 높을 수 없었다. 성경만이 교회의 최종 권위였다. 교회는 1521년 1월 3일 교서 『로마 교황이 가르친다』를 통해 루터를 파문했다. 루터는 보름스 제국의회 심문(1521. 4. 18)에서 다음과 같은 말을 남기고 로마 가톨릭교회의 영원한 이단자가 됐다.

"저는 교황도 공의회도 믿을 수 없습니다. 그들도 자주 오류를 범했고, 서로 모순되었기 때문입니다. 따라서 만일 저를 성경의 증거나 이성적으로 납득할 수 있는 근거들을 통하여 반박하지 않는다면 저를 지배하고 있는, 제가 증거로 제시한 성경 말씀들로 인하여 저는 더 이상 뒤로 물러서지 않을 것입니다. 그리고 제 양심은 하나님의 말씀 속에 사로잡혀 있습니다. (...) 나는 달리 아무것도 할 수 없습니다. 제가 여기에 서 있습니다. 하나님이여 나를 도우소서. 아멘."

1521년 보름스 칙서는 '루터는 이단자이며, 그의 책은 모두 불태워져야 하고, 그를 숨겨주는 사람은 사형에 처한다'고 공표하였다. 이후 루터는 쫓기는 몸이 되었다.

쫓기는 루터, 성경을 번역하다

융커 외르크 기사로 변장한 루터

교황청은 이단자 루터를 잡아들이려 했으나, 작센의 영주 프리드리히 현자가 루터를 아이제나흐의 바르트부르크로 피신시켰다. 루터는 성 꼭대기 다락방에서 융커 외르크라는 기사로 변장해 약 10개월(1521.5.4~1522.3.1)간 숨어 지냈다. 그러나 루터의 시련은 교회의 역사를 바꿔 놓았다. '독일어 성경'이란 위대한 업적을 남겼다. 루터는 좁은 다락방에서 신약성경을 그리스어 원전에서 대중이 읽을 수 있는 독일어로 번역했다. 루터 당시 교회는 라틴어 성경을 사용했고, 라틴어를 모르는 일반 신자들은 교황과 사제가 성경을 해석해주는 대로 받아들여야 했다. 사제들은 성경해석의 권한을 통해 신자들을 맘대로 조정하려 했다. 그릇된 성경해석으로 면죄부 판매조차 정당화했다. 그러나 루터의 독일어 성경으로 교회 권력에 빨간불이 켜졌다. 이제 교회는 귀족, 수도자, 성직자가 아닌 '대중'이 중심에 설 수 있게 되었다. 신자들은 성직자들의 지배에서 벗어나 자유롭게 성경을 읽을 수 있게 되었다. 루터의 성경 번역은 다양한 자국어 성경들이 출현하는 계기가 되었다.

성경 번역, 보통사람의 눈높이에 맞추다

루터가 번역한 독일어 성경

루터는 성경을 번역할 때 단순히 문자적으로 번역하지 않았다. 그는 구약의 히브리어와 신약의 그리스어 원문에 충실하면서도 문자 하나하나에 구속되지 않고 자유롭게 번역하려 했다. 특히 루터는 "가정의 아낙네들, 거리의 아이들, 시장의 보통사람들"이 이해할 수 있는 대중적 눈높이의 성경 번역을 추구했다. 그는 11주 만에 독일어 신약성경을 완성했다. 1522년 9월, 인쇄한 3천 부 신약성경은 순식간에 다 팔렸다. 성경에 목말라 하던 신자들에게 루터의 독일어 성경은 '오아시스'였다. 루터는 신약에 이어 구약도 독일어로 번역해 1534년 독일어 구약성경을 배포했다. 독일어 성경은 인쇄하기가 무섭게 독일 전역에서 판매됐다. 여기엔 구텐베르크(1398-1468)의 금속 활판 인쇄술이 한몫했다. 그가 없었더라면 루터의 종교개혁이 비텐베르크에서 멈췄을 것이다. 성경의 대중 보급도 불가능했을 것이다. 루터의 독일어 성경은 독일교회의 표준성경이 되어 지금도 사용되고 있다.

루터는 그가 번역한 독일어 성경을 누구나 읽을 수 있길 바랐다. 그러나 문맹률이 높았던 당시, 독일어를 읽을 줄 아는 사람은 전체 국민의 10%에 불과했다. 루터는 90%의 글자를 모르는 사람들을 위해 시장과 지배층에게 학교설립을 요청했다. 마침내 개신교 지역에 학교가 세워지게 되었고, 루터의 독일어 성경은 학교에서 오랫동안 유일한 독일어 교재로 사용되었다. 루터가 사용한 고지(高地)독일어는 현대표준 독일어가 되었고, 그의 성경 번역은 독일어와 문법을 통일시켰다. 독일인들은 통일된 언어로 말하면서 서로 연대의식을 가질 수 있었다. 독일어의 표준화는 독일 민족주의 형성에 중요한 역할을 하였고, 루터는 마침내 독일의 영웅이 되었다.

성경 번역은 루터 이전에 이미 영국의 신학자 존 위클리프(1320~1384)와 체코의 신학자 얀 후스(1369~1415)에 의해 시도된 바 있다. 그러나 이들의 자국어 성경 번역은 로마 교황청의 반대로 난관에 부딪혔다. 성경을 읽고 해석하는 일은 교회와 교황의 권한이었다. 성경번역자 위클리프와 후스는 이단자로 찍혀 처형되고 말았다. 하지만 개혁의 물결은 누구도 막을 수 없었다. 위클리프와 후스의 성경 번역은 100년 후 루터에 의해 완성되었다. 루터는 '오직 교회'가 아니라 '오직 성경'을 외쳤고, 그의 성경 번역으로 성경은 누구나 읽고 배울 수 있는 '하나님의 말씀'으로 빛을 보게 되었다.

루터 기념비
Lutherdenkmal

카를 광장(Karlsplatz, 칼스플라츠)에 있는 루터 기념비(Lutherdenkmal)는 1882년 마르틴 루터 400주년 탄생 기념으로 제작되었다. 바이마르의 조각가 아돌프 폰 돈도르프(Adolf von Donndorf, 1835~1916)가 만들었으며, 카를 광장에 세워졌다. 루터 기념비는 1896년 5월 4일에 루터가 '융커 외르크'(Junker Jörg)라는 이름으로 바르트부르크에 입성한 375주년을 기념하여 봉헌됐다.

불굴의 루터를 보여주는 청동 기념물은 붉은색 화강암 위에 서 있다. 루터 동상 아래에 있는 세 개의 부조는 '학생과 아동합창단원의 루터', '성경 번역', '융커 외르크로서 루터'를 묘사하고 있다. 루터는 목사 가운을 입고 있고, 손에는 성경을 들고 당당한 모습으로 서 있다. 루터의 그림과 동상에는 대부분 '성경'이 들려있다. 종교개혁가 루터에게 신앙에 있어서 가장 중요하고 기초가 되는 것이 '성경'이었던 것이다. 기념비의 앞면은 루터가 바르트부르크에 도착한 것을 기념하고 있고, 뒷면에는 루터의 찬송가 가사인 "우리의 하나님은 강한 성이다"(Ein feste Burg ist unser Gott, 한국어 찬송가 "내 주는 강한 성이요") 라는 문구가 적혀 있다. 매년 루터의 생일인 11월 10일 '마르틴의 날'에는 루터 기념비 앞에서 축제가 열린다.

11

프로테스탄트의 도시 슈파이어

도시정보

순례자 야고보

라인강 서쪽 연안에 있는 슈파이어는 라인란트팔츠(Rheinland-Pfalz)주에 속해 있으며, 독일에서 가장 오래된 도시 중 하나다. 인구 5만 명의 슈파이어는 도시 하이델베르크와 만하임에서 가깝다. 슈파이어는 독일의 대표적인 역사 도시로, '황제와 마리아 대성당'(Kaiser- und Mariendom)으로 유명하다. 이 대성당은 세계에서 가장 큰 로마네스크 양식의 교회이며, 1981년에 유네스코 세계유산에 등재되었다. 아데나우어 공원에는 1982년부터 1998년까지 독일 총리를 역임했던 헬무트 콜(Helmut J.M. Kohl, 1930~2017)의 소박한 묘지가 있다. 슈파이어는 보름스, 마인츠와 함께 유대인 문화 유적지로 중세 때 있었던 유대인 회당이 보존되어 있다.

슈파이어는 종교개혁 시기에 '프로테스탄트'라는 개신교 이름이 탄생한 역사적 무대다. 1529년에 있었던 제국의회에서 카를 5세의 정책에 항의하는 루터 지지자들을 향하여 '프로테스탄트'라고 부른 게 계기가 되어 '프로테스탄트'가 '개신교'를 지칭하는 상징어가 되었다. 이로써 슈파이어는 '프로테스탄트'(개신교)의 탄생 도시가 되었다. 이것을 기념하는 교회가 프로테스탄트 기념교회다.

슈파이어 대성당
Speyerer Dom

로마네스크 양식의 슈파이어 대성당(Speyerer Dom)은 보름스 대성당, 마인츠 대성당과 함께 잘리어왕조 시대에 라인강 변에 세워진 3대 황제 대성당 중 하나다. 잘리어의 황제 콘라트 2세(Konrad II)는 서양에서 가장 큰 교회를 세우고자 1025년에 교회 건축을 시작했다. 오랜 세월에 걸쳐 교회는 개축되다가 1858년에 오늘날의 모습을 갖추게 됐다. 슈파이어 대성당은 개신교도를 의미하는 '프로테스탄트'라는 말이 시작된 곳이다. 루터가 직접 방문한 적은 없지만, 루터의 종교개혁에 영향을 받은 도시 중 하나다.

루터가 95개 조 반박문을 내걸었던 1517년 10월 31일 이후 빠르게 세를 불려나간 루터파는 가톨릭 신앙의 도시인 슈파이어에서 1526년 제1차 제국의회를 통해 제한적이나마 최소한의 신앙의 자유를 인정받을 수 있었다. 그러나 루터파의 신앙의 자유는 3년 후 황제 카를 5세에 의해 위협받게 됐다. 19세의 나이로 1519년 신성로마제국의 황제로 선출된 카를 5세는 신성로마제국의 황제 자리를 놓고 경쟁했던 프랑스 국왕 프랑수아 1세와 끊임없이 전쟁을 치렀고, 국경을 넘어오는 오스만투르크와도 싸워야 했다. 이런 상황 속에 카를 5세는 루터파에게 베풀 종교적 관용보다도 외부의 적을 처리하는 게 더 급했다. 그는 적들로부터 왕좌를 지키기 위해 루터파에게 포용정책을 펼치며 회유했다. 먼저 루터파가 황제와 함께 적을 퇴치하면 제1차 제국의회에서 결의한 '신앙의 자유'를 주겠다고 약속했다. 황제는 루터파의 도움으로 프랑스와의 전쟁에서 승리를 거둘 수 있었다. 하지만 카를 5세는 마음을 바꿔 루터파에게 신앙의 자유 대신 가톨릭으로의 복귀를 강요했다.

슈파이어 대성당 제단

1529년 4월 19일에 열린 제2차 슈파이어 제국의회에 루터파 제후 6명과 14개 자유도시 대표들이 참석했다. 이들은 카를 5세 앞에서 '가톨릭으로의 복귀' 명령에 굴복하지 않고, 오히려 종교의 자유를 인정한 3년 전 약속을 지키라고 역공했다. 그리고 약속 불이행에 대한 '항의 서한'을 제시했다. 여섯 명의 제후들과 14개 제국 도시의 대표자들은 1521년 보름스 칙령에 명시된 루터에 대한 모든 법적 권리 박탈과 그 집행을 재촉하는 제국의회의 결의에 대해 정식으로 '저항'(Protestatio) 했다. 제국의회에 참석했던 황제파 가톨릭 사람들은 저항하는 루터파 사람들을 향해 '프로테스탄트'(Protestant, 항의하는 자)라고 소리쳤다. 이때부터 '프로테스탄트'는 개신교도를 통칭하는 용어가 됐다. 이것을 계기로 그리스도교가 가톨릭과 개신교로 양분되었다.

루터 자신은 로마가톨릭교회와 신성로마제국의 지배에 저항한다는 의미의 '프로테스탄트'보다는, '복음'의 정신을 회복한다는 의미에서 개신교회를 복음적인 교회 즉 'evangelisch'(복음적인)라고 부르기를 원했다. 그래서 독일어권에서는 '에방겔리쉬'(evangelisch)라는 말을 개신교를 지칭하는 말로 사용하게 되었고, 개신교회를 '에방겔리쉐 키르헤'(Evangelische Kirche, 복음교회)라고 부르게 되었다.

크립타(지하제실)

대성당 지하교회

슈파이어 대성당에는 가로 35m, 세로 45m의 넓고 큰 규모의 교회 지하 제실(Krypta, 크립타)이 있다. 오스트리아 구르크 대성당 크립타, 이스트리아 성 펠라기우스 크립타, 이탈리아 바티칸 크립타, 독일 니더작센 뇌르텐 크립타와 함께 유럽의 5대 크립타 중 하나가 슈파이어 대성당 크립타이다. 이곳은 세계에서 가장 크고 아름다운 지하교회다. 크립타는 대체로 예배실 제단 바로 아래에 있다. 슈파이어 대성당 크립타도 제단 밑 지하에 자리하고 있다. '지하교회' 혹은 '교회 지하제실'이란 의미의 '크립타'는 '하나님의 공간'이다. 제단 바로 아래에 있어 하나님께 가까이 갈 수 있는 장소다. 그런 이유로 크립타에는 주로 성자나 순교자의 유해가 모셔져 있다. 슈파이어 대성당 크립타에는 독일 황제들과 왕들, 여왕 4명, 슈파이어 대성당의 주교들의 석관이 안치되어 있다. 황제 콘라트 2세(Konrad II, 1039년 사망)와 황비 기젤라(Gisela, 1043년 사망)의 석관이 가장 오래된 것이다. 그 외에도 1056년부터 1309년까지 죽은 황제와 왕, 왕손들의 석관이 크립타에 있다.

주교들의 무덤

왕족들의 무덤

슈파이어 대성당
(Dom zu Speyer)

주　　소 Domplatz, 67346 Speyer

개방시간 월–토 9:00–17:00, 일 11:30–17:30

기 도 실 개　　방 월–금 7:00–17:00, 토–일 7:30–17:00

입 장 료 성인 3.80유로, 할인 1.50유로

슈파이어 프로테스탄트 기념교회
Die Gedächtniskirche der Protestant zu Speyer

슈파이어 프로테스탄트 기념교회(Die Gedächtniskirche der Protestant zu Speyer, 1893-1904)는 '프로테스탄트'라는 말이 시작된 1529년 4월 19일 제2차 슈파이어 제국의회를 기념하기 위해 건축됐다. 이 기념교회는 교황 비오 9세가 소집한 제1차 바티칸공의회(1869-1870)에 대한 반발과 당시 독일 전역에서 전개된 개신교와 가톨릭 간의 문화투쟁을 배경으로 1893년에서 1904년까지 지어진 신고딕 양식의 건축물이다. 교회 탑은 100m로 팔츠 지역에서 가장 높다.

프로테스탄트 기념교회를 지을 당시 기념교회는 모든 개신교회의 주(主) 교회가 되어야 한다고 생각했다. 그러나 꿈이 너무 컸던 것일까? 기념교회는 해외뿐 아니라, 독일에서도 잘 알려지지 않았다. 기념교회를 짓기 전, 개신교도들 간에 의견이 일치하지 않아 어려움을 겪기도 했다. 처음 기념교회 건축 구상에서부터 기공식에 이르기까지 35년 이상을 격렬하게 논쟁했다. 기념교회는 1846년에서 1856년까지 요한 폰 슈라우돌프(Johann von Schraudolph, 1808~1879)를 통해 개조된 슈파이어 대성당과는 다른 양식으로 건축되어야 했다. 더 중요한 것은 개신교 교회는 가톨릭 대성당 뒤에 세워서는 안 된다고 생각했다. 기념교회는 로마네스크 양식의 슈파이어 대성당과는 다르게 지어야 했다. 교회 건축 공모전을 실시했는데, 독일 전역에서 45개 팀이 응모했다. 최종적으로 선정된 5개 팀 모두가 신고딕 양식의 교회 건축을 제안했다. 1884년 11월에 건축협회가 주는 최우수상은 에센의 율리우스 플뤼게(Julius Flügge)와 칼 노르트만(Carl Nordmann)에게 돌아갔다.

프로테스탄트 기념교회는 신 고딕 양식을 대표한다. 이 교회는 전형적인 고딕 양식의 가톨릭 대성당처럼 온전히 역사적 고딕 양식으로 건축됐다. 교회 제단은 개신교 전통에 따라 단순한 사각의 상 모양을 하고 있다. 1908년에는 고딕 양식의 제단이 추가되었다. 제단 중앙 금 모자이크 면에는 '가르치는 그리스도' 상이 오른팔을 벌리고 서 있다.

프로테스탄트 기념교회는 슈파이어 시내 중심에서 좀 떨어진 남서쪽에 위치한다. 교회 입구에는 독일-미국 루터교 재단이 후원해 제작된 루터 동상이 서 있다. 루터는 왼손에는 성경을 펼쳐 들고 있고, 오른쪽 발로는 교황의 파문장을 짓밟고 있다. 동상 아래 바닥에는 다음과 같은 글귀가 적혀 있다. "여기 제가 서 있습니다. 저는 달리 아무것도 할 수 없습니다. 하나님이여 나를 도우소서. 아멘!(Hier stehe ich, ich kann nicht anders, Gott helfe mir, Amen!)." 이 글은 루터가 1521년에 보름스 제국의회에 섰을 때를 기념하기 위해 새긴 것이다.

제단 중앙의 가르치는 그리스도상

기념교회 입구에 있는 루터 동상. 바닥에 1521년 보름스 제국의회에서 한 루터의 말이 새겨져 있다.

스테인드글라스

교회 2층 스테인드글라스.
루터의 95개 조 반박문과 예수의 산상설교

프로테스탄트 기념교회는 36개의 스테인드글라스가 있다. 고딕 대성당처럼 다양한 의미를 담고 있는 채색된 창문 벽은 예배당의 중요한 부분을 차지한다. 기념교회의 스테인드글라스는 당시 독일 내 유명한 여러 도시의 아틀리에에서 제작됐다. 36개의 창은 중요한 역사적 의미를 담고 있다. 제단의 정면에는 '부활한 그리스도'의 스테인드글라스가 있다. 오른편에는 '사도 바울'과 '루터와 멜란히톤'의 스테인드글라스가 있다. 왼편에는 '사도 요한'과 '칼뱅과 츠빙글리'의 스테인드글라스가 있다. 제단의 우측 벽 입구쪽에는 믿음, 소망, 사랑을 각각 표현한 스테인드글라스가 있다.

교회 2층에는 세 개의 커다란 스테인드글라스가 있다. 이 창문은 세 개의 사건을 통해 그리스도인들이 어떤 삶을 살아야 하는지를 표현하고 있다. 하나는, 1517년 루터가 비텐베르크 성채 교회 문에 「95개 조 반박문」을 붙이는 장면을 묘사한 '종교개혁 창문'이다. 이것은 예수와 모세에게 나타난 '하나님의 뜻'을 상징한다. 그 옆에는 예수가 산상설교를 하는 모습이 담긴 창문이 있다. 이 창문은 행복의 일반적인 기준과는 다르게 진정한 행복이 어디에서 오는지 알려준다. 즉 가난한 마음, 애통, 온유, 정의, 자비, 화평 그리고 고난 속에 참 행복이 있음을 가르쳐 준다. 나머지 창문에는 모세가 시내산에서 십계명을 받는 장면이 묘사되어 있다. 십계명은 유대교와 그리스도교에서 중요한 의미를 담고 있다.

교회 입구쪽 우측 벽에 있는 스테인드글라스 세 개에는 '믿음, 소망, 사랑'의 메시지가 색유리로 모자이크되어 있다. 그리스도께서 "이보다 더한 믿음을 볼 수 없다"고 하신 백부장의 모습을 통해 '믿음'을 보게 되고(마 8:5-13), 예수님을 다른 방법으로 맞이한 마리아와 마르다의 모습에서 '사랑'을 발견하게 된다(눅 10:38-42). '소망'은 스데반 집사가 돌에 맞아 순교하던 중, 눈을 들어 영원의 세계, 곧 하늘을 바라보는 모습이 표현되어 있다(행 6:1-15).

멜란히톤과 루터(좌), 바울, 부활한 그리스도(중앙), 요한, 칼뱅과 츠빙글리(우)

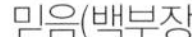

믿음(백부장)

소망(스데반)

사랑(마르다&마리아)

프로테스타치오

슈파이어,
프로테스탄트 기념교회에 있는
프로테스타치오

보름스,
루터 기념비에 있는 프로테스타치오

프로테스탄트 기념교회에 있는 '프로테스타치오'(저항) 그림은 당대 화가 프리드리히 울름의 작품이다. 그는 슈파이어 대성당을 배경으로 '프로테스탄트' 사건을 여성으로 의인화해서 알레고리적으로 '저항'(Protestatio, 프로테스타치오)을 표현해 그렸다. '프로테스타치오'의 조각상은 보름스의 루터 기념비에서도 볼 수 있다.

슈파이어 프로테스탄트 기념교회
(Prot. Gedächtniskirchengemeinde)

주 소 Martin-Luther-King-Weg 1, 67346 Speyer

연 락 처 Tel. +49 (0)6232-2890077

개방시간 화-금 13:00-16:00, 토 10:00-16:00,
일요일 13:00-16:00, 공휴일 13;00-16;00, 월요일 휴무

예배시간 일요일 10:00(매월 둘째 일요일 11:00)

12 마르부르크

마르부르크 회담과 성만찬 논쟁

도시정보

마르부르크(Marburg)는 헤센주에 속한 도시로 란(Lahn)강 유역에 있다. 슬로베니아 드라우강 유역에 있는 마르부르크(Marburg an der Drau)와 구분하기 위해서 1974년부터 마르부르크의 정식 명칭을 '마르부르크 안 데어 란'(Marburg an der Lahn)이라고 한다. 마르부르크는 독일에서 손꼽히는 대학도시다. 인구 76,226명(2017년)의 마르부르크는 헤센주에서 여덟 번째로 큰 도시다. 마르부르크는 13세기부터 '도시'의 지위를 획득하였지만, 이 도시가 전면에 등장한 것은 종교개혁 이후부터다. 개신교가 공식 인정을 받지 못하던 시기에 당시 선제후였던 필립 1세(Philipp I)가 개신교를 지지하면서 마르부르크는 개신교 도시가 되었다. 필립 1세는 1527년 독일 최초의 프로테스탄트 대학교인 필립 대학교(Philipps-Universität)를 세웠다. 필립 대학교의 명성은 500여 년 동안 지속 되어 왔으며, 오늘날에도 신학과 의학 분야에서 명문대학으로 인정받고 있다. 마르부르크의 명소로는 구시가지에 있는 마르부르크 성과 엘리자베스 교회, '오버슈타트'(Oberstadt, 위 시가지)라고 불리는 구 대학건물이다. 특히 마르부르크는 1529년에 루터와 츠빙글리가 마르부르크 성에서 있었던 '마르부르크 회담'에 참여해 논쟁을 벌였던 유서 깊은 종교개혁도시다.

란트그라프 성
Landgrafenschloss Marburg

마르부르크의 란트그라프 성(Landgrafenschloss Marburg)은 튀링엔(Thüringen) 공국의 방백이 거주하던 성으로, 마르부르크 성(Marburger Schloss)이라고도 부른다. 밖에서 보는 성의 건물 중 가장 오래된 것은 13세기에 지어진 것이다. 헤센의 첫 번째 영주이자 성녀 엘리사벳의 손녀인 하인리히 1세가 이곳에 궁전을 세웠다. 제일 나중에 지은 건물은 빌헬름이 건축한 것으로 1493년에 주춧돌을 놓았다. 5층짜리 이 건물은 현재 마르부르크 대학교의 문화역사박물관(Museum für Kulturgeschichte)으로 사용하고 있다. 성 방문객들은 서쪽 날개 지하층에 있는 9세기와 10세기의 오래된 성터 유적지를 관람할 수 있다.

산 정상에 세워진 성에서는 마르부르크 시내가 한눈에 내려다보인다. 그래서 성이 있는 지역을 오버슈타트(Oberstadt)라고도 부른다. 마르부르크 성에서 필립 1세가 주선하여 열린 마르부르크 회담에서 독일의 종교개혁가 루터(Martin Luther)와 스위스의 종교개혁가 츠빙글리(Ulrich Zwingli)가 성만찬에 대해 열띤 토론을 벌였다. 마르부르크 성에는 아름다운 등산로와 궁정 정원이 있다.

란트그라프 성
(Landgrafenschloss)

주　　소 35037 Marburg

연 락 처 Tel. +49 6421 99120

개방시간 4~10월, 화-일 10:00-18:00 (월요일 휴무)
일요일 15:00 공공 투어
11월~3월, 화-일 10:00-16:00 (월요일 휴무)

입 장 료 성인 5유로, 할인 3유로

마르부르크 회담과 성만찬 논쟁

마르부르크 회담이 열린 란트그라프 성(또는 마르부르크 성)

마르부르크 성에서는 1529년 10월 1일부터 3일까지 '마르부르크 회담'이 열렸다. 최초의 개신교 선제후 중 한 사람이었던 필립 폰 헤센(Philipp von Hessen)은 1529년 10월 1일 루터와 츠빙글리를 마르부르크 성(Marburger Schloss)에 초청하여 마르부르크 회담을 진행하였다. 필립 선제후는 독일의 루터파와 스위스의 츠빙글리파가 신학적 입장의 일치를 통해 협력관계를 맺음으로써 로마가톨릭교회의 공세에 대항하고자 하였다. 이 회담에서 루터와 츠빙글리가 만나 성만찬 논쟁을 벌였다. 마르부르크 회담에서는 다양한 신학적 논제가 다뤄졌다. 회담에서 말씀과 성령, 원죄에 관한 교리는 의견이 일치했으나 성만찬에 대해서는 견해차를 보였다. 마르부르크 회담 이전부터 루터와 츠빙글리 사이에

갈등을 보인 성만찬 토론은 마르부르크 논쟁에서 정점을 찍었다.

루터를 비롯한 종교개혁가들은 성만찬 시 빵과 포도주가 실제로 예수님의 몸과 피로 변한다는 가톨릭교회의 화체설을 받아들이지 않았다. 이에 대항해 종교개혁가들은 공재설(루터)과 기념설(츠빙글리), 영적 임재설(칼뱅) 등 다양한 성만찬론을 제시하였다. 독일의 종교개혁가 루터는 성찬의 떡과 포도주가 본질이 변하지 않고, 대신에 그리스도가 그 요소들 '안에, 함께, 아래에' 임재한다는 공재설(consubstantiation)을 주장하였다. 그는 가톨릭교회의 화체설(trans-substantiation)에 대해 "사제가 그리스도의 실제 몸과 실제 피를 반복적으로 하나님께 드린다는 것은 가장 악한 일"이라고 비난하였다. 스위스 종교개혁가 츠빙글리는 고린도전서 11장을 근거로 성만찬은 죄의 대속물로 죽으신 그리스도의 희생을 기념할 뿐이라는 기념설(memorialism)을 제시하였다. 프랑스 출신의 개혁교회 신학자 칼뱅은 성찬 시 그리스도의 역동적 또는 영향적 영적 임재설을 주장하였다. 임재설에 따르면, 성찬식에서 빵과 포도주는 하나의 상징인 동시에 그 요소들 안에 내재 되어있는 영적 의미들을 믿음으로 받아들일 때 은혜를 받는다.

종교개혁가 루터, 칼뱅, 츠빙글리

1529년 10월 1일에 치러진 비공식 첫 회담에서 루터파와 츠빙글리파는 성만찬을 제외한 삼위일체론, 기독론, 원죄에 관해서는 일치된 견해를 보였다. 다음날 2일 공식회의에서는 신학자와 고관들이 참석한 가운데 성만찬에 대해 루터파와 츠빙글리파가 논쟁을 벌였다. 루터는 '이것은 내 몸이다'란 구절은 그리스도의 실제적 임재를 뜻한다고 주장하였다. 그리스도의 몸과 피는 빵과 포도주

안에 실제로 현존한다는 것이다. 빵과 포도주는 물질이며 상대적 요소지만, 빵과 포도주 '안에, 아래, 그리고 더불어' 그리스도 예수의 참된 살과 피가 임재한다고 표방하였다. 그러나 츠빙글리에게 성찬식은 상징적 기억의 의례일 뿐이다. 빵과 포도주는 우리를 위한 희생 제사에 드려지는 몸과 피의 표징에 불과하며, 구속 사역을 회상시켜 준다. 그래서 츠빙글리는 "이것은 내 몸이다"의 '이다'(est)를 '상징한다'로 해석하였다. 그리스도는 신앙의 명상을 통해서만 성만찬에 임재하지, 본질적으로 실제로 임재하지 않는다고 주장하였다.

이처럼 서로 다른 견해를 보이는 루터와 츠빙글리는 재차 성만찬에 대해 입장을 좁히려 했으나 실패하고 말았다. 필립 선제후는 양측을 설득시켜 1529년 10월 4일, 15개 신앙조항의 마르부르크 협약문을 반포하였다. 15번째 성만찬 조항은 양측이 견해를 달리했으나, 그 외의 신학적 교리에서는 입장을 같이하였다. 15번째 성만찬 조항의 내용은 다음과 같다.

> 15. 우리 모두는 우리 주 예수 그리스도의 성찬에 관하여 그리스도께서 제정하신 대로 떡과 포도주를 모두 사용해야 한다고 믿는다(우리는 또한 미사는 어떤 다른 사람-그가 살아 있거나 죽었거나 간에-을 위하여 은혜를 확실히 보장하는 일이 아니라고 믿는다). 우리는 또한 성찬대의 성례전은 예수 그리스도의 참다운 몸과 피의 성례전이라는 것과, 동일한 몸과 피에 영적으로 참여하는 것이 모든 그리스도인에게 특별히 필요하다고 믿는다. 마찬가지로 말씀과 같이 성례전의 사용은 약한 양심들이 그것을 통하여 성령에 의하여 신앙을 갖도록 자극되기 위하여 하나님이 제정하여 주신 것이다. 그리고 비록 이번에 우리는 그리스도의 참다운 몸과 피가 실제로 떡과 포도주 속에 임재하여 있느냐 않느냐에 대하여 합의를 보지 못했지만, 그러나 각기 양심이 허락하는 한도 내에서 상대방에게 그리스도인의 사랑을 보여주어

야 하며, 또 성령께서 우리로 하여금 바른 이해를 확고하게 갖게 하도록 쌍방이 모두 열심히 전능하신 하나님께 기도드려야 한다는 데 합의를 보았다.

이상의 합의문에서는 양측을 대표하여 10명이 서명하였다. 1529년 마르부르크 회담의 성만찬 논쟁은 결국 루터와 츠빙글리가 결별하는 출발점이 되었다.

루터와 츠빙글리의 성만찬 논쟁(마르부르크, 1529)

마르부르크의 명소

엘리자베스 교회

엘리자베스(1207~1231) 왕비는 헝가리 공주로 14세에 튀링엔의 영주 헤르만 1세의 둘째 아들 루트비히 4세와 결혼(1221년)하여 아이제나흐의 바르트부르크에서 살았다. 그러나 결혼한 지 6년 만에 남편을 잃고 말았다. 바르트부르크에서 쫓겨난 엘리자베스는 마르부르크에서 1231년 24살의 나이로 요절할 때까지 자신의 전 재산을 털어 가난하고 병든 이들을 위해 헌신하며 살았다.

성 엘리자베스 교회.
교회 문 위 중앙에 엘리자베스 조각상이 있다.

1235년에 교황 그레고리우스 9세는 엘리자베스를 '성인'으로 추대했다. 이를 기념해 1235년에 엘리자베스 교회 건축을 시작했다. 50년의 긴 공사 끝에 1283년, 교회는 엘리자베스를 위하여 봉헌됐다. 가톨릭 '성 엘리자베스 교회'(St. Elizabeth Kirche)는 종교개혁 시기에 개신교 교회가 되면서 '개신교 엘리자베스 교회'(Ev. Elisabethkirchengemeinde)로 이름을 변경했다. 1539년부터는 개신교 예배를 드리게 됐다. 루터는 가톨릭교회의 성인 공경을 거부했다. 우리가 공경해야 할 대상은 오직 그리스도 한 분(Solus Christus)뿐이라고 주장했다. 이 때문에 개신교에서는 '성인'(聖人) 호칭을 사용하지 않는다. 교회 이름에도 '성'이란 말을 붙이지 않는다.

엘리자베스 교회 입구 문 위에는 엘리자베스의 조각상이 있다. 교회를 들어오는 이들에게 평생 약자를 위해 살았던 엘리자베스의 자비심이 전해지는 듯하다. 교회 봉헌식 후에 시작된 80m 높이의 교회 첨탑 공사는 50년 만에 완공됐다. 엘리자베스 교회는 초기 고딕 양식으로 지어졌으며, 제단은 고딕 양식이고, 제단 뒤의 창문은 로마네스크 양식과 고딕 양식의 스테인드글라스로 되어있다. 엘리자베스 교회 문을 들어서면 좌측에 전쟁과 폭력으로 희생된 사람들을 위한 기념현판과 추모 공간이 있다.

성 엘리자베스 교회
(St. Elizabeth Kirche)

주　　소 Elisabethstrasse 3 35037 Marburg

연 락 처 +49 (0) 6421-65573

개방시간 11월~3월 10:00-16:00, 4월~9월 9:00-18:00,
10월 9:00-17:00

입 장 료 교회 입장-무료.
미술 및 보물 등 교회 뒤편 방문-성인 2.7유로, 학생 1.7유로

예배시간 매일 12:00(평화를 위한 기도회), 토 18:00 (주말 저녁 기도),
일 10:00 (주일 예배), 일 18:00 (성만찬예배)
※ 예배시간에는 관람 불가

성 엘리자베스 병원

엘리자베스 교회 근처에는 엘리자베스가 봉사했던 병원 터가 있다. 엘리자베스는 1228년에 이곳에 병원을 세웠으며, 1231년 그녀가 죽는 순간까지 병자들을 돌보며 헌신했다. 엘리자베스의 시신은 1231년 11월 19일 병원 예배당에 안치됐다. 그녀가 죽자 수많은 사람이 그녀를 성인처럼 공경하기 시작했고, 그녀의 무덤에서 일어난 치유 기적 이야기도 삽시간에 퍼졌다. 그로 인해 수많은 순례자가 엘리자베스가 묻혀 있는 병원 예배당을 찾아 왔다. 이런 상황을 지켜본 마르부르크의 콘라트(Konrad von Marburg, 1180~90-1233) 신부는 즉시 엘리자베스의 묘지 위에 '돌 교회'(Steinkirche)를 세웠다. 콘라트는 엘리자베스의 영성을 지도한 사제였다. 1232년 봄에 '콘라트 건축'이라는 새로운 '돌 교회'(ecclesia lapidea)는 이제 병원 예배당만이 아닌, '순례자 교회'가 되었다.

콘라트가 사망하자 1234년에 독일 수도원이 병원을 인수했다. 수도원은 1235

년 8월 14일부터 병원 예배당이 있던 자리에 엘리자베스 교회를 짓기 시작했다. 엘리자베스를 찾는 순례자들을 위해 교회 증축이 불가피했다. 엘리자베스 묘지에서 일어난 치유 기적으로 교황청에서는 엘리자베스를 성인의 반열에 올리는 시정 절차를 빠르게 밟았다. 선종 4년 후인 1235년 5월 28일 성령 강림 대축일에 이탈리아 페루자(Perugia)에서 교황 그레고리우스 9세(Gregorius IX)가 엘리자베스를 성인품에 올렸다. 성인에 추대된 엘리자베스를 기념하기 위해서 교회를 확장해야 했다. 교회를 건축하면서 병원 예배당은 철거됐다. 병원 예배당에 있던 엘리자베스의 유해는 새로 지은 예배당 내 북쪽 구역으로 옮겨졌다. 1244년 북쪽 제단이 완성된 후, 원래의 병원도 철거됐다. 엘리자베스 교회가 보이는 곳에 새로운 병원을 세웠다. 이 병원은 1254년 엘리자베스에게 봉헌된 병원 예배당의 제단이 있던 자리다. 엘리자베스가 봉사했던 병원은 1244년에서 1254년까지 10년에 걸쳐서 철거되었다.

13
폰 보라와 루터 유적지 토르가우

도시정보

토르가우(Torgau)는 독일 북서부 작센주에 위치하며, 인구는 약 2만 명의 작은 도시다.

이 도시가 중요한 것은 하르텐펠스 성(Schloss Hartenfels)에 루터가 직접 건축에 참여한 세계 최초의 개신교 교회인 성채 교회가 있기 때문이다. 토르가우는 하르텐펠스 성과 함께 당시 종교개혁의 정치 중심지였다. 이 때문에 토르가우는 작센주의 중요한 루터 유적지가 되었다. 비텐베르크가 '종교개혁의 어머니'라면, 토르가우는 '종교개혁의 유모'로 불린다. 가장 중요하게 꼽히는 루터파 신앙고백 문서인 「아우크스부르크 신앙고백서」(1530년)의 기초가 토르가우에서 만들어졌다. 1530년 3월에 루터, 멜란히톤, 부겐하겐, 요나스가 함께 모여 「토르가우 조문」(Torgauer Artikel)를 작성했는데, 이 문서에 근거해 「아우크스부르크 신앙고백서」가 작성됐다. 최초의 개신교 성가집 편집자인 요한 발터(Johann Walter)는 1526년부터 토르가우 시립합창단 지휘를 맡았다.

1428년 프리드리히 2세의 장남인 에른스트(Ernst)는 아버지로부터 작센 선제후 직위와 작센 서부인 비텐베르크와 남부 튀링엔을 상속받았다. 에른스트는 토르가우를 자신이 영향력을 행사하는 영토의 수도로 삼았다. 하르텐펠스 성은 에른스트 계통의 선제후들에게 주 관저가 되었다. 루터의 정치적 후원자였던 현자 프리드리히와 요한 프리드리히도 이곳에 거주했다. 토르가우는 루터의 종교개혁시대에 정치 중심지로서 중요한 역할을 했다. 루터가 죽은 그해에 슈말칼덴 전쟁(1546~1547)이 일어났는데, 개신교 영주들은 황제 카를 5세에게 패하고 말았다. 슈말칼덴 전쟁은 1546년에서 1547년 사이에 신성로마 황제 카를 5세의 천주교 근황파와 루터교 제후들의 슈말칼덴 동맹 사이에 벌어진 종교전쟁이다. 슈말칼덴 맹주는 작센 선제후 요한 프리드리히 1세였다. 슈말칼덴 전쟁에서 루터의 도시 비텐베르크가 항복하면서 토르가우는 요한 프리드리히가 지배하던 에른스트 가문의 작센에서 프리드리히의 사촌 모리츠가 지배하는 알브레히트 가문의 작센에 속하게 됐다. 알브레히트는 프리드리히 2세의 차남이다. 장남은 에른스트였다. 작센 비텐베르크 공작이 에른스트 가문의 수장에서 선제후로 진급하면서 토르가우는 다시 신성로마제국의 황제주인 작센 선제후국 소속의 도시가 됐다. 그러면서 하르텐펠스 성은 부 관저가 됐다. 하지만 역사의 격동기에도 이 성은 종교개혁운동의 상징적 의미를 잃어버린 적이 결코 없었다. 1990년 독일이 통일되면서 새로운 연방 국가의 경계가 정해졌을 때, 토르가우는 국민투표로 작센주에 속하게 됐다.

토르가우는 루터의 아내 카타리나 폰 보라와 인연이 깊은 곳이다. 카타리나는 1552년에 창궐한 흑사병을 피해 비텐베르크에서 토르가우로 피신했다. 그러나 여행 도중 마차 사고로 골반이 부러지는 불운을 맞게 됐다. 이 사고로 그녀는 끝내 소생하지 못하고 1552년 12월 20일에 영면에 들었다. 카타리나가 죽은 집은 그녀를 추모하는 박물관이 되었다. 성 마리아 교회에 있는 그녀의 무덤은 토르가우에서 가봐야 할 명소다.

하르텐펠스 성

하르텐펠스 성 뜰에서 본 모습. 우측 건물 아치형 문이 성 입구

토르가우는 루터의 95개 조 반박문으로 종교개혁의 출발점이 된 비텐베르크만큼이나 중요한 루터 도시다. 비텐베르크가 '종교개혁의 어머니'라면, 토르가우는 '종교개혁의 유모'라고 불릴 정도로 종교개혁의 산파 역할을 했다. 특히 루터가 설계에 참여한 개신교 최초의 교회가 있다는 것만으로도 토르가우는 개신교 역사에 있어 중요한 도시다.

두 개의 루터 도시는 닮은 점이 많다. 비텐베르크와 토르가우에는 루터와 관련이 있는 성채 교회와 성 마리아 시립교회가 있다. 비텐베르크의 성채 교회는 루터가 95개 조 반박문을 붙인 곳이고, 성 마리아 시립교회는 루터가 협동 목사로 있으면서 설교를 했던 곳이다. 토르가우 성채 교회는 루터가 설계에 참여한 교회이고, 마리아 시립교회는 루터가 설교를 한 곳이다. 우연의 일치인가? 비텐베르크 성채 교회 탑에 '내주는 강한 성이요'라는 문구가 새겨져 있는데, 토르가우 성채 교회가 있는 '하르텐펠스 성'(Schloss Hartenfels)이란 이름도 직역하면 '강한 성'이라는 뜻이다. '하르텐펠스 성'은 '토르가우 성'이라고도 부른다. 하

하르텐펠스 성 입구에 설치한 해자. 이곳에는 곰이 세 마리 살고 있다. 연못에서 헤엄치는 곰을 볼 수 있다.

성 입구로 들어가는 진입로 좌우 아래에 불곰이 사는 해자가 있다.

르텐펠스 성은 루터의 정치적 후원자였던 요한 프리드리히가 1532년 작센 선제후 지위를 계승한 후 화려한 궁전으로 개조하도록 명령해 1544년에 완공됐다. 성 입구 앞에는 적의 침입을 막으려고 땅을 깊게 판 해자(도랑)가 있다. 지금은 도랑에 물 대신 어슬렁거리는 불곰 세 마리를 볼 수 있다. 성 입구 안쪽으로 들어서면 성벽에 둘러싸인 광장을 만나게 되고, 그 건물 중 작은 문이 루터가 남긴 세계 최초의 개신교 교회로 통하는 문이다. 하르텐펠스 성채 교회가 세워지기 이전의 개신교 교회들은 옛 가톨릭교회 예배당을 그대로 사용하고 있었다.

하르텐펠스 성
(Schloss Hartenfels)

주　　소 Schloßstraße 27, 04860 Torgau

개방시간 4월~10월: 화-일 10:00-18:00 (월요일 휴무)
11월~3월: 화-일 10:00-16:00 (월요일 휴무)

토르가우 성채 교회
Torgauer Schlosskirche

토르가우 성채 교회. 개신교 교회의 특징인 성상과 성화가 없다.

선제후 요한 프리드리히는 루터를 위해 하르텐펠스 궁전 안에 성채 교회를 짓게 했다. 루터의 예배 장소에 대한 견해를 반영해 1543~1544년에 니콜라우스 그로만(Nikolaus Gromann)이 공사를 맡아 세계 최초의 개신교 교회를 완공했다. 하르텐펠스 성채 교회(Schlosskirche Hartenfels)는 토르가우 성채 교회(Torgauer Schlosskirche) 또는 토르가우 예배당(Torgauer Schlosskapelle)이라고도 부른다. 오늘날 토르가우 개신교 교회(die Evangelische Kirchengemeinde Torgau)가 이 예배당을 사용하고 있다.

1544년 10월 5일에 거행된 교회 봉헌식에는 루터가 직접 참여했다. 루터는 봉헌식에서 누가복음 14장 1-11절 본문을 가지고 "주님은 오직 거룩한 말씀을 통해 우리에게 말씀하시고, 우리는 기도와 찬송을 통해 주님과 소통하기 때문에, 교회는 여기에 맞게 지어야 합니다."고 설교했다. 성가대는 요한 발터(Johann

Walter)의 지휘로 봉헌식 곡으로 만든 찬양을 연주했다. 시편 119편을 7 성부로 나누어 라틴어 모테토(성서 구절에 의거하여 작곡한 다성의 무반주 악곡)로 불렀다: "행위가 온전하여 여호와의 율법을 따라 행하는 자들은 복이 있음이여"(시 119:1). 여기서 선제후 프리드리히는 '진정한 기독교 신앙의 수호자'로, 루터와 멜란히톤은 '세상을 살릴 빛이자 구원자'로 묘사되었다. 루터와 멜란히톤은 기독교의 본질에서 멀어진 교회와 신앙인들에게 오직 믿음과 성경 말씀만이 구원의 길임을 일깨워준 '(종교)개혁자'였다.

토르가우 성채 교회는 중세교회의 성상과 성화 대신, 오직 말씀을 중심으로 단순함을 추구하며 지었다. 인간적, 세상적 화려함은 거부되었다. 비텐베르크 성채 교회나 성 마리아 시립교회, 그 밖의 개신교 교회에 성상, 성화 등이 남아 있는 것은 루터의 '아디아포라'(adiaphora) 신학에 따른 것이다. 무엇이든 신앙에 도움이 된다면 받아들일 수 있고, 언제든 수정 가능하다는 루터의 관용적 입장에서 연유한다. 토르가우 성채 교회는 루터의 종교개혁 정신에 따라 '오직 말씀'대로 새롭게 건축되었다. 성채 교회는 이후 개신교 교회 건축의 모태가 되었다.

세상 속 교회

교회 건물은 말씀과 성례전, 거룩한 성도의 교제를 함께 나누기 위한 장소다. 루터에게 교회는 건물이 아니라 신자들의 모임이다. 신자들에게 필요한 것은 화려한 건물이 아니다. 신자들은 세상에서 소금과 빛이 되어야 한다. 세상 속에서 어울려 사는 게 신자공동체이고 교회다. 이 뜻에 따라 지어진 교회가 토르가우 성채 교회다. 성채 교회는 교회의 첨탑도 없고 단독 건물도 아니어서, 눈에 금방 띄지 않는다. 공공건물 속에 숨겨져 있어 잘 보이지 않는다. 아치형의 문만이 교회임을 나타낸다. 아치 위에는 골고다 언덕을 십자가 지고 오르는 예수상이 새겨져 있다. 아래 아치형 부조들은 십자가, 신포도주를 적신 해면, 가시 면류관, 세 개의 못, 돈주머니, 채찍, 횃불, 닭이 새겨져 있다. 루터의 십자가 신앙이 그대로 반영되었다. 교회의 본질은 십자가 신앙이라는 것이다.

아치형의 문을 통해 들어가면 교회 내부가 나타난다. 교회 안에는 성화나 성상 같은 장식이 없다. 설교단(우측 중앙 위)과 성찬대(앞 중앙)만 놓여있다. 루터 당시에는 교회에 의자도 없었다. 사람들이 설교단 앞에서 설교를 듣고, 성찬대 앞으로 이동해 성찬을 나누었다. 루터에게 교회는 말씀과 성례전(세례식과 성찬식)이 있는 신자 모임이다. 그 외의 것은 거부되었다. 교회 내부에 묘지도 없다. 중세교회의 성자 숭배, 연옥 교리로 인해 교회 안에 즐비했던 무덤과 묘지를 없앴다. 루터는 중세교회의 사제들이 산 자보다는 죽은 자를 위한 미사에 전념하는 폐단을 지적했다. 그들의 관심은 진정한 예배가 아닌 위령미사로 벌어들이는 '헌금'(돈)에 있었다. 루터에게 성만찬과 말씀 외에 그 어떤 것도 교회의 중심이 될 수 없었다.

교회 전면에 있는 파이프 오르간은 1631년에 독일 작곡가인 하인리히 슈츠(Heinrich Schütz, 1585~1672)의 지시에 따라 프리체(Fritzsche)가 제작한 것이다. 지금의 오르간은 1994년에 프리젠하임(Friesenheim)의 오르간 제작자 마르틴 피어(Martin Vier)가 만들었다. 하인리히 슈츠가 오르간 제작을 설계하면서 오르간을 교회 후면이 아닌 전면에 배치한 것은, 루터의 음악에 대한 이해에 따른 것이다. 루터는 어릴 때부터 성가대에서 찬양하길 좋아했고, 류트라는 악기도 연주하며 교회 음악의 중요성을 간파하고 있었다. 비텐베르크의 성 마리아 시립교회 협동 목사로 있었을 때 루터는 회중 찬송을 지어 예배에 사용하기도 했다. 루터는 적어도 50여 곡 이상의 회중 찬송을 작곡, 작사했다. 스위스의 종교개혁가 츠빙글리와 칼뱅과는 달리, 루터에게 교회 음악은 예배에 없어서는 안 될 중요한 요소였다. 루터는 음악은 하나님이 주신 선물이며, 우리를 기쁘게

토르가우 성채 교회 입구 문과 부조들

토르가우 성채 교회 내부
앞 성찬대, 우측 벽 중앙위 설교단

만들고, 악마를 사냥할 뿐 아니라, 순전한 평안을 우리에게 선사한다며 극찬하였다. 중세 가톨릭교회에서 성가대와 사제만 점유했던 찬송을, 루터의 종교개혁으로 이제 회중도 찬송을 부를 수 있게 된 것이다. 기독교 역사 천여 년 만에 처음으로 회중이 찬송을 부르게 된 획기적 개혁이었다.

교회 내 부조들

교회 우측 벽 중앙에 높이 있는 설교단에는 세 개의 부조가 새겨져 있다. 여기에는 루터의 종교개혁 정신이 그대로 반영되어 있다. 원형 모양의 설교단 왼쪽 측면의 부조는 예수가 간음한 여인에게 다가온 사람들을 향해 "죄 없는 자가 먼저 돌로 치라"고 명하는 장면이다. 교회는 죄인을 만드는 곳이 아닌, 용서하는 곳이라는 의미다(오직 은총/Sola Gratia). 중앙 측면은 열두 살 예수가 예루살렘 성전에 들어가 종교 선생들을 가르치는 장면이다. 예수는 손에 성경을 들고, 밑에 있는 종교 지도자들을 가르친다. 교회에서는 말씀이 중심이 되어야 한다는 뜻이다(오직 말씀/Sola Scriptura). 우측 부조는 성전정화사건을 묘사한 것이다. 이 부조는 교회 2층 뒷좌석에 앉은 영주와 귀족을 염두에 두었다. 즉 교회란 돈이 아니라, 믿음으로 움직이는 곳임을 가르친다(오직 믿음/Sola Fide).

루터는 오직 은총, 오직 말씀, 오직 믿음에 기초해 세운 토르가우 성채 교회를 식탁 담화에서 "솔로몬의 성전보다 더 아름답다"고 극찬했다. 세상의 화려함이 아닌 하나님의 말씀 위에 세워진 교회가 진정 아름다운 교회라는 것이다.

왼쪽 부조: 간음한 여인

중앙부조: 열두 살 예수

오른쪽 부조: 성전 정화

(최주훈, 『루터의 재발견』, 복있는 사람, 2017, 226-241 참조)

토르가우 성채 교회
(Torgauer Schlosskirche / Schlosskapelle)

주　소 Schloss Hartenfels, Elbstraße 17, 04860 Torgau

연 락 처 Tel. +49 (0) 3421 902671

개방시간 4월~10월, 화-일 10:00-18:00
11월~3월, 월-일 10:00-16:00 (월요일 휴무)

예배시간 일요일 10:00

성 마리아 시립교회
Stadtkirche St. Marien

성 마리아 시립교회(Stadtkirche St. Marien)는 종교개혁 시대의 흔적을 만날 수 있는 개신교 교회다. 토르가우에서 가장 높은 교회 첨탑을 가지고 있는 성 마리아 시립교회는 종교개혁시대에는 궁정교회였다. 이 교회에는 중요한 인물들의 유해가 안치되어 있으며, 종교개혁 화가 (아버지) 루카스 크라나흐(Lucas Cranach d.Ä)가 그린 '14명의 구호활동가'란 제단화가 있다. 시립교회 안에는 루터의 아내 카타리나 폰 보라의 유해가 안치되어 있다.

성 마리아 시립교회는 수 세기에 걸쳐 증, 개축되면서 오늘날의 교회 모습을 갖추게 됐다. 교회 건축 시기를 추정할 수 있는 것은 로마네스크 양식의 흔적을 담고 있는 교회 서쪽 건물이다. 이 양식은 1200~1220년에 건축된 로마네스크 바실리카(대성당)에서 온 것이다. 따라서 시립교회는 적어도 1220년 전후에 건축이 시작되었다고 추측할 수 있다. 시립교회의 일자(홀)식 교회당(Hallenkirche, 교회 본당 길이와 천장높이가 대체로 동일)은 1380년 이후에 교회 제단과 함께 지어진 것으로 추정된다. 아치형의 둥근 천장은 1464년 이후에 지어졌다. 시립교회가 현재의 모습을 갖춘 것은 1725년이 되어서다. 오랜 시간 동안 수많은 사람의 손을 거쳐 하나의 교회가 완성되었다.

카타리나 폰 보라 무덤

성 마리아 시립교회 안에는 루터의 아내 카타리나 폰 보라(Katharina von Bora)가 안치되어 있다. 그녀는 1525년 6월 13일에 비텐베르크의 성 마리아 시립교회 담임목사인 부겐하겐의 주례로 루터와 결혼했다. 원래 님브쉔의 시토회 성모대관 수녀원의 수녀였던 카타리나는 루터의 『수도사의 서약에 관한 판단』이란 책을 읽고 수도원을 탈출하기로 했다. 이 뜻을 전달받은 루터는 카타리나와 함께 12명의 수녀를 성공적으로 탈출시켰다. 모든 수녀가 고향으로 돌아가거나 뿔뿔이 흩어졌지만, 유일하게 남은 카타리나는 루터와 결혼하였다. 루터가 비텐베르크 성채 교회 정문에 「95개 조 반박문」을 내건 지 8년 만이었다. 그때 나이 루터는 41살이었고, 카타리나는 26살이었다. 한때 수도원 수도사였고 수녀였던 두 사람이 가톨릭교회의 독신 서원을 파기하고 결혼을 한 것이다.

결혼 후 처음에는 어색했지만 갈수록 루터는 아내 카타리나를 사랑하게 되었다. 그는 "나는 나의 케테(Käthe, Katharina의 애칭)를 프랑스와 베니스를 주어도 바꿀 수 없다."라고까지 말할 정도로 아내를 아꼈다. 그는 가장 아끼던 책인 『갈라디아서 주석』(1535)을 '나의 사랑하는 케테'라고 불렀다. 둘 사이에 삼남 삼녀의 자녀를 두었다. 첫째는 법학도가 되었고, 딸 중 둘은 일찍 죽었다. 카타리나는 억척 살림꾼이었다. 수도원 생활 시절 수도원의 자급자족을 위해 농

교회 내 카타리나 묘지
카타리나의 오른손 검지와 중지가 나란히 붙어있는 것은 예수 그리스도의 신성과 인성을 나타내는 표식이다. 크라나흐가 그린 루터 그림 중에도 이 표식이 있다. 성화에 등장하는 예수 그리스도에게서 종종 볼 수 있다.

업 및 목축업 기술과 지식을 습득해 놓은 게 도움이 됐다. 매일 스무 명이 넘는 집의 식객들을 그녀의 손으로 다 대접했다. 저녁마다 둘러앉은 식탁 자리에서 남편 루터와 제자들, 동료 교수들, 방문객들은 열띤 신학적 토론을 벌이곤 했다. 이 식탁 이야기들을 모아 훗날 제자들이 펴낸 책이 『탁상담화』다. 이 책에는 루터의 신학적, 종교 개혁적 견해들이 총망라해 있다. 이런 식탁 담화가 가능할 수 있었던 것은 카타리나의 공이 크다. 그녀의 헌신적 후원이 없었더라면 쉽지 않을 일이었다. 매일 많은 사람을 먹여 살리는 일은 루터 자신의 월급만으로는 불가능했다. 살림꾼 아내 덕에 루터는 그가 하고 싶은 일들을 맘껏 할 수 있었다. 불행하게도 루터는 사랑하는 아내를 두고 먼저 영원한 나라로 갔다(1546년).

남편이 죽은 지 6년 후인 1552년에 비텐베르크에 흑사병이 창궐하게 되었다. 카타리나는 전염병을 피해 토르가우의 프란체스코 수도원에 머물고자 출발했다. 그런데 가는 도중에 말이 놀라 날뛰는 바람에 그녀는 크게 다쳤다. 토르가우에 도착한 카타리나는 과부 칼스도르프(Karlsdorf) 집에 머물면서 교수 의사에게 치료를 받았다. 그 사이 아들 파울은 지방 귀족의 딸인 안나 폰 바르벡과 약혼을 하였다. 카타리나의 병환은 점점 더 심해졌다. 그녀는 1552년 12월 17일, 막내딸 마르가레테의 18번째 생일을 함께 축하한 후 12월 20일 숨을 거뒀다. 다음날 오후 3시경, 토르가우의 시민들과 비텐베르크 대학생들이 장지인 성 마리아 시립교회까지 장례행렬을 이루며 시신을 호송했다. 카타리나의 유해는 시립교회에 안치되었다. 교회 벽에 새겨진 그녀의 비석은 아들들이 만든 것이다. 비석 속의 카타리나는 주름 잡힌 커다란 겨울 외투를 입고 모자를 쓴 모습으로 손에는 성경을 들고 서 있다. 종교개혁가였던 남편 루터가 평생 손에서 놓지 않았던 성경이었다. 비석 위쪽 구석에는 루터 가문의 문장인 루터 장미와 폰 보라 가문의 문장이 새겨져 있다. 거기에는 다음과 같은 비문이 적혀 있다. "1552년 12월 20일, 마르틴 루터 박사의 부인 카타리나가 하나님의 축복 속에 이곳 토르가우에서 잠들다."

성 마리아 시립교회
(Stadtkirche St. Marien)

주　　소 Wintergrüne 1, 04860 Torgau

연 락 처 Tel. +49 3421 902671

개방시간 4월~10월 화-일 10:00-18:00 (월요일 휴무)

예배시간 일요일 10:30 / 점심 기도: 목 12:00

카타리나 - 루터의 집
Katharina-Luther-Stube

카타리나 초상화
(루카스 크라나흐 그림)

루터의 아내 카타리나 폰 보라는 1552년 12월 20일 '카타리나-루터의 집'(Katharina-Luther-Stube)에서 생을 마감했다. 이 집은 르네상스 주택으로서 3층으로 되어있으며, 1528년에 새롭게 단장했다. 1517년부터 선제후 현자 프리드리히의 경주마 선수였던 크리스토프 아호이메트(Christof Ahoymet)가 이 집의 주인이 되었다. 그의 경주마는 집 근처에 있었다.

카타리나-루터의 집 현판에는 '카타리나 루터'(KATHARINA LUTHER)라고 적혀 있다. 카타리나의 결혼하기 전 이름은 '카타리나 폰 보라'(Katharina von Bora)였다. 독일은 여자가 결혼하면 남편의 성을 따른다. 오늘날에는 꼭 그렇지는 않지만, 루터 시대에는 여자의 성은 남편의 성으로 대체됐다. 그래서 카타리나-루터의 집 현판에는 '카타리나 루터'로 되어있다. 이름 바로 아래에 작은 글씨로 '태어날 때 성 폰 보라'(GEB. VON BORA)라고 적혀 있다. 카타리나가 죽은 집인 '카타리나-루터의 집'은 현재 카타리나 박물관으로 운영되고 있다. 이 작은 박물관은 '활동적인 루터 부인'(tatkräftige Lutherin)에게 헌정되었다.

▲ 카타리나-루터의 집 (박물관)
◀ 카타리나-루터의 집 현판

카타리나 - 루터의 집
(Katharina-Luther-Stube, 박물관)

주　　소 Katharinastraße 11, 04860 Torgau

연 락 처 Tel. +49 3421 70336

개방시간 4월~10월, 화-일 10:00-18:00 (월요일 휴무)
11월~3월, 화-일 10:00-16:00 (월요일 휴무)

입 장 료 성인 3유로, 할인 2유로, 가족 6.50유로

14

십자가와 바이마르

도시정보

루터가 수도사로 있던 도시 에어푸르트에서 자동차로 30분 달리다 보면 독일 문화의 도시 바이마르(Weimar)를 만나게 된다. 독일의 대문호 괴테와 쉴러, 세계적 음악가 바흐와 리스트가 살았고, 철학자 니체가 태어난 곳이다. 그 외에도 수많은 문화/예술의 흔적들을 바이마르에서 만날 수 있다. 문화의 도시 바이마르는 에어푸르트, 예나, 게라에 이어 튀링엔에서 네 번째로 큰 도시다. 바이마르는 2004년 공식적으로 대학도시로 지정됐다. 1919년에 설립된 건축 공예 학교인 바우하우스 대학교와 프란츠 리스트 음악대학, 안나 아말리아 공작부인 도서관은 바이마르의 명소다. 문화유산으로는 빌란트(Wieland), 괴테(Goethe), 쉴러(Schiller)를 중심으로 하는 바이마르 고전주의 전통 외에도, 바우하우스(Bauhaus)가 있다. 오늘날 바우하우스 박물관에는 바우하우스의 초기 디자인이 전시되어 있다. 1919년에 바이마르에서 독일을 공화국(바이마르공화국)으로 정하는 바이마르 헌법이 제정됐다.

바이마르에는 시대별로 귀중한 문화유산들이 보존되어 있다. 16세기 종교개혁시대의 화가 루카스 크라나흐 부자(父子)가 그린 제단화가 헤르더 교회에 있다. 17세기에는 과일 생산협회가 설립되었으며, 18세기에는 요한 세바티안 바흐가 바이마르 궁정 예배당 오르가니스트로서 활동하며 매달 한 곡씩 교회 칸타타를 작곡했다. 바흐에게 바이마르 시대(1708~1717)는 '오르간곡의 시대'라 불릴 만큼 전성기였다. 19세기에는 작곡가 프란츠 리스트가 바이마르 궁정악장으로 일하며(1847년), 1869년부터는 이 도시에서 공연도 했다. 리하르트 슈트라우스, 프리드리히 니체, 바이마르 작센 예술학교에 있는 바이마르 회화학교의 풍경 화가들, 20세기 작가이자 현대미술 후원자 해리 그라프 케슬러, 벨기에 건축가 앙리 반 데 벨데 등의 문화유산들이 보존되어 있다.

1996년, 바우하우스는 유네스코 세계 문화유산에 등재되었다. 그밖에 바이마르 괴테-쉴러 고문서실에 보관되어있는 괴테의 유산은 2001년에 인류가 기억해야 할 문화유산으로 유네스코에 등재되었다. 2015년부터 종교개혁 초기 저술도 유네스코 세계문서유산으로 지정되었다. 이 저술은 안나 아말리아 공작부인 도서관(Herzogin Anna Amalia Bibliothek)에 보존되어 있다. 국내외의 문화유산은 25개가 넘는 박물관과 전시장에 전시되어 있다. 이외에도 바이마르에는 제2차 세계대전 당시 유대인과 전쟁 포로들을 수용했던 부헨발트강제 수용소가 있다.

루터는 1518년에서 1540년 사이에 바이마르를 자주 방문했다. 이곳에서 선제후 요한 프리드리히와 종교개혁에 대한 계획을 세우기도 했다. 당시 루터는 궁정 안에 있던 프란치스코회 수도원에 머물렀다. 루터가 설교했던 헤르더 교회에는 독일 종교개혁과 루터의 신학을 상징하는 루카스 크라나흐의 제단화(1552/53)가 있다.

헤르더 교회
Herderkirche

요한 고트프리트 헤르더

헤르더 광장에 있는 헤르더 교회의 원래 이름은 '성 베드로와 바울 시립교회'(St. Peter und Paul)다. '헤르더 교회'(Herderkirche)라는 이름은 신학자이자 철학자인 요한 고트프리트 헤르더(Johann Gottfried Herder, 1744~1803)의 이름에서 온 것이다. 헤르더는 1776년부터 1803년 사망할 때까지 헤르더 교회에서 총감독으로 일했다. 교회에는 헤르더와 공작부인 안나 아말리아(Anna Amalia)의 유해가 안치되어 있다(1807년). 교회 앞 광장은 1850년에 그의 기념비를 세운 후 '헤르더 광장'이라고 부르고 있다. 헤르더 교회는 1245년~1249년에 건축되었으며, 1299년에는 화재로 건물의 기초만 남고 전소되었다. 이후 다시 지은 교회는 1424년에 도시화재로 크게 훼손되었다. 1498년부터 1500년까지 후기 고딕 양식으로 재건축해 현재의 교회 모습을 갖추게 되었다. 헤르더 교회는 본래는 가톨릭교회였으나, 종교개혁의 영향으로 1525년에 개신교 교회가 되었다.

1998년에 헤르더 교회는 '고전주의적 바이마르'(Klassisches Weimar) 건축물로 유네스코 문화유산에 등재되었다. 헤르더 교회 외에도 괴테 저택(Goethes Wohnhaus)과 쉴러 저택(Schillers Wohnhaus), 바이마르 성(Weimarer Stadtschloss), 안나 아말리아 공작부인 도서관(Herzogin Anna Amalia Bibliothek)이 있다. 헤르더 교회와 함께 헤르더 저택(Herder Wohnhaus)과 옛 김나지움(Altes Gymnasium)도 유네스코 문화유산으로 지정되었다.

루터는 바이마르를 방문하는 동안 성채 교회(Schloßkirche)와 성 베드로와 바울 시립교회(Stadtkirche St. Peter und Paul)에서 반복하여 설교하였다. 성 베드로와 바울 시립교회는 오늘날 헤르더 교회를 가리킨다. 헤르더 교회에는 루카스 크라나흐가 그린 세 폭의 제단화(1552/53)가 있다. 루터가 그려진 강단 앞 제단 그림은 독일 종교개혁과 루터의 신학을 상징하는 그림 중 하나다.

제단화: 십자가

오늘날 헤르더 교회라고 불리는 성 베드로-바울 시립교회에 있는 제단화는 루터의 신학을 집약해 놓은 종교개혁의 중요한 유산이다. 이 제단화는 루카스 크라나흐의 아들 루카스 크라나흐가 1555년에 그린 작품이다. 이 그림은 십자가를 중심으로 왼편은 율법과 심판, 오른편은 은혜와 복음 구원이 그려져 있다.

십자가 뒤 오른편에는 모세의 율법을 든 사람들이 서 있다. 이 율법은 사람을 놀라게 해 도망가게 하는데, 도망하는 사람 바로 앞에 타오르는 불이 있다. 이것은 율법은 심판이고, 죄의 삯은 사망임을 표현한 것이다.

상단 오른편에는 민수기 21장의 놋뱀이 있다. 뱀에 물려 죽게 된 자는 놋뱀을 보면 산다. 즉 이성을 뛰어넘는 곳에 구원의 비밀이 있다는 뜻이다. 이 진리는 십자가를 통해 밝혀진다. 천막 왼편 위에 두루마리를 펼치고 구름 위를 날아가는 천사는 목자들에게 아기 예수의 탄생을 알린다. 온 백성에게 가장 기쁜 소식, 복음이 전해지는 순간이다.

십자가 오른쪽에 서서 오른손으로 십자가를 가리키는 인물은 세례 요한이다. 오른손은 십자가의 예수를, 왼손은 손가락 셋을 모아 십자가 아래 어린양을 가리킨다. 십자가에 달리신 예수가 바로 세상의 모든 죄를 짊어진 어린 양이며, 그분이 바로 삼위일체 하나님이란 뜻이다.

십자가 옆에 성경을 들고 있는 사람은 마르틴 루터다. 루터는 '오직 말씀'(Sola Scriptura)을 가지고 당시 부패한 교회와 싸웠던 인물이다. 루터가 만난 성경은 언제나 그리스도로 가득 찬 하나님의 구원 소식이었다. 그는 "성경에서 그리스도를 빼 보아라. 그러면 아무것도 남지 않을 것"이라며 설파한다.

세 명 중 가운데 있는 흰 수염의 인물은 아버지 루카스 크라나흐다. 예수의 옆구리에서 흐르는 피가 이 사람의 정수리에 떨어진다. 이 사람이야말로 예수의 피로 거듭난 사람이다. 그림은 굵은 붉은 피가 직선으로 사람의 머리 위에 떨어지는 장면을 통해 예수의 보혈 외에는 구원이 없음을 강조한다. 율법과 면죄부가 아닌 오직 그리스도의 십자가 보혈을 믿는 믿음으로 구원받음을 선포한다. '오직 믿음'(Sola Fide)은 종교개혁의 핵심이자 표어다.

십자가 왼편에 빨간 망토의 인물은 십자가에 달린 다음 3일 동안 죽음의 세계로 내려가신 예수 그리스도이고, 발밑에 깔린 괴물은 사탄이다. 성령의 말씀은 눈에 보이는 칼과 창이 아니라, 투명한 창으로 묘사된다. 그 말씀이 죽음의 세력을 제압한다. 십자가에 달리신 그리스도의 몸에 세마포가 휼날린다. 흩날리는 세마포는 십자가가 죽음이 아니라, 부활이고 성령의 자유로운 비상임을 알려준다. 우리에게는 십자가의 은혜로 선포된다.

헤르더 교회 제단화: 십자가(크라나흐, 1555)

헤르더 교회 / 성 베드로 & 바울 시립교회
(Herderkirche / Stadtkirche St. Peter & Paul)

주　　소 Herderplatz 8, 99423 Weimar

연 락 처 Tel. +49 (0)3643 80 58 423

개방시간 11월~3월 월-금 10:00-12:00, 14:00-16:00
토 10:00-12:00, 14:00-17:00
일요일+공휴일 11:00-12:00, 14:00-16:00
4월~10월 월-금 10:00-18:00
토 10:00-12:00, 14:00-18:00
일요일+공휴일 11:00-12:00, 14:00-16:00

예배시간 일요일 10:00

안나 아말리아 공작부인 도서관
Herzogin-Anna-Amalia-Bibliothek

안나 아말리아 공작부인 도서관(Herzogin-Anna-Amalia-Bibliothek, HAAB)은 독일에서 가장 유명한 도서관 중 하나다. 이 도서관의 전신은 1691년에 빌헬름 에른스트 공작이 설립한 '공작 도서관'(Herzogliche Bibliothek)이다. 1991년에 도서관 설립 300주년을 맞아 '안나 아말리아 공작부인 도서관'으로 개명하였다. 안나 아말리아 공작부인 도서관은 계몽주의에서 후기 낭만주의에 이르기까지 독일 문학에 중점을 둔 문학사와 문화사를 위한 연구 도서관이다. 요한 볼프강 폰 괴테가 도서관장으로 지내기도 했다. 도서관은 1998년에 '고전주의적 바이마르'(Klassisches Weimar)의 일부로 유네스코 문화유산에 등재되었다. 2004년 9월 2일에 도서관에 대화재가 있었으나, 많은 후원자의 도움으로 복구되어 2007년 10월 24일에 다시 문을 열게 되었다. 이 도서관에는 1534년에 출간된 루터의 신구약성서가 보존되어 있다.

도서관 내부

안나 아말리아 공작부인 도서관
(Herzogin Anna Amalia Bibliothek)

주 소 Platz der Demokratie, 99423 Weimar

연 락 처 Tel. +49 (0) 3643 5454-01/-02

개방시간 화요일-일요일 9:30-14:30 개별 방문 / 15:30 예약 단체 방문

바이마르판 루터전집

바이마르판 『루터전집』(Weimarer Ausgabe Luther, WA)은 루터탄생 400주년을 기념하여 1883년에 출판을 시작해 2009년에 완성됐다. 루터전집은 총 127권 약 80,000 쪽으로, 루터의 모든 저술뿐 아니라 라틴어 또는 독일어로 기록된 구두 진술들도 포함되어 있다. 루터전집의 공식 이름은 『마르틴 루터 박사 저작』(D. Martin Luthers Werke)이다. 방대한 루터의 저술들은 1500~1540년에 출간

된 것으로 당시 독일 전체 출판물 부수의 3분의 1을 차지하였다. 루터전집은 프로이센 교육부의 교육위원회가 공동으로 추진한 프로젝트다. 1945년, 프로이센의 프로젝트 종결 후 하이델베르크 학술 아카데미가 바이마르판 루터전집의 편집 및 구성을 맡았다. 루터전집 127권 중 6권은 탁상담화(WA TR), 15권은 독일어 성경(WA DB), 18권은 서신교환(WA BR), 80권은 루터의 글들과 저작들(WA)이 수록되었다.

루터전집의 편집은 루돌프 헤르만(Rudolf Hermann)과 게르하르트 에벨링(Gerhard Ebeling)이 맡았으며, 헤르만 뵐라우 출판사를 통해 바이마르 도시 문서실에서 인쇄되었다. 이러한 이유에서 사람들은 루터전집을 '바이마르판'(Weimarer Ausgabe)이라고 부른다. 루터의 저술들이 세상에 널리 알려질 수 있었던 데는 구텐베르크의 인쇄술 발명이 한몫했다. 루터는 활판 인쇄술을 '신이 내려주신 최대의 은총'이라고 표현했다. 루터전집은 현재 전자 도서로 이용할 수 있다. 사용자로 승인된 대학교 네트워크에서만 가능하며, 인터넷 문서보관소에서 최대 54권까지 내려받을 수 있다.

바이마르판 루터전집

바이마르의 명소

부헨발트 강제수용소

바이마르 북서쪽 끝자락에 부헨발트 강제수용소(Konzentrationslager Buchenwald, KZ Buchenwald)가 있다. 1937년 7월에 세워진 부헨발트 강제수용소는 제2차 세계대전 당시 나치가 건설한 가장 큰 수용소 중 하나다. 1945년 4월, 전쟁이 끝날 때까지 운영되었던 이곳에서 유대인뿐 아니라 나치 반대 세력, 나치가 주장한 반사회적 인사, 소련군 포로, 집시 등 모두 266,000명이 갇혀 의료실험에 동원되었으며, 착취와 고문을 당했다. 나치의 만행과 강제 노동, 굶주림과 질병으로 목숨을 잃은 사람이 약 56,000여 명에 달한다.

죽음의 10번 방 안에는 시체처리실과 죽은 시신을 소각하는 소각장이 있다. 당시 하루에 400여 명의 시신이 소각되었다. 그 옆에는 생체 실험실이 있다. 박물관에는 나치의 참혹상을 그대로 보여주는 물품들과 사진들, 영상들이 전시되어 있다. 수축한 머리, 절단된 장기, 피부 조각, 인간의 피부로 만든 전등갓 등

등. 그 틈에 일본인들이 묶어 놓고 간 '평화의 리본'이 보인다. 제2차 세계대전 때 독일과 같은 전범국이었던 일본. 그리고 주변국 시민들의 생명과 인권을 무참히 짓밟은 일본. 애석하게도 그들은 그들의 땅이 아닌 멀고 먼 독일에 찾아와 평화의 리본을 달고 갔다.

부헨발트 수용소에
일본인이 달고 간 평화를 기원하는 리본

부헨발트 수용소 내 시체 소각장(10번 방)

부헨발트 강제수용소
(Konzentrationslager Buchenwald, KZ Buchenwald)

주　　소 99427 Weimar

연 락 처 Tel. +49 3643 430200

개방시간 4월~10월 화-일/공휴일 10:00-18:00(17:30분까지 입장 가능)
11월~3월 화-일/공휴일 10:00-16:00(15:30분까지 입장 가능)
(월요일 휴무)

강제수용소 외부는 어두워지기 전까지 관람 가능

입장료 없음

2부

독일의 통일 그리고 한반도에도

1

토르가우 엘베의 날

СССР
СЛАВА
ПОБЕДОНОСНОЙ
КРАСНОЙ АРМИИ
И
ДОБЛЕСТНЫМ
ВОЙСКАМ НАШИХ
СОЮЗНИКОВ
ОДЕРЖАВШИМ
ПОБЕДУ
НАД
ФАШИСТСКОЙ
ГЕРМАНИЕЙ

엘베에서의 맹세

토르가우, 엘베강. 멀리 토르가우 성과 성 마리아 시립교회가 보인다.

토르가우는 마르틴 루터가 건축설계에 참여해 지은 최초의 개신교회가 있고, 아내 카타리나의 묘지가 있는 종교개혁의 중요한 유적지다. 이뿐만 아니라 정치적으로도 중요한 의미가 있는 도시다. 1945년 4월 25일, 2차 세계대전이 막바지에 다다랐을 때, 엘베강 상류로부터 30km 떨어진 스트렐라(Strehla) 근처 다리에서 미군과 소련군이 최초로 만나는 역사적 사건이 있었다. 소련군은 이날을 '엘베강의 만남'이라 불렀고, 미군은 '엘베의 날'(Elbe day)로 기억했다. 미군 제69보병사단과 소련 제59전위사단 장병들은 서로 격려하며 유럽 평화의 수호를 맹세했다. 미군과 소련군은 세계대전이 다시는 일어나지 않길 바라는 마음으로 이날을 기념했다. 당시 기념식에 참석한 미군 중 한 명인 조셉 폴로우스키(Joseph Polowsky)는 그의 유해를 토르가우에 묻어줄 것을 유언으로 남겼다. 그러나 평화를 바라는 염원은 무색할 정도로 짧았다. 전쟁이 끝난 지 10년도 채 안 되어 미소 냉전이 시작됐다. 토르가우는 소련의 지원을 받아 동독 지역에 편입됐고, 엘베강은 동·서독을 가르는 국경이 되고 말았다.

공제하

어깨동무하는 미군의 윌리엄 로버트슨 소위(왼쪽)와 소련군의 알렉산드르 실바쉬코 중위(오른쪽), 두 사람 뒤에 "동쪽이 서쪽을 만나다"(East Meets West)라는 글귀가 보인다.

맹세는 비극이 되다

소련이 세운 '엘베의 날' 기념비 모습

독일이 분단되면서 엘베강 운하 산업에 악영향을 끼치게 됐다. 토르가우에서 한참 떨어져 있는 마그데부르크 수로교도 분단에 의한 피해 사례 중 하나다. 다행스럽게 통일이 되어서야 엘베강 운하 산업이 재개될 수 있었다. 통일이 되지 않았다면 서독은 운하에 어려움이 있었을 테고, 동독은 계속 강의 운영을 폐쇄했었을 것이다. 그리고 엘베강을 경계로 동·서독의 고착화가 심해졌을 것이다. 그래도 간헐적인 교류로 물품 수송을 위한 검문소가 엘베강에 있었다. 엘베강 유역에 자리한 토르가우는 당시 국경 부근에 있었던 도시라서 주민들은 통제를 심하게 받았다. 베를린 장벽과 함께 엘베강 부근도 철조망과 감시탑 요새가 세워졌다. 국경선에 있는 민간시설은 강제로 철거되어 주민들은 하루아침에 삶의 터전을 잃고 말았다. 주민들은 지역 간 이동 제한까지 받았다. 이런 압박 속에서 엘베강에 사는 동독 주민들은 베를린 장벽이 무너지기 직전까지 서독으로 탈출을 시도했고, 그 과정에서 많은 사람이 목숨을 잃었다.

공제하

토르가우에서 '엘베의 날'을 기념하는 이유

미군과 소련군의 만남, 엘베의 날

1945년 4월 26일, 토르가우 엘베강의 파괴된 다리에서 미군과 러시아군이 만났다. 여러 국가에서 이 장면을 본떠 기념비를 만들었다.

1945년 4월 25일 토르가우에서 평화를 예고하는 만남이 있었다. 나치 독일에 대항하여 동진하던 연합군 측의 미군과 서진해 내려오던 소련군이 토르가우 엘베강의 한 다리에서 만났다. 미군과 소련군은 전쟁의 끝이 머지않았음을 감지했다. 기쁨에 찬 그들은 이제 전쟁이 끝나고 다시 평화가 올 것을 기대하며 평화를 맹세했다. 그로부터 5일 후 나치독일의 총통이었던 히틀러(Adolf Hitler)는 스스로 생을 마감하고 독일은 항복을 선언했다.

왜 엘베의 날을 기념하는 걸까?

토르가우에서는 연합군과 소련군이 만났던 4월 25일 전후를 '엘베의 날'로 정하여 여러 행사를 진행한다. 이들에게는 독일이 패전했음을 인정할 수밖에 없는 상징적인 만남이었을 텐데 왜 그들의 만남을 기념하는 것인지, 왜 이 행사를 독일이 주최하는지 의아했다. 승전국과 주변국에게 독일의 패전은 평화를 알리는 신호였지만, 독일 입장도 과연 그러했는지 의문이었다. 패전과 냉전이라는 체제 대립 아래 한 민족이 40년이 넘는 세월을 둘로 나뉘어 서로를 적대시하며 살지 않았던가. 엘베강에서 미군과 소련군이 평화를 맹세했지만, 독일 땅에도 평화가 왔었던가.

패전에 대한 대가

승리한 연합국과 소련은 패전국인 독일을 어떻게 처리할 것인가를 두고 여러 차례 회담을 개최했다. 그 결과 전승국인 미국, 영국, 프랑스, 소련이 독일 영토를 네 개로 나누어 각각 통치하기로 했다. 독일은 패전국으로서 전승국에 많은 돈을 지불해야 했다. 독일 경제는 전쟁으로 이미 파탄지경에 이른 상태였다. 공장은 가동을 멈춘 지 오래였고, 식량 공급이 제대로 이루어지지 않아 주민들은 기아에 허덕였다. 전쟁 배상금을 지불할 능력은 더더욱 없었다. 전승국들은 각자의 점령지에서 그 지역의 상황에 맞게 배상금을 챙겼다. 독일에서 채취된 석탄과 같은 광물은 배상금 명목으로 전승국으로 넘어갔고, 산업시설을 해체해 자국으로 옮겨가기도 했다. 소련은 점령지역에서 선로를 떼어가기까지 했다. 미국은 독일의 과학자들을 자국으로 데려가 과학발전에 기여하도록 해 배상금을 대신했다.

나치의 광기로부터 해방

알베르트 슈페어

비록 결과적으로 독일은 패전국이 되었고 동독과 서독으로 나뉘어 냉전의 최전선에 있게 되었지만, 아이러니하게도 어떠한 면에서는 독일 주민 역시 패전의 수혜자이기도 했다. 그들은 사실 승전을 바랄 수도 패전을 바랄 수도 없는 난처한 상황이었다. 하지만 연합국의 승리는 그들에게 해방을 가져다주었다. 나치의 광기로부터 독일인들은 해방되었다. 나치에게 가장 먼저 정복당한 것은 독일이라는 말이 있다. 어떠한 의미에서는 그들에게도 평화가 찾아온 것이다. 당시 전세가 독일에게 불리하게 돌아갔지만, 히틀러는 전쟁을 멈출 생각이 없었다. 자신의 신념을 져버릴 생각도 없었다. 전쟁에 패한 것을 인정할 수밖에 없는 시점에 이르렀을 때 그는 '네로지령'(Nero Decree/Nerobefehl)이라는 영토 파괴 명령으로 독일을 완전히 초토화하려 했다. 적군이 독일을 점령할 경우 남겨진 어떤 자원도 이용하지 못하도록 하려는 것이었다. 다행히 일찌감치 패전을 확신한 히틀러의 측근 알베르트 슈페어(Berthold Konrad Hermann Albert Speer, 1905~1981)가 히틀러의 명령을 따르지 않았기 때문에 독일은 '네로지령'으로부터 무사할 수 있었다. 반면 전쟁에서 패배해 게르만족의 열등함과 자신의 열등함을 발견한 히틀러는 그의 신념에 따라 스스로에게 멸망을 선고했다. 그는 독일의 패전으로 독일인이 우월한 유전자가 아님이 드러났으며 열등한 인간은 멸망하는 것이 당연하다고 여겼다. 한 인간의 잘못된 신념과 신념에 대한 집착은 자신의 목숨도 아끼지 않았다.

독일인들은 이성적인 인간이 비이성적인 광기에 너무도 쉽게 휩쓸린 대가를 톡톡히 치러야했다. 그들의 땅은 다른 이들에 의해 갈라졌고 주권을 잃었다. 냉전체제 최전방에 놓이게 되었으며, 동독은 냉전이 끝날 때까지 자유가 억압된 채 살아야 했다. 그럼에도 불구하고 이들이 '엘베의 날'을 기념하는 이유는 무엇일까. 그것은 나치의 광기, 전체주의의 광기로부터의 해방에 대한 안도와 그로부터 깨어있지 못했다는 사실에 대한 반성, 다시 찾은 유럽의 평화에 대한 기쁨과 다시는 평화를 깨지 말자는 다짐이지 않을까.

용헌경

토르가우 시내 한복판에서 나란히
기념사진을 찍은 미군과 소련군

2
'통일'의 도시 베를린

독일의 수도 베를린은 서울의 1.5배의 면적에 약 370만 명이 사는 독일 제1의 도시이자 유럽 연합(EU)의 최대 도시다. 서울의 인구 천만 명보다 적은 인구가 살지만, 독일 16개 주 중에 가장 인구가 많은 도시다. 독일 북동부 슈프레강과 하펠강 연안에 있는 베를린은 도시 전체가 브란덴부르크주에 둘러싸여 있으며, 베를린 자체가 하나의 연방 주다. 한자로 음차해서 백림(伯林)이라고도 한다. 서울보다 넓은 베를린에는 가는 곳마다 두 개의 역사 흔적을 만나게 된다. 동서 베를린 장벽과 통일 현장 그리고 유대인학살 추모 기념 장소다.

독일 통일의 상징, 브란덴부르크 문

브란덴부르크 문(정면) 야경
다섯 개의 통로 중 조금 넓게 설계된 가운데 통로로는 왕족과 귀빈만 통행할 수 있었고, 일반인들은 바깥쪽 통로만 이용했다.

베를린 중심부에 위치한 브란덴부르크 문은 프로이센(Preußen) 왕국으로부터 현재 독일에 이르기까지 독일을 대표하는 상징적 건축물로 자리를 지켜왔다. 이 문은 프로이센 왕국의 프리드리히 빌헬름 2세(Friedrich Wilhelm II)의 명을 받아 1788년부터 1791년까지 건설되었으며, 19세기 이후 전쟁에 승리한 프로이센군 및 독일군이 개선할 때 반드시 통과하는 장소였다. 빌헬름 2세는 브란덴부르크 문을 건축하면서 프리드리히 대왕(Friedrich der Große)으로부터 물려받은 강력한 프로이센의 국력을 과시하는 한편, 새로운 평화와 번영의 시대가 열렸음을 널리 알리고자 했다. 브란덴부르크 문은 제2차 세계대전 후 동·서베를린을 나누는 경계선의 기점이 되었다. 이 문은 냉전과 독일 분단의 상징이었으나, 1989년 이후 독일 통일의 상징이 되었다.

평화와 번영의 상징

브란덴부르크 콰드리가와 단 아래의 평화를 상징하는 부조.
콰드리가를 마주 보는 쪽이 과거 동베를린, 뒷모습을 볼 수 있는 쪽이 서베를린이다.

브란덴부르크 문의 설계는 칼 고트하르트 랑한스(Carl Gotthard Langhans)가 맡았다. 그는 그리스 아테네의 아크로폴리스로 들어가는 관문인 프로필라이아(propylaia)를 모델로 삼았다. 학문과 예술, 철학의 도시인 아테네의 프로필리아를 모델로 했다는 것은 프로이센이 강한 국력으로 유럽의 중심이 되어가는 만큼 학문과 예술 방면에서도 중심이 되고자 했던 것 같다. 브란덴부르크 문은 당시 '평화의 문'(Friedenstor)이라 불렸다. 브란덴부르크 문에 장식된 조각들과 동상들은 왜 이 문이 평화의 문이었는지 이해할 수 있게 해준다.

브란덴부르크 문의 양쪽 끝에는 각각 전쟁의 신인 아레스(Ares)와 아테나(Athena)의 동상이 있다. 파괴적이고 호전적인 아레스와 평화를 수호하고 정의를 사랑하는 아테나가 서로 대비를 이루는 듯 하지만 칼을 칼집에 거두는 형상의 아레스의 동상은 전쟁이 끝나고 평화가 시작되었음을 말해주고 있다. 벽면 곳곳에는 사회를 위협하는 전쟁과 혼돈을 제거한다는 의미의 헤라클레스 이야기를 다룬 부조가 새겨져 있다. 브란덴부르크 문 상단에는 네 마리의 말이 끄는 고대 로마 시대의 전차인 '콰드리가'(quadriga)로 장식되어 있다. 여신이 사두마

차를 타고 있는 형상으로 지금은 승리의 여신인 빅토리아(Victoria)가 그 자리를 지키고 있지만, 콰드리가가 올려질 당시 그 자리에는 평화의 여신인 아이레네(Eirene)가 타고 있었다. 비록 콰드리가 상의 여신은 아이레네에서 빅토리아로 바뀌었지만, 하단에는 여전히 아이레네와 여러 가지 미덕을 형상화한 조각이 남아 평화를 이야기하고 있다.

브란덴부르크 문, 승리의 상징이 되다

평화의 여신이 승리의 여신으로 바뀐 시기는 1814년 프로이센이 나폴레옹(Napoleone Buonaparte)과의 전쟁에서 다시 승리를 거둔 후였다. 이로부터 8년 전 프로이센은 나폴레옹과의 전투에서 패배했다. 승리한 나폴레옹의 군대는 브란덴부르크 문을 통해 베를린으로 들어오게 되는데, 공교롭게도 이것이 브란덴부르크 문을 통과해 들어오는 첫 개선 행렬이었다. 승리한 나폴레옹은 전리품으로 브란덴부르크 문의 콰드리가를 떼 내어 파리로 가져갔다. 프로이센의 평화와 번영의 상징은 그렇게 굴욕의 상징이 되었다. 이후 프랑스와의 전쟁에서 다시 승리를 거두고 파리로 입성한 프로이센 군대는 곧바로 콰드리가를 찾아 베를린으로 돌려보냈다. 되찾아온 콰드리가를 카를 프리드리히 쉰켈(Karl Friedrich Schinkel)이 다시 설계하면서 아이레네는 빅토리아로 바뀌었고, 평화의 문은 개선문의 성격을 띠게 됐다.

다시 자유와 평화의 상징으로

이후 브란덴부르크 문은 역사적으로나 정치적으로 매우 상징적인 장소가 되었다. 브란덴부르크 문은 프로이센 군대나 독일제국 군대가 전쟁에 승리할 때

브란덴부르크 문 뒷면. 옛 서베를린 쪽에서 본 모습

마다 반드시 지나는 개선문이었다. 나치 독일 시절에는 권력의 상징이자 선전의 중심지로, 분단 시기에는 동서독 분단과 세계 분열의 상징으로, 이후 다시 평화의 상징으로 모습을 바꿨다. 2차 세계대전이 종식되고 독일이 분단되면서 브란덴부르크 문은 서베를린과 동베를린의 경계선 위에 놓였다. 독일의 빛나는 과거이자 미래를 나타내는 브란덴부르크 문은 어느새 그 의미를 모두 잃고 동베를린과 서베를린을 오가는 검문소가 되어버렸다. 게다가 베를린 장벽이 세워지면서는 1989년 장벽이 무너질 때까지 동·서베를린의 경계선인 장벽과 철조망 사이에 끼인 채 닫혀버린 문, 분단과 분열의 상징이 되어버렸다. 1987년에 베를린을 방문한 미국 대통령 레이건(Ronald Wilson Reagan)은 이 문 앞에서 "고르바초프, 문을 여시오! 장벽을 허무시오!"라고 연설했는데 그로부터 2년 후 장벽이 무너졌다. 누구도 예상치 못한 것이었다. 그의 요구는 기적과 같이 이루어졌다.

1989년 11월 9일 장벽이 무너졌고 동서독 주민들은 브란덴부르크 문 앞에 설치된 장벽을 넘나들었다. 그로부터 한 달 후 브란덴부르크 문 앞의 장벽은 철거됐다. 1989년 12월 22일 브란덴부르크 문은 정식으로 개방되었다. 장벽의 틈에 갇혔던 평화와 자유가 마침내 베를린 시민들의 가슴에 다시 안기는 순간이었다. 비가 오는 날이었음에도 10만 명이 넘는 인파가 모여 역사적인 순간을 함께 했다. 서독의 헬무트 콜 총리가 브란덴부르크 문을 통과해 동독으로 넘어가자 동독의 총리 한스 모드로우가 반갑게 맞으며 인사를 나눴다. 그 자리에서 헬무트 콜은 "우리는 평화를 원합니다. 우리는 자유를 원합니다. 우리는 유럽과 세계의 평화를 위해 공헌하기를 원합니다." 라고 연설했다. 그로부터 일 년 후인 1990년 10월 3일, 독일은 동서독 통일을 이루며 독일 땅에 평화와 자유의 길을 넓혔다.

용헌경

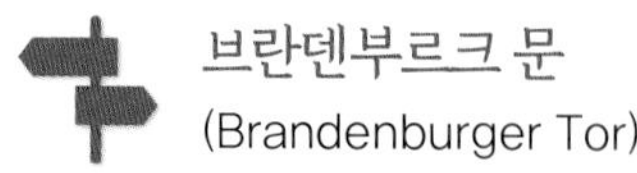

브란덴부르크 문
(Brandenburger Tor)

주 소 Pariser Platz, 10117 Berlin

베를린 장벽

이스트 사이드 갤러리

이스트 사이드 갤러리(베를린 장벽)

베를린 장벽의 흔적은 베를린 곳곳에 남아 있다. '베를린 장벽'하면 우리가 흔히 떠올리는 이미지는 아마도 이스트 사이드 갤러리에 있는 장벽이 아닐까 싶다. 이스트 사이드 갤러리(East Side Gallery)는 통일 이후 베를린을 동서독으로 가르던 장벽 위에 그림을 그려 전시하고 있는 세계 최대 야외갤러리다. 세계 각국에서 초대받은 예술인들은 장벽 위에 평화와 자유가 깃든 미래를 소망하는 작품을 그려 넣었다. 약 1.3km 길이에 달하는 장벽 위에 100 여 개의 작품들이 전시되어 있다. 그중에 가장 인기가 많은 작품은 '형제의 키스'다. 그 앞은 그림과 함께 사진을 찍으려는 사람들로 늘 붐빈다. 이 그림은 동독의 서기장 에리히 호네커(Erich Honecker)와 소련 서기장 레오니트 브레즈네프(Leonid Brezhnev)가 실제로 키스하는 장면을 그림으로 옮겨놓은 것이다. 속사정을 모르면 오해할 수도 있겠지만, 이 장면은 동독 건국 30주년 기념행사에서 호네커가 소련과의 밀접한 관계를 과시하기 위해 취한 행동이다. 이후에도 호네커는 동독 서기장으로 재선되자 이번엔 고르바초프(Mikhail Gorbachev)와 공산 진영의 진한 형제애를 다시 한번 과시하려 했으나 고르바초프가 살짝 피하면서 볼 키스에 그쳤다. 끈끈한 유대감을 이런 방식으로 표현하는 것에 거부감을 느낀 것인지, 이미 공산체제에 회의를 느낀 고르바초프가 공산체제를 고집하는 동독의 태도가 못마땅한 것이었는지, 그 속내는 알 수 없지만 아마도 후자이지 않았을까. 1985년 소련의 당서기로 선출되면서 페레스트로이카(perestroika, 개혁)

와 글라스노스트(Glasnost, 개방) 정책을 펴오던 고르바초프였으니 말이다. 고르바초프는 호네커 재선 3년 후 동독 건국 40주년을 기념하는 자리에서 호네커에게 변화를 받아들이고 체제를 개혁할 것을 권고했다. 그러나 호네커는 공산 체제는 물론이거니와 동독이 무너질 것이라고는 꿈에도 생각지 않았다. 그 자리에서 그는 동독이 100년은 건재할 것이라 장담했다. 그리고 한 달 후 11월 9일 베를린 장벽은 무너졌다.

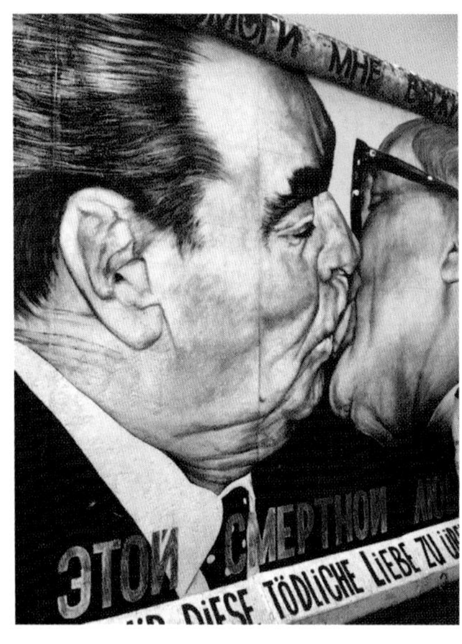

이스트 사이드 갤러리
형제의 키스

이스트 사이드 갤러리
1961년: 장벽 세움
1989년 11월 9일: 장벽 무너짐
1990년 2월~9월: 장벽에 그림
2009년: 수리

베를린 장벽의 사연

이스트 사이드 갤러리 주변 기념품 가게에서는 베를린 장벽 조각을 엽서에 끼워 팔거나 단품으로 팔고 있다. 사실 이것이 진짜 장벽 조각인지는 알 수 없다. 일반 돌조각일 수도 있다. 굳이 사고 싶다면 본인의 선택에 맡기겠다.

베를린 장벽에도 사연 하나가 있는데, 서쪽 면은 낙서가 많고 동쪽 면은 낙서가 거의 없다. 이것은 장벽에 가까이 다가갈 수 없었던 동독의 삼엄함과 그나마 가까이 갈 수 있었던 서독의 분방함을 보여준다. 그러나 이스트 사이드 갤러리 장벽은 양쪽 면이 낙서와 그림으로 가득하다. 그래서 어느 쪽이 동독 지역이었는지 서독 지역이었는지 구분이 쉽지 않다. 원형 그대로의 장벽을 보고 싶다면 니더키르흐너 거리(Niederkirchnerstraße 8)의 '테러의 지형 박물관'(테러의 토포그래피, Topographie des Terrors)이나 베르나우어 거리(Bernauerstraße 111)에 있는 '베를린 장벽 기념관'(Gedenkstätte Berliner Mauer)을 추천한다.

1980년대에 프랑스 예술가 티에리 누아르(Thierry Noir)가 그린 장벽 벽화, 벽화가 그려져 있는 쪽이 서독 쪽이다.

이스트 사이드 갤러리에 사랑의 자물쇠들, 서울 남산에 올라가면 연인들이 많이 걸어놓고 가는 자물쇠를 여기서도 볼 수 있다.

이스트 사이드 갤러리 (East Side Gallery)

주　　소 Mühlenstraße 3-100, 10243 Berlin

연 락 처 Tel. +49 30 2517159

개방시간 24시간

장벽이 세워지다

토포그래피 박물관에 있는 베를린 장벽

베를린 장벽은 1961년 동베를린과 서베를린 사이에 세워졌다. 장벽이 세워지기 전까지 베를린은 우리의 분단 상황과는 다른 조금 특별한 상황이었다. 두 지역은 동서로 분단되었음에도 자유롭게 왕래할 수 있었고 통행에 큰 제약이 없었다. 이런 상황 속에서 서독은 미국으로부터 경제적 원조를 받고, 또 중화학공업 분야에서 크게 발전을 하면서 경제적 회복에 박차를 가했다.

한편 소련에 막대한 배상금을 지불해야 했던 동독의 경제 상황은 공산주의 체제 아래서 더욱 악화 되었다. 그만큼 동독 주민들의 불만도 커졌다. 동독과 서독 사이, 동베를린과 서베를린 사이의 경제적 상황과 체제에 의한 격차가 점점 커지면서 동독 정부가 가볍게 여길 수 없는 문제가 생기기 시작했다. 서베를린에 갔던 주민들이 다시 돌아오지 않는 일이 빈번해진 것이다. 그들 중에는 지식인들이나 기술자, 학생들이 많았다. 하루에도 약 800명씩 동독을 떠났다고 하니 동독으로서는 인재, 인력, 세금원 면에서 상당한 손실이었다. 사태의 심각성을 인지한 동독 정부는 결국 서베를린을 완전히 둘러싸는 장벽을 세워 주민들의 이탈을 막았다. 장벽이 세워진 이후에는 주변 경계가 삼엄해졌다. 장벽을 넘어 탈출하려는 주민 수가 늘어나자 장벽을 넘는 이들에게 총격까지 가해졌다. 그럼에도 목숨을 걸고 장벽을 넘어 서베를린으로 탈출한 사람이 장벽 붕괴 전까지 60만 명이었다.

베딩지역 베르나우어 거리

베르나우어 거리의 장벽 골조

장벽은 한 마을을 반으로 갈라놓기도 했다. 베를린 베딩지역(Wedding)에 베르나우어 거리(Bernauer Straße)에는 장벽이 이 지역 한가운데를 가로질러 세워졌다. 장벽이 마을 한가운데를 관통해서 그런지 유난히 탈출자와 희생자가 많은 곳이었다. 베르나우어 거리에 서면 땅에 박힌 채 한 줄로 늘어서 있는 철봉들을 볼 수 있다. 장벽의 골조만 남겨놓은 것인데 그 사이를 지나가려면 옆으로 서서 비스듬히 지나가야 할 만큼 꽤 촘촘하게 박혀있다. 처음 장벽을 세울 때는 벽돌을 이용했는데 이 약점을 이용해 자동차로 뚫고 지나가는 등 갖은 수단과 방법을 동원해 탈출을 시도하려는 사람이 많아지자 이를 막기 위해 장벽을 튼튼하게 보수했다. 장벽과 골조가 이미 철거된 곳 바닥에는 사각 돌 블록 두 줄로 장벽이 세워졌던 자리가 표시되어 있다. 이따금 그 옆에 이름과 날짜가 적혀있는 것을 볼 수 있는데 장벽을 넘으려다가 희생된 사람들을 추모하기 위한 것이다.

베를린 장벽 기념관

베르나우어 거리에는 골조뿐만 아니라 마을 한가운데를 가로지르던 장벽과 경비구역의 일부도 철거되지 않고 남아 있다. 그대로 보존된 경비구역 건너편에는 베를린 장벽 기념관(Gedenkstätte Berliner Mauer)이 있다. 이 전망대에 올라가 보면 차단벽과 감시탑, 벽과 벽 사이에 운동장만큼이나 넓은 공간이 한눈에 들어온다. 저 벽을 넘어 서독으로 가고자 하는 탈출자들의 심정은 어땠을까. 얼마나 절박했을까. 절박함을 느낄 새라도 있었을까. 감시를 피해 죽을힘을 다

베르나우어 거리에 있는 전망대는 베를린 장벽 기념관 건물과 같이 있다.

해 뛰었을 것이다. 허허벌판과 같은 공간에서 벌거벗겨진 듯한 모습으로 불안과 긴장을 견디며 뛰어가는 사람을 그려보니 뛰기에는 너무나 긴 거리지만 삶과 죽음을 가르기에는 너무나 짧은 거리라는 생각이 들어 가슴이 먹먹하다.

독일에서 이러한 일들이 사라진 지 오래지만, 우리와 가까운 곳 어딘가 목숨을 건 채 달리고 있을 누군가가 또 있다. 우리에게는 아직 진행 중이다. 한 TV 프로그램을 통해 마주하게 되는 그들을 보며 그들의 대단함에 대해서는 생각해 보았지만, 이 땅을 밟아보지도 못하고 혹은 그 땅을 벗어나 보지도 못한 채 희생된 누군가에 대해서는 생각지 못했다. 자못 미안한 마음이 든다.

베를린장벽기념관

베르나우어 거리 전망대에서 바라 본 장벽

전망대 반대편에서 장벽 틈으로 장벽 안을 들여 다볼 수 있다.

베를린 장벽 기념관
(Gedenkstätte Berliner Mauer)

주 소 Bernauer Str. 111, 13355 Berlin

연 락 처 Tel. +49 30 467 986 666

테러의 토포그래피 박물관

베를린 장벽 기념관 전망대 아래층에는 각각의 전시공간에 독일 분단의 역사를 전시하고 있다. 이곳에서 독일 분단에 관한 꽤 많은 정보와 자료를 접할 수 있다. 베를린 장벽이 무너지는 과정을 담은 영상도 상영되고 있어 그 당시 상황을 생생하게 느낄 수 있다. 이 영상에 시민들이 망치와 장비로 장벽을 해체하는 장면이 나오는데, 그 장면을 떠올리게 하는 장벽이 남아 있는 곳이 있다. 바로 테러의 토포그래피 박물관(Topographie des Terrors)이다. 이 박물관은 게슈타포(Gestapo)와 무장친위대 SS(Schutzstaffel)의 본부가 있던 터에 지어진 나치 관련 박물관이다. 1933년부터 1945년까지 나치에 관련된 자료가 전시되어 있다. 과거의 잘못을 반성하고 평화의 미래를 다짐하며 잘못된 사상에 의해 무참히 학살된 희생자들을 추모한다. 토포그래피 박물관 뜰에서 여기저기 구멍 난, 날 것 그대로의 장벽을 볼 수 있다.

테러의 토포그래피 박물관(좌측 붉은 벽돌 건물)
광장에 있는 베를린 장벽의 일부(우측)

테러의 토포그래피 입구

베를린 장벽. 탈출 구멍

테러의 토포그래피
(Topographie des Terrors)

주　　소 Niederkirchnerstraße 8, 10963 Berlin

연 락 처 Tel. +49 30 25 45 09 50

개방시간 월-일 10:00-20:00 (박물관 외부는 어두워질 때까지 관람 가능)

독일어 가이드: 일요일 14:00

화해의 교회

장벽기념관 전망대에서 경비구역 왼쪽 건너편을 보면 나무로 된 둥그런 건축물 하나를 볼 수 있다. 이곳은 화해의 교회(Kapelle der Versöhnung)로 1894년에 처음 지어졌다. 몇 차례 붕괴와 재건을 거듭하다가 지금의 모습을 갖게 된 것은 통일 후 2000년도다. 처음 건축될 당시 부유층과 서민들이 서로 화목하게 살아가기를 바라며 '화해의 교회'라 이름 붙였으나 현재는 분단과 통일의 상징이 되었다. 화해의 교회에서는 매주 화요일부터 금요일까지 정오에 장벽을 넘다가 희생된 사람들을 추모한다.

화해의 교회 외관

화해의 교회 내부

화해의 교회
(Kapelle der Versöhnung)

주　　소 Bernauer Str. 4, 10115 Berlin

연 락 처 Tel. +49 (0) 30 463 60 34 (교회 사무실)

개방시간 화–토 10:00–17:00, 일요일 11:00–17:00 (월요일 휴무)

예배시간 일요일 10:00

장벽이 무너지다

베를린 장벽은 1989년 장벽이 세워진 지 약 30년 만에 철거되었다. 그 누구도 베를린 장벽이 무너질 줄 생각지 못했다. 철거되기 불과 한 달 전만 해도 동독 서기장 에리히 호네커(Erich Honecker, 1912-1994)는 장벽이 100년은 끄떡없을 것이라고 호언장담했다. 그러나 누구도 예상치 못했던 일이 1989년 11월 9일에 일어났다.

에리히 호네커 에곤 크렌츠 귄터 샤보브스키

동독 전역으로 퍼져가는 자유와 민주주의를 요구하는 시위를 막지 못한 책임을 지고 호네커가 사퇴하고, 에곤 크렌츠(Egon Krenz, 1937 출생)가 동독 서기장이 되었다. 그는 주변국을 거쳐 동독을 빠져나가는 주민들을 사실상 막을 수 없다는 걸 인정하고, 사태가 더 악화되지 않도록 여행 규제를 완화하기로 했다. 법안발표는 11월 9일에 있었다. 새롭게 바뀐 여행법에 대해 귄터 샤보브스키(Günter Schabowski, 1929~2015)가 공표했는데 이때 그는 세기의 말실수를 하고 말았다. 그는 그날 새로운 여행법에 대해 완전히 이해하지 못한 상태에서 발표했다. 준비된 자료에 따라 바뀐 여행법안을 공표하고 질의응답을 받았다. "언제부터 법안이 발효되는 것이냐"는 예상치 못한 기자의 질문에 샤보브스키는 동독 주민들이 원하기만 하면 어디든 갈 수 있으며, 그 법은 지금 당장 발효된다고 답했다. 그러자 상황은 걷잡을 수 없게 되었다. 사실 여행법의 구체적인 내용은 거의 바뀐 것이 없었다. 바뀐 것

이라고는 여권 발급 기간의 단축과 이전에는 여권 발급을 하려면 특별한 사유가 있어야 했다면 변경 후에는 누구나 여권을 발급받을 수 있다는 것 정도였다. 발급을 위한 절차는 이전과 동일했다. 그래서 동·서독의 기자들과 주민들은 이 발표에 별다른 반응을 보이지 않았다. 문제는 다른 곳에서 터졌다. 이탈리아 ANSA사 특파원이 발표 내용을 오해해 자국에 "베를린 장벽이 무너졌다"고 보고했다. 이 보도는 그대로 전파를 탔고, 몇몇 국가에서 사실 확인 없이 이탈리아의 보도 내용을 그대로 참조해 방송을 내보냈다. 사실 장벽 붕괴에 귄터 샤보브스키의 말실수보다 더 큰 영향을 준 것은 바로 이 오보였다. 서독 텔레비전에서도 동독이 드디어 국경을 열었다는 소식이 흘러나왔다. 그 방송을 서독 주민들뿐만 아니라 동독 주민들도 접하게 됐다.

당시 동독 주민들은 서독의 TV 프로그램을 합법적으로 자유롭게 볼 수 있었다. 동독은 한때 미디어를 통제하기도 했지만, 통제가 쉽지 않았다. 미디어 통제가 더 큰 분란을 초래할지도 모른다고 여긴 동독은 통제를 풀어 주었다. 동독 주민 중에는 밤에는 서독 TV 프로그램을 시청하며 서독의 삶을 즐기다가 아침이 되면 동독 생활로 돌아오는 사람들이 많았다. 서독 TV 프로그램은 동독 주민들이 서독의 자유롭고 여유로운 삶에 대한 기대감을 갖게 했다. TV는 동독 주민들에게 서독 주민들의 삶을 보여주며 서로가 가진 삶의 모습은 다르지만, 독일인으로서 함께 공감하고 웃고 슬퍼하며 정서적 유대감을 이어나갈 수 있

는 다리가 되어주었다.

국경이 열렸고 어느 곳으로든 나갈 수 있다는 소식을 서독 TV를 통해 뒤늦게 접한 서독 주민들과 동독 주민들은 장벽으로 몰려들기 시작했다. 장벽 동편에서는 서독으로 가려는 사람들로, 장벽 서편으로는 동독 사람을 맞으러 나온 사람들로 인산인해를 이뤘다. 장벽 개방에 대해 전혀 지시받은 것이 없어 검문소를 개방해주지 않는 경비병들과 장벽을 통과하려는 주민들 사이에 대치 상황이 벌어졌다. 그러나 망치, 포크레인, 불도저 등 장비를 동원해 밀고 들어오는 주민들을 막을 수 없었다. 결국, 장벽은 손쓸 틈도 없이 무너졌다.

용헌경

한반도의 통일을 기원하다

한반도의 베를린 장벽

청계천 베를린 광장에 있는 베를린 장벽. 낙서가 없는 쪽이 동독 쪽

베를린 장벽은 먼 독일 땅에서뿐만 아니라 한반도에서도 볼 수 있다. 서울 시내와 의정부 평화통일 공원, 파주 민통선 내 위치한 도라산역, 그리고 고성 DMZ 박물관에 한반도의 통일을 기원한다는 의미로 설치되어 있다. 서울 시내에 있는 베를린 장벽은 베를린 장벽 훼손 사건으로 인해 이미 많은 사람에게 알려져 있다. 장벽은 청계천 한화빌딩 앞 베를린 광장에 전시되어 있으며, 2005년 베를린시가 기증한 것이다. 장벽을 살펴보면 양면이 눈에 띄게 다르다. 서베를린을 접하고 있었던 면은 이산가족의 만남, 평화와 통일에 대한 염원이 담긴 낙서가 가득하다. 반면 동베를린을 접했던 면은 장벽에 접근조차 하기 어려웠었기 때문에, 벽체가 깨끗하게 남아 있어서 당시 양측의 사뭇 다른 사회적 배경을 간접적으로나마 엿볼 수 있다.

특별히 도라산역에는 2015년에 통일로 향하는 플랫폼이라는 의미를 담은 통일 플랫폼이 조성되었다. 통일 플랫폼에는 2015년 독일 통일 25주년을 맞아 베를린시에서 기증한 베를린 장벽 일부와 서독과 동독을 오가던 미군 화물열차가 전시되어 있다. 이 열차는 우편열차로 분단된 두 지역의 소식을 실어 나르면서 동서독 주민들의 유대감이 유지될 수 있게 해주는 역할을 했다. 그 옆에는

도라산역 통일 플랫폼

개성공단으로 운행했던 화물열차가 있고 내부에 작은 전시관도 마련되어있다. 2007년부터 약 1년간 도라산역에서 북한으로 화물열차가 다니기도 했다. 그러나 금강산 피격사건으로 남북관계가 경색되면서 열차운영은 중단되었다. 도라산역은 남한 최북단에 있는 철도역이자 북과 유라시아 대륙으로 향하는 첫 번째 역이다. 십여 년간 방치된 철길이 보수되기만 하면 도라산에서 시작되는 열차가 북한 땅을 지나 유라시아 대륙으로 뻗어 나갈 수 있다. 지금은 남한 최북단에서 반환점이 되는 철도역이지만 세계로 뻗어 나가는 시작점이 되는 날이 어서 오기를 기원한다. 도라산역은 DMZ 트레인 관광열차를 이용하거나 임진각에서 출발하는 파주 DMZ투어를 이용해 둘러볼 수 있다.

도라산역 베를린 장벽

포츠담의 통일정

베를린에서 유일한 분단국가인 한국에 통일 경험을 나누고 한반도의 평화와 통일에 대한 염원을 담아 베를린 장벽을 기증한 것처럼, 우리도 통일된 독일 땅에 한반도의 통일을 기원하며 세운 건축물이 있다. 베를린 중심가 포츠담 광장(Potsdamer Platz)에 세워진 통일정이다. 창경궁 낙선재 상량전을 재현한 것으로 베를린 장벽 붕괴 25주년을 기념하고 한반도 통일을 기원하며 한국문화원에서 설립했다. 독일 통일의 상징적인 도시 베를린 시내 한가운데에서 낯익은 건축물을 보니 반갑기도 하고 한편으로는 부러운 마음에 아쉬움이 번진다. 넓은 광장을 누비는 사람들은 이제는 동·서독 사람 구분 없이 '베를린 시민'으로 존재하고 있다. 우리에게도 남한사람, 북한사람이라는 구분 없이, 잠시 다른 역사를 가졌지만, 다시 하나의 역사와 문화를 이어가는 한 나라의 한 시민으로 서로 바라볼 수 있는 날이 오길 기대한다.

용헌경

베를린 포츠담광장 통일정

포츠담광장 통일정 옆 지하철 입구

포츠담 광장(Potsdamer Platz)의 통일정

주 소 Potsdamer Platz, 10785 Berlin

템펠호프 공원

템펠호프 공원(Tempelhofer Feld)은 2008년까지 템펠호프 공항이라는 이름 아래 베를린의 하늘 관문으로 기능해왔다. 1920년대에 개항한 템펠호프 공항에는 백 년 가까이 수많은 사람과 비행기가 거쳐 갔다. 베를린 시내에 있던 공항은 위치적 특성상 소음으로 인한 갈등과 짧은 활주로로 인해 결국 폐쇄됐다. 베를린시는 넓은 부지에 대규모 주거지역을 조성할 계획이었다. 그러나 베를린 시민들의 반대로 결국 공원이 됐다. 템펠호프 공원이 특별한 것은 도심의 백만 평이나 되는 부지를 공원화했다는 것이다. 또한, 기존에 있던 공항 시설을 철거하지 않고 그대로 남겨두었다. 이곳은 초록 자연과 활주로, 관제탑, 터미널 등이 함께 어우러져 공존한다.

템펠호프 공원은 베를린 주요 관광지에서 조금 떨어진 곳에 있다. 베를린 시민들이 많이 찾는 공원이지만, 다른 관광지에 비해 특별한 볼거리가 있지는 않다. 그래서인지 여행 책자에서도 찾기 힘든 곳이다. 하지만 이곳이 중요한 이유는 템펠호프 공항이 동서독 분단 시절에 서베를린을 생존할 수 있게 했던 탯줄과 같은 곳이었기 때문이다.

미국, 영국, 프랑스 관할 지역이었던 서베를린은 서독의 영토였지만, 서독과는 멀리 떨어져 동독 중앙에 섬처럼 위치했다. 2차 세계대전에서 나치독일이 패배하자 승리한 연합군과 소련군은 패전국인 독일을 어떻게 처리할지를 결정하기 위해 여러 차례 회담했다. 회담에서 승전국은 독일을 네 개로 분할해 미국, 영국, 프랑스, 소련이 각각 통치하기로 했다. 한편 독일의 수도인 베를린은 본래 소련 관할 지역인 동독에 속하였으나 수도가 갖는 상징적인 의미를 고려하여 베를린 역시 네 개의 지역으로 나눠 점령하고 연합하여 통치하기로 했다. 그러나 얼마 지나지 않아 미국이 주축이 되어 미국 점령지역과 영국, 프랑스 점령지역을 통합하고 화폐개혁을 강행하면서 네 개로 나뉘었던 독일과 베를린은 다시 동독과 서독, 동베를린과 서베를린으로 분리되었다. 지역적으로 서독과 떨어져 동독 지역 안에 있던 서베를린은 육지의 섬과 같은 곳이었다. 육지의 섬이라고는 하지만 분단 초기 서베를린은 고립되어 있지 않았다. 구역을 엄격하게 나누기는 했어도 어느 국가의 점령 구역인지를 표시하는 표지판만 세워졌을 뿐 엄격하게 통제하지 않았다. 서로 자유롭게 왕래가 가능한 정도였고 심지어 동베를린 지역 거주민이 서베를린으로 출퇴근하기도 했다. 상황이 악화된 것은 미국이 마샬플랜으로 서유럽과 서독을 원조하고, 동서독 화폐개혁에 대해 소련과 의견이 좁혀지지 않자 서독과 서베를린이 단독으로 화폐개혁을 단행하면서부터다. 자본주의 영향권 안에 들어간 서독과 서베를린의 영향으로 동독과 동유럽권까지 자본주의가 확산되는 것을 두려워한 소련과 동독은 서베를린을 동독에 강제 편입시

템펠호프 공항. 수송 물자를 상공에서 떨어뜨리고 있는 비행기

키려 했다. 동독은 서독에서 서베를린으로 통하는 모든 육로를 차단해버렸다. 서베를린을 완전히 고립시키기 위해 어떠한 물자도 제공하지 않았다. 당시 서베를린에는 발전시설이 부족해 인근 동독발전소에서 전기를 끌어쓰기도 했는데, 동독 발전소가 서독 쪽으로 공급되는 전기를 차단해버렸다. 완전히 육지의 섬이 된 서베를린은 모든 것을 스스로 해결해야 했지만, 서베를린에 남아 있는 자원으로는 얼마 버티지도 못할 형편이었다. 그러나 연합군 측은 공산 진영 중심부에 자리하고 있는 자유 도시 베를린을 포기할 수 없었다. 그들은 고심 끝에 한 가지 묘안을 생각해냈다. 서베를린에서 필요한 모든 물자를 육로가 아닌 항로로 공급하기로 한 것이다. 생필품부터 건축 자재까지 모든 것이 비행기를 통해 서베를린으로 들어갔다. 자유 진영에서 서베를린으로 운송되는 물자 대부분이 템펠호프 공항으로 들어왔다. 당시 템펠호프 공항에는 5분마다 한 번씩 비행기가 착륙할 정도로 많은 항공기가 동원됐다. 공중보급 작전으로 결국 동독과 소련은 1949년 5월, 11개월 만에 봉쇄를 철회하게 되었고, 이로써 서베를린은 계속 동독 지역 내에서 자유의 심장으로 남아 있을 수 있었다.

동독의 중심에 자리 잡았던 서베를린은 서독의 창과 같은 역할을 했다. 동독 주민들은 서베를린이라는 창을 통해 서독을 넘겨다보았다. 창 너머로 손에 잡힐 듯 보이는 여유롭고 자유가 보장되는 삶은 더 나은 삶을 열망하게 했다. 그

결과 많은 동독 주민들이 서베를린을 방문했다가 다시 동독으로 돌아가지 않았고, 장벽이 세워진 후에도 목숨을 걸고 장벽을 넘었다. 서베를린은 그들이 잘 정착할 수 있도록 성심껏 도왔다. 동·서 베를린의 이런 상황은 동·서 독일의 상황이 되었고, 독일 '통일'의 초석이 되었다.

용헌경

템펠호프 공원에서 독일 통일의 그 날을 떠올리며, 자유의 기쁨을 재현했다.

템펠호프 공원
(Tempelhofer Feld)

주　　소 Tempelhofer Damm, 12101 Berlin

연 락 처 +49 30 700 906 700

베를린 장벽 건설 직전부터 붕괴 직후까지

2차 세계대전 후반기, 얄타 회담에서 영국, 미국, 소련, 프랑스 연합 4개국은 나치 독일을 분할 점령하는 데 합의했다. 합의 과정에서 독일 수도 베를린을 어떻게 할 것인가에 관한 논쟁이 있었다. 4개국이 분할 점령하는 것으로 했고, 이는 훗날 베를린 장벽이 생기는 엄청난 결과를 초래했다. 베를린은 독일뿐만 아니라 유럽에서도 알아주는 상징성과 역사성이 크기 때문에 연합국 모두가 베를린을 노렸다. 전쟁이 끝나고 연합국은 베를린 경계선을 골목길 하나까지 철저하게 나눴다. 서로의 점령지가 겹쳐 생기는 군사 충돌을 막기 위한 것이었다. 그래도 동서 간의 베를린 주민들은 자유롭게 경계를 넘나들 수 있었다. 심지어 동쪽 주민이 서쪽으로 통근을 하곤 했다.

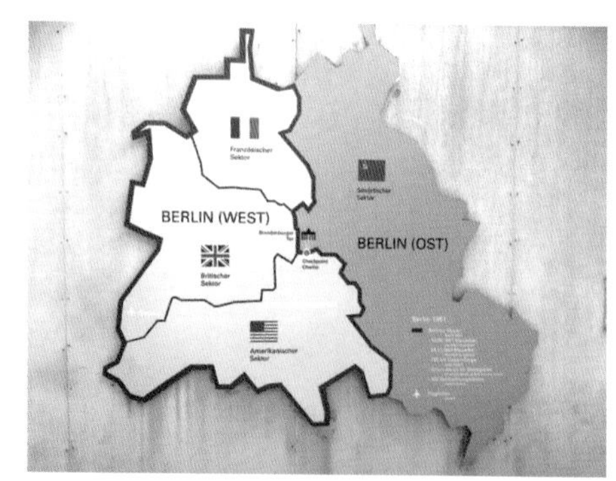

2차 세계대전 후 연합 4개국에 의해 분할 점령된 베를린
(체크 포인트 찰리 전시관 외벽에 있는 베를린 모형도)

하지만 좋은 현상은 오래가지 않았다. 동쪽 주민들이 업무를 위해 점차 서쪽으로 이주를 하거나 아예 정착해 돌아오지 않는 상황이 벌어졌다. 인구 유출에 심각성을 알게 된 소련과 동독은 더 이상 서쪽으로 인구가 쏠리지 않도록 장벽을 세우기로 했다. 장벽 건설 계획은 극비리에 진행되었고, 세우기 직전에 동독 주민들을 통제했다. 장벽 세우기가 한창일 때, 서쪽 진영은 실탄을 무장한 채 대치하고 있었다. 동쪽 진영은 군대까지 동원해 장벽을 속전속결로 세워버렸다. 한동안 서쪽 진영에서는 서베를린의 고립과 군사 충돌에 대한 우려 때문에 어수선했다. 군사 충돌은 일어나지 않았지만, 서베를린은 섬이 되어버렸다. 장

벽 붕괴 직전까지 28년 동안 많은 일이 일어났다. 1963년, 당시 존 F. 케네디 미국 대통령이 서베를린을 방문해 "나는 베를린 시민입니다!"란 명연설을 했다. 1987년에는 당시 로널드 레이건 미국 대통령도 "이 장벽을 허무시오!"란 연설을 하고 갔다.

베르나우어 거리 벽에 새겨진 최초의 동베를린 탈출 시도 장면

장벽을 세웠어도 사람들이 서쪽으로 탈출을 시도하는 일이 많았다. 최초로 탈출을 성공한 사람은 동독 군인 부사관 출신인 한스 콘라트 슈만(Hans Konrad Schumann)이다. 그가 경계 철조망을 뛰어넘는 사진은 유명하며, 그 모습은 냉전 시대 때 자유의 상징으로 쓰이기도 했다. 베를린 시내를 돌아다니면 탈출을 재현한 동상과 벽화를 볼 수 있다. 하지만 슈만은 독일 통일 이후, 보복에 대한 불안감으로 우울증에 시달리다 1998년에 자살로 생을 마감하였다. 장벽이 무너지기 9달 전까지 탈출 시도가 이어졌다. 마지막 탈출 시도자는 크리스 게프로이(Chris Geoffroy)로 탈출 시도 당시, 만 20살의 앳된 청년이었는데 안타깝게도 실패하고 말았다.

마지막 탈출 시도자 크리스 게프로이(왼쪽)는 국경수비대의 총에 맞아 사망했다. 그를 기리는 추모비에 "호네커 독재의 희생자"(Opfer der Honecker Diktatur)라는 문구가 보인다(오른쪽).

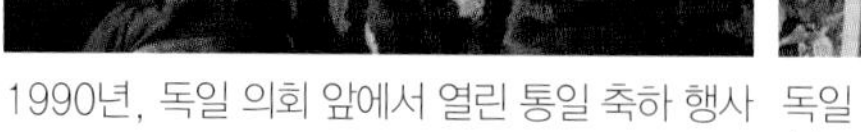
1990년, 독일 의회 앞에서 열린 통일 축하 행사

독일 통일을 선포하는 헬무트 콜(왼쪽 네번째), 선포식에 참관한 빌리 브란트(맨 왼쪽)

폐쇄로 인한 고인 물은 썩기 마련이다. 그동안 동독이 저질렀던 억압이 점점 시민 저항의 원인이 되었으며, 라이프치히 월요시위의 도화선이 되었다. 결국, 동독은 대망의 1989년에 '여행 자유화'라는 정책을 내놓았고, 시민 저항을 가라앉히려는 노력을 시도했다. 그런데 공식 기자회견을 충분히 준비하지 못한 채 진행하면서 돌이킬 수 없는 사건이 발생했다. 당시 동독 인사였던 귄터 샤보브스키는 기자의 국경 개방 관련 질문에 '지연 없이, 즉시한다'는 말실수를 하고 말았다. 사전에 질문을 숙지 못한 잘못이 컸다. 질문했던 이탈리아 외신기자는 단순히 여행 자유화를 베를린 장벽 붕괴로 오해해 오보를 내는 사태가 벌어졌다. 세계는 잠깐 당황했지만, 그것도 잠시일 뿐, 이것은 동 · 서독 간의 환호와 열광으로 되돌아왔다. 동 · 서독 시민들이 공구와 중장비를 가지고 장벽을 부수기 시작했다. 국경수비대들은 갑작스럽게 군중이 몰려오자 통제도 하지 못하고 장벽 붕괴만을 지켜봐야 했다. 주변 국가들은 동·서독의 통일 조짐이 보이자 나치 독일의 악몽이 재연될까 우려했다. 그러나 장벽은 무너졌고, 1990년 동 · 서독 통일 선언 이후에도 장벽 철거는 계속 진행됐다. 1991년이 되어서야 베를린은 다시 하나의 베를린이 되었다.

2019년에 독일은 베를린 장벽 붕괴 30주년을 맞이했다. 동 · 서독 사이의 물질의 벽은 없어졌으나 마음의 벽은 아직 남아 있는 듯하다. 베를린이 독일의 수도임에도 불구하고 서독 지역 주요 도시들보다 생산, 소득, 취업 면에서 뒤처진다. 베를린 외 옛 동독 지역은 더 심각하다. 역대 독일 정치가와 전문가들이 동독 지역의 개혁과 개발에 총력을 기울여도 큰 진전이 없다. 동독 지역 시민들의 불만은 거세져서 극단적 행동을 취하기도 한다.

베를린에도 한반도 비무장지대처럼 땅굴이 있는데 한반도 땅굴과 다르게 침략 용도가 아닌 탈출 용도로 썼다. 2019년 장벽 붕괴 30주년을 기념해 땅굴의 실물을 일반에 공개했다. 베를린 장벽은 다 철거되지 않고, 후대 독일의 교육과 관광 사업을 위해 남겨놓았다. 장벽이 철거된 자리 도로에 표지석이 박혀있다. 베를린을 둘러볼 때 발밑을 한번 잘 살펴보기 바란다.

공제하

베를린 장벽은 영화 소재로도 많이 쓰이고 있다. 지금까지 국내에서 상영된 베를린 장벽 소재가 나온 영화 포스터들이다.

체크포인트 찰리

체크포인트 찰리. 검문소 앞에 연합군이 지키고 있다(재연).

1961년에 세워진 검문소 체크포인트 찰리(Checkpoint Charlie)는 동서 베를린의 분단을 나타내는 상징적 장소다. 냉전 당시 동베를린과 서베를린을 분단하던 베를린 장벽의 가장 유명한 검문소를 연합군에서 지칭했던 지명이다. 서베를린에서 동베를린 및 동독으로 넘어가는 검문소가 여러 곳이 있었는데, 체크포인트 찰리는 외국인이 통과할 수 있었던 유일한 검문소였다. 찰리라는 이름은 NATO(북대서양 조약기구)의 음성 기호 문자 C에서부터 왔다. 서베를린에는 임시 목조 가건물의 형태로 검문소가 있었으며, 동베를린에는 고속도로 톨게이트처럼 건축되어 차량과 보도 이동 인원의 통제와 검문을 할 수 있게 되어 있었다. 원래 체크포인트 찰리 검문소는 1990년 6월 22일에 제거되어 달렘(Dahlem)에 있는 연합군 박물관에 전시 중이다. 현재 남아 있는 것은 서베를린 측 검문소를 복원해 지은 가건물로 관광지가 되었다. 체크포인트 찰리는 우리나라의 판문점 공동경비구역 개념이라 생각하면 쉽게 와 닿을 수 있다. 연합 군사 경찰로 분장한 배우 두 명이 검문소 앞에 서 있는데, 이들에게 팁을 주면 같이 사진을 찍을 수 있다.

공제하

동쪽에서 바라본 체크포인트 찰리, 앞에는 미군 사진이 있다.

서쪽에서 바라본 체크포인트 찰리, 앞에는 소련군 사진이 있다.

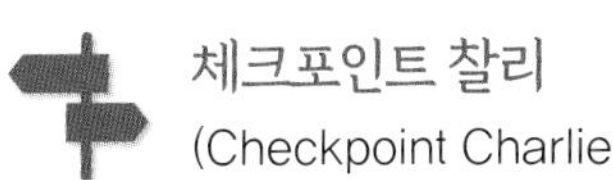

체크포인트 찰리
(Checkpoint Charlie)

주 소 Friedrichstraße 43-45, 10117 Berlin

베를린 명소

홀로코스트 메모리얼

베를린 도심 한가운데에는 제2차 세계대전 중 나치에 의해 학살된 600만 유대인을 추모하는 기념비 공원이 있다. 2711개의 콘크리트 덩어리로 만들어진 기념비의 정식 명칭은 '살해당한 유럽의 유대인들을 위한 기념비'다.

전쟁이 끝난 지 60년 만에 세워진 기념비는 가로세로 규격은 같지만 모두 다른 높이를 지닌 콘크리트 블록으로 마치 거대한 공동묘지처럼 보인다. 넓은 면적에 조성된 유대인학살 추모공원에는 관광객뿐만 아니라, 어린이들과 청소년들이 부모와 함께 다녀간다. 베를린을 걷다 보면 유대인을 추모하는 기념비들을 종종 만나게 된다. 독일인들은 유대인학살 현장을 보존하고 추모하며, 교육을 통해 다시는 불행한 역사가 되풀이되지 않도록 그들의 자녀를 교육하고 있다.

홀로코스트 메모리얼

유대인 추모 기념비는 사람 키를 훌쩍 넘기기도 한다. 높낮이가 다양하다.

루터와 베를린 돔

오늘날 베를린 돔(Berliner Dom)은 개신교회로 1894년~1905년에 율리우스 라쉬도르프(Julius Raschdorff)에 의해 건축된 신르네상스와 신바로크 양식의 건물이다. 베를린 돔은 독일 개신교회 중 가장 큰 기념비적 건축물이며, 돔의 지하실에는 유럽에서 가장 중요한 왕조 묘지 중 하나인 납골실이 있다. 돔에서는 예배 외에도 국가 공연, 음악회, 기타 행사가 열린다.

1975년 북쪽에 있는 기념교회(Denkmalskirche)가 철거된 후, 베를린 돔은 중앙에 큰 설교교회(Predigtkirche)와 남쪽에 작은 세례 및 결혼 교회(Tauf- und Traukirche) 그리고 지하실 거의 전체를 차지하는 호헨촐렌(Hohenzollern) 왕조의 납골실로 구성되어 있다. 납골실에는 선제후 요한(1525-1598)과 요아킴

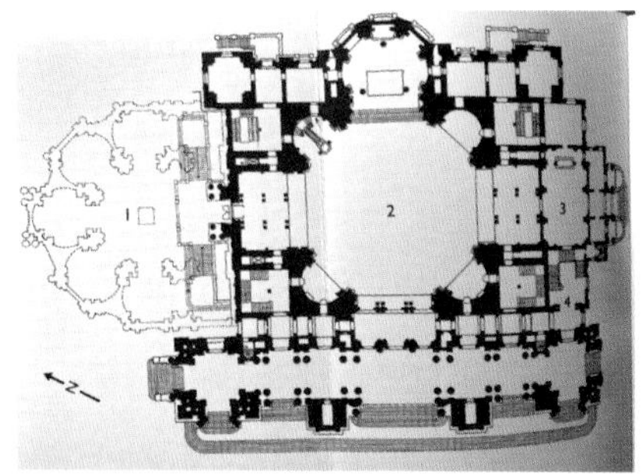

베를린 돔
1) 기념교회, 2) 설교교회,
3) 세례/결혼교회, 4) 황제 계단실

에른스트 폰 안할트의 딸인 엘리자베스 폰 안할트(1563-1607)를 비롯해 총 93명의 유해가 안치되어 있다. 돔은 제2차 세계대전 때 심하게 파괴되었으며, 1984년까지는 교회 외부를 단순화해 공사를 했고, 2002년까지는 교회 내부를 원상복구 시켰다. 외관을 원형 그대로 복원하자는 논의는 여전히 진행 중이다. 돔은 원래 길이가 114m, 폭은 73m, 높이 116m였으며, 2100개의 좌석이 있었다. 그러나 기념교회의 철거로 인해 둥근 지붕은 지름 33m로 단순화되었고, 설교교회는 길이 90m, 높이 98m, 좌석 1390개로 축소되었다.

베를린 돔은 초기에는 가톨릭교회였으나, 종교개혁 시대에 개신교회가 되었다. 첫 번째 베를린 돔의 역사는 15세기 에라스무스 예배당에서 출발한다. 스프레섬(Spreeinsel)에 베를린 성이 완공되자, 1450년 성내에 에라스무스 예배당이 궁정교회로 봉헌됐다. 1535년 요아킴 2세가 선제후가 되면서, 성의 남쪽에 있는 도미니코 수도회 교회를 새로운 궁정교회로 건축했다. 도미니코회의 중세 벽돌 교회가 고딕 양식으로 확장되면서 그곳에 영주들의 유해를 안치했고, 교회 종을 설치했다. 새로운 돔은 1536년에 봉헌됐다. 1539년에 선제후 요아킴 2세가 루터교로 개종하면서, 베를린 돔은 '가톨릭 돔'에서 '개신교 돔'이 되었다. 1608년에는 개신교 교구 교회가 되었다. 선제후 요한 지기스문트(Johann Sigismund)는 1613년 성탄절에 개혁교회의 신앙고백을 받아들이면서 루터교회에서 칼뱅교회로 개종하였다. 선제후의 개혁교회로의 개종은 브란덴부르크의 중심지인 쿠르마르크(Krmark)의 루터교회와 충돌을 일으키는 계기가 되었다.

그 후 수 세기가 지나면서 벽돌 교회가 황폐해지자, 프리드리히 2세는 1747년에서 1750년 사이에 바로크 양식의 새 건축물을 오늘날 돔 자리인 루스트가르텐(Lustgarten)에 짓게 했다. 1750년 9월 6일에 봉헌된 두 번째 베를린 돔의 건축가는 네덜란드 출신인 요한 보우만(Johann Boumann)과 독일 출신인 게오르크 벤제슬라우스 폰 크노벨스도르프(Georg Wenzeslaus von Knobelsdorff)다. 이후 돔은 여러 차례 재건과 개축을 반복하면서 오늘날의 모습을 가지게 되었다. 내부의 돔 모자이크는 50만 개의 타일로 되어있다. 교회 내 기둥 위에는 루터와 칼뱅의 조각상이 있다.

우측 기둥 위에 루터 조각상이 있다.

베를린 돔 파이프 오르간

설교교회의 파이프오르간은 리하르트 뫼스트(Richard Moest)의 오르간 안내서에 따라 사우어(Sauer) 오르간 제작소가 만든 것이다. 오르간은 돔 건축과 동시에 설계 · 제작되었다. 1905년의 기술로 제작된 오르간은

2006년에 마지막으로 개조되었다. 돔 오르간은 7,269개의 관으로 되어있는 독일 최대의 파이프오르간으로, 돔 관람 내내 오르간 연주자의 웅장한 연주를 들을 수 있다. 오늘날 베를린 돔의 등록 교인은 약 1,700명으로 증가 추세에 있다. 베를린 돔은 베를린 시내 교회 교구에 속해 있으며, 베를린-브란덴부르크-슐레지안 오버라우지츠 개신교 교회에서 특별한 위치를 차지하고 있다.

공제하

베를린 돔 안에 있는 건물 조감도

베를린 돔 후원 안내문

베를린 돔 입구. 오른쪽 벽에 루터교회를 상징하는 루터 장미가 그려져 있다.

복원 중인 베를린 돔 잔해들

베를린 돔 예배당 모습, 사진으로 보는 것보다는 실물로 보는 것이 더 크게 느낄 수 있다.

베를린 돔
(Berliner Dom)

주 소 Am Lustgarten, 10178 Berlin

연 락 처 Tel. +49 30 20269 136

개방시간 월–토 09:00–19:00, 일 12:00–19:00

예배시간 일요일 10:00, 18:00 / 토요일 18:00

입 장 료 성인 7유로, 할인 5유로

3

첫 동서독 정상회담 도시 에어푸르트

빌리 브란트, 창가로 나오세요!

빌리 브란트가 머물렀던 호텔 지붕 위에는
"빌리 브란트, 창가로 나오세요"란 문구(중앙 흰색 글자 조형물)가 적혀있다.

에어푸르트 중앙역 광장에 서면 중앙역 건너편 건물 지붕 위에 있는 'WILLY BRANDT ANS FENSTER'라는 문구의 조형물을 볼 수 있다. 이 독일어 문구는 '빌리 브란트 창가로 나오세요' 라는 의미다. 빌리 브란트(Willy Brandt, 1913-1992)는 독일이 동서로 분단되었을 당시 서베를린 시장과 서독 총리를 지낸 인물이다. 동독의 영토였던 이곳 에어푸르트에 왜 서독의 총리 이름이 세워져 있는 것일까?

1970년, 당시 서독 수상이었던 빌리 브란트는 동방정책을 추진하였다. 초대 서독 수상 콘라트 아데나워나 당시 외무부 고위인사였던 발터 할슈타인의 동방폐쇄정책에 대한 반론으로 나온 정책이었다. 브란트는 친 서구권 외교만 고집한다면 통일은커녕 오히려 분단의 고착화가 심해질 것이라고 우려했다. 그는 동구권과 직접 소통하며 관계를 맺는 것이 통일을 앞당기는 길이라고 생각했다. 애초에 빌리 브란트는 수상 취임연설에서 동독과 협상을 제시하였고, 할슈타인원칙을 폐기한다는 내용을 담아 기존 서독의 정치 노선을 크게 바꾸는

빌리 브란트(왼쪽)와 빌리 슈토프(오른쪽)가 함께 회담장으로 가고 있다.

서독 총리 빌리 브란트에게 환호하는 동독 주민들

행보를 보였다. 동독은 초반에는 꺼림칙한 반응이었지만, 당시 서독과도 수교를 맺었던 소련의 입김으로 첫 동서독 정상회담이 성사되었다. 첫 번째 정상회담 장소가 에어푸르트였다.

1970년 3월 서독의 총리 빌리 브란트는 동독의 총리를 만나기 위해 에어푸르트에 왔다. 이곳에서 동서독 회담이 열린다는 소식을 들은 동독의 주민들은 회담장 주변으로 몰려들어 함성을 지르며 구호를 외쳤다. '빌리!', '빌리!' 거리에 가득 찬 군중들의 외치는 소리가 회담장 안까지 울려 퍼졌다. 그러나 서독의 총리 빌리 브란트는 환호의 대상이 자신이라고는 생각지 못했다. 회담장에 그와 마주 앉아있는 동독 총리의 이름 역시 '빌리'(빌리 슈토프 Willi Stoph, 1914-1999)였다. 곧이어 회담장 안으로 날아든 소리는 두 빌리를 당황 시켰다. "WILLY BRANDT ANS FENSTER!"(빌리 브란트, 창가로 나오세요!) 그곳에 모인 사람들이 진짜 만나고 싶었던 사람은 서독의 총리 빌리 브란트였다. 에어푸르트 중앙역 맞은편 건물 지붕에 세워진 조형물은 동서독 정상회담이 열리던 그 날, 군중의 외침을 기억하기 위한 것이다.

창가로 다가간 빌리 브란트는 군중을 향해, 진정해달라는 손짓을 하며 응답했다. 자신에게 환호했다는 이유로 불이익을 당할지 모르는 동독 주민들을 위해, 회담을 원만하게 이어 가기 위해 한 조치였다. 한편 동독 총리 빌리 슈토프는 서둘러 새로운 군중을 동원했다. 그들이 자신의 이름 '빌리 슈토프'와 협상의제

중 하나였던 '동독을 하나의 국가로 인정하라'는 구호를 외치게 했다. 당시 서독은 동독을 하나의 국가로 인정하지 않고 할슈타인원칙을 고수해왔다. 할슈타인원칙은 동독을 승인한 국가와는 외교를 하지 않겠다는 원칙이다. 서독은 정통 독일의 대표로 국제 사회에서 공인받은 국가는 서독뿐임을 주장하며, 소련을 제외하고 동독과 외교를 하는 나라와 외교 관계를 맺지 않았고, 서독과 외교를 하는 국가는 동독과 외교 관계를 맺지 못하도록 했다.

냉전의 최전선 베를린이 아닌, 에어푸르트에서

에어푸르트 중앙역 출입구

동서독의 첫 회담 장소인 에어푸르트는 서독과 동독의 접경지역에 위치한다. 첫 회담인 만큼 분단 이전의 수도이자 분단의 상징인 베를린에서 회담하는 것이 더 적합할 듯한데, 왜 에어푸르트를 회담 장소로 선택한 것일까? 회담 개최를 위한 실무회의에서 동독은 동베를린에서 회담을 개최할 것을 제안했다. 그러면서도 서독 측이 서베를린에서 육로를 통해 동베를린에 오는 것을 금하고, 서독의 수도 본에서 바로 항로를 통해 동베를린으로 오는 경우에만 가능하다는 조건을 달았다. 서베를린을 서독의 영토로 인정하지 않았기 때문이었다. 서독의 여론은 회담 장소로 베를린이 거론되는 것을 환영하는 분위기였다. 그러나 정치권에서는 동베를린에서 회담할 경우, 동베를린을 동독의 영토로 인정한다는 오해를 받을까 우려해 베를린에서 회담이 개최되는 것을 반대했다. 냉전의 최전선, 상징적인 도시 베를린은 서로에게 조금도 양보할 수 없을 만큼

민감한 지역이었다. 출항하기도 전에 좌초될 위기에 처하게 되자 빌리 브란트는 베를린이 아닌 다른 지역에서 회담을 열 것을 제안했고, 그렇게 결정된 곳이 동·서독접경지인 에어푸르트였다.

할슈타인원칙을 넘어 화해의 길로

콘라트 아데나워

제2차 세계대전에서 패배한 독일은 연합국에 의해 네 개의 지역으로 분할되었다가 1949년 말 동·서독은 각각 영국, 미국, 프랑스 점령지역을 통합해 독일연방공화국(BRD)을, 소련 점령지역에는 독일민주공화국(DDR)을 수립해 서로 다른 체제하에 각자의 노선을 걷게 된다. 서독의 초대 수상이었던 콘라트 아데나워(Konrad Hermann Joseph Adenauer, 1876-1967)는 서유럽을 비롯한 서방과의 유대관계를 탄탄하게 해나가는 것이야말로 독일을 통일로 이끄는 길이라고 여겼다. 서방과 유지해온 돈독한 유대관계는 서독이 빨리 다시 일어설 수 있게 했다. 이로써 서독은 라인강의 기적이라 불릴 만한 경제 발전을 이뤘다. 서독이 빠르게 경제 발전을 해나가자 이에 위협을 느낀 동독은 체제 유지를 위해 문을 굳게 걸어 잠갔다. 아데나워는 할슈타인원칙을 고수함으로써 동독을 국제 사회에서 외교적으로 고립시켰고, 한 국가로서 인정받을 수 없게 했다. 그러나 이 정책으로 서독 역시 동유럽으로부터 고립되었다.

냉랭하기만 했던 동서독의 관계가 새로운 국면을 맞게 된 것은 빌리 브란트가 동방정책을 추진하면서다. 1969년 서독의 총리로 추대된 브란트는 취임연설에서 동서독을 특별한 관계로 규정하고 동독과 협상할 뜻을 내비쳤다. 그는 동서독이 화해하고 협력의 길로 나아가길 바랐다. 그동안 동독은 동서독이 한 민족·두 국가 체제로 존재할 것을 주장해왔고, 서독은 이를 인정하지 않았다. 그런데 동독의 주장대로 독일 내에 두 개의 국가가 존재함을 인정하는 것과 같은 그의 연설은 할슈타인원칙과는 상반되는 발언이었다. 브란트는 서유럽과의 관계 강화만으로는 분단이 고착되어갈 뿐이며, 진정한 통일의 길은 동독과의 관계뿐 아니라 동유럽과의 관계를 개선하는 것이라 여겼다.

빌리 브란트의 동방정책

빌리 브란트의 행보에 동독보다 먼저 반응한 것은 소련이었다. 소련의 설득에 이끌려 동독의 울브리히트(Walter Ernst Paul Ulbricht)는 서독에 동서독 첫 회담을 제안하였다. 어렵게 성사된 자리였지만 회담은 아무런 성과 없이 마무리되었다. 양측은 서로의 입장과 좀처럼 좁혀지지 않는 의견 차이만 확인했을 뿐 실질적인 합의점을 찾아내지 못했다.

에어푸르트에서의 정상회담은 빌리 브란트 총리의 동독 및 동유럽 국가들과의 관계 개선을 위한 동방정책의 시작점과 동서독 통일로 나아가는 첫걸음이었다. 에어푸르트에서의 회담을 시작으로 동서독은 여러 차례 정상회담을 열었다. 동시에 브란트는 관계가 소원해졌던 소련을 비롯한 동유럽 국가들과의 관계 개선에 공을 들였다. 이를 잘 드러낸 사건이 있다. 동방정책의 일환으로

폴란드 바르샤바에서 무릎 꿇은 빌리 브란트

바르샤바조약을 맺기 위해 폴란드로 갔던 브란트가 그에 앞서 학살당한 유대인을 추모하기 위해 바르샤바 게토를 방문했다. 게토 봉기 기념탑 앞에서 그는 나치의 만행을 참회하고 희생된 유대인들에게 사죄하는 마음으로 무릎을 꿇었다. 그날 쏟아지는 비를 맞으면서도 기념비 앞에 무릎을 꿇은 그의 모습은 많은 이들의 가슴을 뜨겁게 했다.

에어푸르트에서 회담을 가진 후 얼마 지나지 않아 브란트는 소련과 무력을 사용하지 않고 평화를 구축하자는 취지의 모스크바 조약을 맺었다. 이는 유럽 내의 긴장을 완화시켰다. 폴란드와는 바르샤바조약을 체결하여 국경문제로 인한 양국 간의 오랜 앙금을 해소했고, 게토에서 그가 보였던 모습은 국제 사회에 달라진 독일의 인상을 깊게 심어주었다. 한편 동독과 여러 차례 회담을 진행하면서 동서독 민간 교류가 점차 확대되었고, 마침내 동서독 기본조약을 맺게 됐다. 동서독 기본조약에는 동서독의 관계가 서로를 대신할 수 없는 동등한 관계라는, 사실상 동독을 국가로 인정하는 내용이었다. 그러나 동독을 한 국가로 인정함으로써 분단상태가 고착될 것을 우려한 서독 정치권에서는 거센 비판이 일었다. 의회에서는 브란트에 대한 불신임 투표가 진행되었고, 야권이 동서독 기본조약에 대해 헌법소원을 제기하는 등 어려움을 겪었다. 하지만 의회 비준을 통과한 동서독 기본조약은 결국 그 효력을 발휘하게 되었다.

동서독 기본조약에는 여러 방면에서 동서독 교류, 협력에 관한 조항이 포함되어 있었다. 서독은 무엇보다 민간 교류에 힘썼다. 기본조약이 체결되기 이전에는 교통협약을 체결하여 동서독의 통행과 여행의 문턱을 낮췄고, 기본조약이 체결된 이후에는 상호 간의 여행 제약 조건을 점차 완화시켜 동서독 주민들이 쉽게 상호 방문할 수 있게 했다. 또한, 우편으로 서로의 소식을 전하는 것도 가능해졌다. 미디어에 대한 제재도 점차 완화되어 동독 주민들이 서독 TV나 잡지와 같은 미디어를 접할 수 있게 되었고, 동독 내에서 서독 기자가 주재원으로 활동할 수 있었다. 처음 동서독 기본조약을 맺을 당시에는 득보다 실이 더 많은, 누가 봐도 동독과 공산 진영에 유리한 조약이라는 비판이 많았지만, 시간이 지날수록 동서독 기본조약의 민간 교류 분야가 빛을 발해 동서독 통일에 큰 영향을 미쳤다.

민중의 마음을 사려 깊게 돌아보며 명분이나 대의에 얽매이기보다 행동을 통한 실질적인 일을 하려 했던 빌리 브란트의 정책은 시한부 정책으로 끝나지 않았다. 브란트의 정책은 슈미트를 거쳐 헬무트 콜에 이르기까지 정부 교체에도 변함없이 이어졌다.

용헌경

빌리 브란트, 그는 누구인가?

서독 수상 빌리 브란트(우)와 미국 대통령 존 F. 케네디(좌)

빌리 브란트는 기존의 서독 정치 노선에서 진보된 정치로 동서 화합을 이끌었던 인물이다. 후대 서독 수상들도 정당을 가리지 않고 화합 정책을 펼칠 수 있도록 영향을 주었다. 빌리 브란트는 그의 본명이 아니며 사생아로 태어나 진짜 이름은 알려지지 않았다. 카를 프람이라는 이름이 본명으로 유력시되고 있으나, 그 이름도 사생아 출신에서 온 거라 직접 관계없는 이름이다. 이 때문에 정치 활동에서 인신공격을 많이 받았다. 본명이 확실한지도 모를 이름과 사생아 출신이라는 것으로 주변 경쟁자들이 공적인 자리에서 자주 그를 비하했다.

빌리 브란트는 초년부터 나치 독일의 탄압을 피하여 유럽 각국에 망명하고 다니던 시절에 사회주의 활동을 했다. 나치한테 붙잡힌 적이 있었으나 망명 국가의 도움으로 풀려날 수 있었다. 전쟁이 끝나고 서독의 사회민주당 당원으로 언론과 정치에 관심을 가지고 활동하기 시작했다. 풍파를 겪은 인물이라서 초반 민심이 좋지 않았다. 그러나 운명은 배신하지 않았는지 그의 정치적 행보 초반은 순탄했다. 서베를린 시장을 역임하는 동안 미국과 소련 사이에서 균형 있는 정치와 동서독 화합 정책 및 협정체결로 여론에서 신뢰를 받게 됐다. 이런 성과들로 빌리 브란트는 사회민주당 대표로 선출되었고, 이후 동방정책으로 노벨 평화상을 수상했다.

하지만 진보된 정책을 무리하게 이끌었는지 들끓는 반대 여론에 브란트는 총리직 불신임 위기도 맞이했다. 다행히 2~3표가 모자라 극적으로 위기를 모면하고, 총선에서도 과반 의석을 확보해 브란트의 정책은 순풍을 타게 됐다. 그런데 문제는 브란트의 정치 행보에서 나타나지 않고 주변에서 일어났다. 1974년 브란트의 비서 귄터 기욤(Günter Guillaume, 1927-1995)의 동독 간첩 행각 사건이었다. 이 사건으로 사실상 승승장구했던 브란트의 총리 행보는 마무리 단계를 밟게 됐다. 유출된 기밀은 국가 안보에 큰 위해가 되지 않아 타격은 작았지만, 브란트의 악질적인 사생활이 간첩 사건 조사과정에서 드러나 지지여론은 등을 돌렸다. 이런 평판으로 브란트를 계속 서독 수상의 자리에 앉히기엔 어렵다는 판단을 내린 사회민주당은 후임인 헬무트 슈미트(Helmut Heinrich Waldemar Schmidt 1918-2015)를 내세웠고, 브란트는 5년 만에 총리직에서 물러났다. 브란트의 공식 행보는 베를린 장벽 붕괴와 동서독 통일 선포식으로 막을 내렸다. 1992년 자택에서 질병인 암으로 타계했고, 베를린에 안장됐다.

공제하

4

영웅의 도시 라이프치히

영웅의 도시 라이프치히

시티 호흐하우스 라이프치히(왼쪽)와 라이프치히 대학교 교회인 파울리눔(오른쪽).
파울리눔은 동독 시절 때 파괴된 파울리너 교회를 현대적으로 복원한 것이다.

인구 60만의 라이프치히는 독일 작센주에서 가장 큰 도시로 독일 현대사에서 빠질 수 없는 도시다. 라이프치히는 1989년 동유럽 혁명의 주요지이기도 하고, 문화와 예술성이 드레스덴을 넘어 베를린의 아성까지 위협하는, 요즘 대세의 도시기도 하다. 그러나 앞에 두 도시와 비교하면 문화유산이 많은 관광도시가 아니다. 그런데도 오늘날 라이프치히가 주목받는 것은 동서독 통일 운동을 처음 시작한 도시라서 그렇다. 독일인들은 라이프치히를 '영웅의 도시'라고 부른다. 소련과 동독을 붕괴시킨 발단이 된 도시라서 붙여진 별명이다. 덕분에 많은 사람이 라이프치히를 방문하고 있다.

라이프치히는 2차 세계대전 때 미군이 먼저 들어왔었다. 전쟁 후 연합국의 합의에 따라 라이프치히는 소련 진영에 편입되어 동독 지역에 속하게 됐다. 동독 시절 라이프치히는 경제, 사회, 문화 지수가 절망적이었다. 드레스덴과 다르게 전쟁으로 인한 건물 붕괴는 적었지만, 동독 당국의 강행으로 건물이 많이 파괴됐다. 주로 역사 깊은 대학교와 교회가 철거 대상이 됐으며, 그 자리에 사회주의 양식 건물이 세워졌다. 동독 당국의 지나친 강행은 학계와 종교계의 동독 체재 반대 운동으로 나타났다. 결국, 루터교 니콜라이교회에서 '월요시위'가 시작됐고, 이 시위는 다른 동독 도시들까지 번져나갔다. 그 여파로 베를린 장벽은 무너지고 말았다.

공제하

니콜라이교회: 평화의 물결, 평화를 위한 움직임

니콜라이교회와 광장의 기념조형물

라이프치히 니콜라이교회(Nikolaikirche)에 들어서는 순간 감탄이 절로 나왔다. 화사한 파스텔톤의 내부 공간은 마치 나는 주문한 적이 없는데 내 앞으로 온 택배를 받은 느낌이다. 니콜라이교회는 라이프치히 성 토마스교회와 함께 바흐가 적을 두고 교회 음악 활동을 한 곳으로 유명하다. 하지만 독일 통일을 이끄는 데 핵심적인 역할을 한 교회로 더 잘 알려져 있다. 다소 딱딱해 보이는 교회 외부와는 다르게, 교회 내부는 화사하고 장식적인 분위기다. 굵직한 선으로 둘러싸인 외부에 감춰진 뽀얀 살결 같은 내부는 18세기 말에 프랑스 고전주의 양식으로 리모델링한 것이다. 니콜라이교회는 오랜 세월을 거치며 여러 차례 증축됐다. 유럽 내에 오래된 건물들에서는 이런 변화의 흔적을 종종 볼 수 있다. 니콜라이교회만 해도 외부는 서너 가지 건축 양식이 혼합되어 있다.

니콜라이교회 내부에서 가장 먼저 눈에 들어 들어오는 것은 푸른 빛의 종려나무 가지로 치장한 기둥들이다. 기둥에서 힘차게 뻗어 나온 종려나무 가지는 천장과 맞닿아있어 마치 종려나무가 천장을 받치고 있는 듯하다. 종려나무 가지는 여러 가지 의미를 지닌다고 하는데, 그중의 하나가 '평화'다. 그러고 보면 니콜라이교회는 유난히 평화에 관심이 많았다. 교회 앞쪽 제단에는 평화의 천사 모티브가 있다. 또한 1980년대 초부터 시작된 평화의 기도회는 지금도 계속되고 있다. 그 옛날 평화의 천사를 그리던 화가나 평화의 종려나무 기둥을 만들던 이들이 상상이나 했었을까? 자신들이 손끝으로 염원했던 평화가 몇백 년 후 이곳에서 실현되었음을.

니콜라이교회. 평화의 상징인 종려나무 기둥이 교회 천장을 받치고 있다.

니콜라이교회에서 시작된 평화의 물결은 모든 물이 그러하듯 이리저리로 흘러갔다. 평화의 물결이 한참 고조될 무렵인 1989년 10월 9일에 라이프치히에서 대규모 집회가 예고됐다. 이틀 전 10월 7일은 동독의 독일민주공화국 정권 수립 40주년 기념일이었다. 기념식에서 당시 동독 서기장인 에리히 호네커(Erich Honecker)는 베를린 장벽이 100년은 건재할 것이라고 호언장담했다. 그러나 장벽은 그 후 한 달 만인 11월 9일에 무너졌다. 통일 이후 동독의 정치인이었던 호르스트 진더만(Horst Sindermann)은 이렇게 말했다.

라이프치히 월요시위 기념 동독 우표, 하단에 "우리는 국민이다."라는 문구가 있다.

"우리는 모든 것에 철저히 대비했다. 정보를 차단했고 사회단체 운동을 막았다. 그러나 우리가 미처 준비하지 못한 것이 있었다. 바로 촛불과 기도에 대한 대책이었다."

니콜라이교회 제단

촛불과 기도의 작은 물줄기는 니콜라이교회의 기도회로부터 시작됐다. 1980년대 초 미국과 소련에 의한 군비경쟁이 심화되자 세계 곳곳에서 군비 확장 반대 운동이 일어났다. 동독 내에서도 동독의 군비 확장에 대해 우려하는 소리가 나오기 시작했지만, 이들은 서독이나 다른 국가들의 국민처럼 거리로 나설 수 없었다. 이즈음 평화와 자유를 위한 기도회가 니콜라이교회에서 열리기 시작했다. 매해 열리던 평화를 위한 기도회는 비록 소수지만 기도의 자리를 지키는 사람들에 의해 어느새 매주 월요일마다 열리는 기도회가 되었다. 시급하고 중대한 이슈가 있을 때는 많은 사람이 교회를 찾아왔다. 신자뿐 아니라 교회 밖 사람들, 비신자도 찾아와 기도회에 동참했다. 니콜라이교회는 모두에게 열린 교회였다. 니콜라이교회의 낮은 문턱은 나라와 지역사회, 공동체를 생각하는 많은 이들의 발걸음을 모았다. 동독 내에서는 커뮤니티를 만들 수 있는 여건이 되지 못했기 때문에 여러 사회문제, 사건 등에 대해 함께 견해를 나누고 행동하기 위해 교회를 찾는 이들이 많아졌다. 빈부격차와 사회적 불균형에 대해, 사회 약자들을 위한 구제에 대해, 환경문제에 대해, 동독 내의 인권침해 문제에 대해, 이 밖에 여러 사회문제에 관심이 있는 자는 누구든 교회에 모여 함께 정보를 공유하고 기도했다.

80년대 중반 소련의 서기장으로 고르바초프(Mikhail Gorbachev)가 등장했다. 그의 등장은 공산 진영에 변화의 바람을 일으켰다. 그동안 소련은 미국과 치열하게 군비경쟁을 벌여왔다. 그 여파로 소련 경제가 붕괴 직전에 처하게 되면서 고르바초프는 공산체제가 파국으로 치닫고 있음을 간파했다. 현실을 직시한 그는 변화를 원했다. 동독을 제외한 동유럽 국가들 역시 소련의 변화와 시국의 흐름을 읽어냈다. 무너져가는 체제를 유지하기 위해 통제하고 억압할 수밖에 없는 공산체제에 회의를 가진, 혹은 자유에 목말랐던 자들에 의해 폴란드, 헝가리 등지에서 혁명이 일어나기 시작했다. 1989년 5월 헝가리가 오스트리아 국경을 철거했고 이를 시작으로 철의 장막이 하나, 둘 사라졌다. 그러자 여행 허가를 쉽게 받았던 동유럽 국가 여행을 빌미로 동독 주민들은 동독을 빠져나가 헝가리, 오스트리아를 통해 서독으로 넘어갔다. 이에 동독 정부는 헝가리에 월경을 제재할 것을 요청했지만, 헝가리 정부는 이에 응하지 않았다. 그러자 동독 정부는 헝가리 여행을 금지해버렸다. 부당한 정부의 처사에 동독 주민들은 여행 금지에 대한 철회와 언론의 자유를 외치며 니콜라이교회로 모여들었다. 월요기도회와 월요시위의 규모는 점점 커졌다. 니콜라이교회의 월요기도회에 참여하려는 인원이 급속도로 늘어나자 정부는 경찰을 동원해 주민들이 거리로 나오는 것을 막았다. 1989년 9월에는 교회로 들어가는 진입로를 봉쇄하고 통제했다. 진압이 계속되었으나 시위에 참여하는 인원은 점점 더 늘어만 갔다. 헝가리가 막히자 탈동독을 꿈꾸던 주민들은 체코로 몰려갔다. 결국, 10월 3일 체코 국경도 폐쇄됐다. 상황이 악화되자, 더 많은 사람이 거리로 나왔다. 독일민주공화국 정권 수립 40주년 기념행사가 있던 10월 7일에는 베를린 거리로 나온 사람들이 시위대든 아니든 무작위로 체포되었다. 이틀 후인 10월 9일에는 대규모 시위가 예정되어 있었다. 시민들 사이에서는 이번 시위를 정부가 강경하게 진압할 계획이며 중국의 천안문 사태와 같은 무자비한 학살이 있을지도 모른다는 소문이 떠돌았다. 동독 정부도 어떻게 해서든 체제에 반하는 혁명의 기세를 꺾겠다는 의지로 가득 차 있었다.

10월 9일 당일, 라이프치히 니콜라이교회 예배당에는 이른 시각부터 사람들이 서둘러 나와 자리를 채웠다. 그들은 신도도, 시위대도 아닌 시위를 진압하기

라이프치히에서 월요시위가 시작되면서 동유럽 일대가 혁명의 바람이 불었다.
시위가 한창일 땐 동독이 붕괴되어도 시위는 계속되었다.

위해 몰래 파견된 슈타지(Stasi 비밀경찰)와 SED(사회주의통일당) 당원이었다. 이들은 월요기도회의 동태를 살피고 시위대를 감시할 목적으로 월요기도회의 자리를 지키고 있었다. 그런 그들을 교회는 막지 않았다. 당시 니콜라이교회 목사였던 크리스티안 퓌러(Christian Führer) 목사는 매주 월요일마다 복음을 전했다. 그 복음은 교회 안에 있던 모두에게 선포되었다. 복음은 사람들의 마음에 잔잔히 스며들었다. 그날도 마찬가지로 평화로운 가운데 복음이 전해지고 기도회가 진행되었다. 기도회를 마치고 교회 문이 열리자 교회에 미처 들어오지 못한 7만 명이 광장에서 촛불을 들고 기다리고 있었다. 니콜라이교회 목사와 함께 시위에 참여하는 성직자들은 군중들에게 어떠한 상황에서도 비폭력적이고 평화로운 행렬이 되기를 요청했다. 그들은 평화를 지켜냈다. 7만 명이나 되는 인파가 모였지만 하나같이 비폭력과 평화를 다짐하며 폭력을 사용하지 않았다. 시위는 누구도 해치지 않고 평화롭게 진행됐다. 이날 호네커 정부는 군대를 동원하여 진압할 예정이었다. 동독 정부는 소련군에 도움을 요청했지만, 소련군은 이에 회의적으로 반응했다. 오히려 발포를 금지해 유혈사태를 막았다. 월요시위는 횟수를 거듭할수록 더 많은 인원이 모였다. 10월 23일에는 30만 명에 가까운 사람들이 거리로 나왔다. 라이프치히 니콜라이교회에서 일어난 평화의 물결은 동독 각 지역으로 흘러들어 새로운 평화 운동을 일으켰다. 수많은 지역에서 평화와 자유를 요구하는 시위가 일어났고, 11월 4일 동베를린에서는 무려 100만 명이 평화와 자유를 외치며 시위에 참여했다. 시위의 규모가 걷잡을 수 없이 커지자 동독 정부는 시위대의 고조된 기세를 꺾고 분위기를 전환하기 위해 여행 규제 완화를 결정했다. 새로 바뀐 여행법을 공산당 대변인 귄터 샤보브스키(Günter Schabowski)가 공표하면서 말실수를 하게 됐고, 그 자리에 있던 이탈리아 외신기자가 "베를린 장벽이 무너졌다"는 오보를 내면서 통일의 꿈은 현실이 되고 말았다. 소식(오보)을 전해 들은 베를린 시민들은 장벽으로 몰려왔다. 국경수비대가 그들을 막아섰지만 역부족이었다. 검문소는 뚫렸고, 시민들은 갖고 온 장비로 장벽을 무너뜨렸다. 분단 35년 만에 얻은 자유와 평화였다.

교회 내에 남아 있는 평화의 흔적들을 뒤로하고 교회 밖 광장으로 나오면, 교회 내부에 있는 것과 같은 형태의 흰 기둥에 푸른 종려나무 가지가 뻗은 조형물을 보게 된다. 이것은 통일 후 라이프치히 출신의 예술가인 안드레아스 슈퇴츠너(Andreas Stoetzner)가 제작한 것으로, 니콜라이교회와 광장에서 시작된 평화 운동을 기념하기 위한 것이다.

용헌경

니콜라이교회
(Nikolaikirche)

주　　소 Nikolaikirchhof 3, 04109 Leipzig

연 락 처 Tel. +49 (0) 341 149 2770

개방시간 월-토 10:00-18:00

예배시간 10:00

5

드레스덴 프라우엔 교회와 독일 통일

피난 통로가 된 드레스덴

예술의 도시 드레스덴의 풍경

'독일의 피렌체'라고 불리는 드레스덴(Dresden)은 베를린 다음가는 예술의 도시로 꼽는다. 제2차 세계대전의 무참한 폭격과 동독 시절 사회주의 방식의 건물 개조를 겪었음에도 여전히 아름답다. 드레스덴은 과거 동독 주민들이 당시 체코의 프라하 주재 서독 대사관으로 피난했던 통로였다. 불법으로 국경을 넘은 동독 주민들은 난민이 되었다. 탈주를 막으려 동독 정부는 드레스덴 주변 통제를 강화하고 출국 절차도 까다롭게 진행했다.

프라하 주재 서독 대사관으로 들어온 동독 난민들은 다행히 서독으로 인도되었고, 프라하에 잔류한 난민들도 서독으로 갈 수 있게 됐다. 이 과정에서 동·서독 간에 마찰이 일어났다. 프라하 난민 문제에 대한 합의가 무산되면서, 결국 동독은 체코슬로바키아 국경을 폐쇄하게 됐다. 이로 인해 드레스덴 중앙역에서 동독 경찰과 드레스덴 시민들 간에 충돌이 있었다. 시민들은 드레스덴 시장에게 여행의 자유를 요구하며 시위했다. 그 과정에서 많은 사람이 연행되고 투옥됐다. 프라하에 있던 난민 대다수도 동독으로 강제 송환됐다. 사태가 발생한 지 일주일 후에 라이프치히에서 첫 월요시위가 일어났고, 이 시위는 독일 통일의 초석이 됐다.

공제하

전쟁의 참상을 담은 프라우엔 교회

프라우엔 교회. 건물의 검은 부분은 폭격 흔적이다.

드레스덴의 프라우엔 교회(Frauenkirche, 성모교회)는 도시를 대표하는 상징적 건물로 개신교 루터교회다. 세계에서 가장 큰 사암 건물 중 하나인 프라우엔 교회는 1726년부터 1743년까지 게오르크 베어(Georg Bähr)의 설계에 따라 바로크 양식으로 건축됐다.

프라우엔 교회는 전쟁의 참상을 알리는 상징물이다. 제2차 세계대전이 끝날 무렵(1945년 2월 13~14일)에 감행된 연합군의 공습으로 완전히 파괴된 교회를, 독일이 통일되면서 주변국과 자국민이 힘을 합쳐 원형에 가깝게 복원시킨 기적의 산물이다. 교회 건물의 외관을 살펴보면 흰 벽돌과 검은 벽돌이 섞여 있는데, 흰 벽돌은 새롭게 복원한 부분이고 검은 벽돌은 2차 세계대전 때 파괴된 흔적을 남겨놓은 부분이다. 교회복원은 1993년부터 시작해

2009년 미국 오바마 대통령과 독일 앙겔라 메르켈 총리의 교회 방문

2005년에 마쳤다. 파괴된 지 60년 만에 원형 그대로 재건됐다. 통일 후 교회 재건을 마치자 각국의 인사들이 방문했다. 2009년 버락 오바마 미국 대통령이 앙겔라 메르켈 독일 총리와 함께 교회를 방문해 방명록에 이름을 남겼다.

공제하

프라우엔 교회 내부

드레스덴 프라우엔 교회
(Frauenkirche Dresden, 성모교회)

주　　소 Neumarkt, 01067 Dresden

연 락 처 Tel. +49 (0) 351-656 06 100

개방시간 월-금 10:00-12:00, 13:00-18:00

예배시간 일요일 11:00, 18:00

드레스덴 프라우엔 교회, 통일의 길로!

독일 통일 후 복원된 드레스덴 프라우엔 교회 후면

헬무트 콜 연설대에 서다

1989년 12월 19일 드레스덴 프라우엔 교회(Frauenkirche Dresden, 혹은 드레스덴 성모교회) 앞 광장에 서독 총리 헬무트 콜(Helmut Josef Michael Kohl)의 연설이 울려 퍼졌다. 그는 동독 총리 한스 모드로(Hans Modrow)와 회담을 하기 위해 드레스덴을 방문했다. 방문 당시 콜은 회중 앞에서 연설할 계획이 없었다. 그러나 곳곳에 걸린 헬무트 콜을 환영하는 메시지가 담긴 현수막과 동독 주민들의 연호, 드레스덴 시장의 권유는 그를 연설대로 불러세웠다. 그가 드레스덴을 방문한 시점은 장벽이 붕괴된 후였다. 분단의 상징이라 할 수 있는 장벽이 무너졌지만, 이 사건이 바로 독일의 통일을 의미하는 것은 아니었다. 서독 정부가 적극적으로 나서서 통일을 이야기할 수 있는 상황도 아니었다. 독일 통일은 연합군과 소련의 허가 없이는 불가능한 일이었고 미국을 제외한 영국, 프랑스, 소련은 모두 독일 통일에 부정적이었다. 무엇보다 동독 정부가 통일을 거부했다. 새로 취임한 동독 총리 모드로는 동서독이 각각의 주권을 가진 국가연합과 같은 형태의 '계약공동체'로 존재하기를 원했다. 그는 서독으로부터 경제적 도움을 받아 현 체제를 다시 정비하고 동독을 새롭게 이끌어 갈 계획이었다.

드레스덴 프라우엔 교회 앞,
헬무트 콜 연설(1989년)

드레스덴 공습으로 폐허가 되다

연설대는 폐허가 된 채 방치되어있던 프라우엔 교회 앞 광장에 마련되었다. 프라우엔 교회는 2차 세계대전이 끝나갈 무렵 연합국의 드레스덴 공습으로 무참히 파괴됐다. 이 공습으로 프라우엔 교회뿐만 아니라 드레스덴의 90%가 폐허가 됐다.

1945년 연합군의 공습으로
파괴된 프라우엔 교회

2차 세계대전 당시 독일의 여러 도시가 폭격을 입자 비교적 후방에 있었던 드레스덴으로 산업시설이 하나둘씩 몰려들었다. 전쟁 종반부쯤 되자 드레스덴은 어느새 산업시설 밀집 지역이 되어있었다. 연합군은 군수물자 공급을 차단한다는 명목으로 드레스덴을 공습했다. 폭격은 산업시설, 민간 시설할 것 없이 무차별적으로 가해졌다. 이로 인해 전쟁과 관련 없는 무수한 사람들이 목숨을 잃었고 수많은 건물이 폭격과 화염에 사라졌다. 한때 드레스덴을 독일의 피렌체라 불렀던 작센 공국의 영화는 잿더미로 변해버렸다. 종전 이후 동독 정부가 드레스덴 도시 복구 사업을 진행했지만, 복구 사업을 하기에는 동독의 경제 사정이 좋지 못했다. 오래된 역사적 건축물이 많았기 때문에 복구에 들어가는 시간과 비용이 만만치 않았다. 상황이 이렇다 보니 종교를 용인하지 않는 공산정권 아래서 프라우엔 교회는 복구대상에도 들지 못한 채 방치되었다.

현재 드레스덴에는 옛 모습을 완전히 되찾은 프라우엔 교회가 서 있다. 통일 이후 1993년부터 복원작업을 시작해 2005년에서야 준공되었다. 완벽하게 복원된 프라우엔 교회에는 폐허였던 프라우엔 교회의 흔적이 남아 있다. 교회 외벽 곳곳에 박혀있는 검은 벽돌이 바로 드레스덴 공습을 견디지 못하고 붕괴된 과거 프라우엔 교회의 잔해들이다. 드레스덴 주민들은 언젠가 교회가 재건될 날을 위해 이 벽돌을 모아두었다. 벽돌은 현재 교회 일부가 되어 참혹한 전쟁이 낳은 아픔과 슬픔의 과거를 기억하게 해준다.

자유와 평화를 위한 헬무트 콜의 연설

1989년 12월 19일 교회 앞 광장에 수많은 사람이 몰려와 헬무트 콜을 기다렸다. 훗날 그는 이날의 연설을 그의 생에 가장 어려운 연설로 회고했다. 세계는 콜의 연설을 독일 통일에 지대한 영향을 미쳤던 연설로 기억하고 있다. 동독과의 관계에서 그의 궁극적인 바람은 통일이었다. 그는 연설에서 "역사가 허락한다면 나의 목표는 언제나 우리 민족의 통일이다."라고 말했다. 그러나 그는 하나가 되자는 말 대신 통일을 위한 발판이라 할 수 있는 자유와 평화를 이야기했다. 동독 주민이 스스로 찾은 자유와 평화를 지켜나가는 길에 대해 언급하면서도 언젠가 동독과 서독

헬무트 콜 연설 기념표지판
"우리는 한 민족이다!"

이 통일이 된다면 이웃 국가와 함께 누릴 수 있는 자유와 평화를 토대로 이뤄져야 한다고 역설했다. 콜은 통일을 위한 발판이라 할 수 있는 자유와 평화에 대해 토로했다. 동독 주민이 스스로 찾은 자유와 평화를 지켜 나아가는 길에 대해 언급했다. 동독과 서독이 하나가 된다면 이웃 국가들과도 함께 누릴 수 있는 자유와 평화를 주창했다. 독일의 통일은 자유와 평화를 토대로 이뤄져야 한다고 역설했다. 그의 연설은 많은 동독 주민들에게 자부심과 희망을 주었고 통일에 대해 뜨거운 마음을 갖게 했다. 나아가 독일이 다시 하나가 되는 것을 두려워하는 주변 국가들을 안심시켰다.

그날의 연설을 기념하며 프라우엔 교회 앞에 표지판이 하나 세워져 있다. 표지판에는 연설하는 헬무트 콜의 사진과 함께 '우리는 한 민족이다(WIR SIND EIN VOLK)'라는 문구가 있다. 이 문구는 월요시위의 슬로건이었던 '우리는 국민이다(WIR SIND DAS VOLK)'가 변형된 것이다. 자유와 주권을 외치던 동독 주민들의 소리는 어느새 통일을 외치는 소리로 바뀌어 있었다.

통일의 길로-WIR SIND EIN VOLK!

장벽이 무너진 이후에도 동독 내에서 민주화 시위는 계속됐다. 거리로 나온 주민들은 이제 "우리는 한 국민이다."라는 구호를 외쳤다. 더 이상 정권을 이어갈 수 없는 지경에 이른 동독 정부는 총선을 하기로 결의했다. 처음으로 민주적이고 투명한 선거가 동독 내에서 치러졌다. 총선에서 헬무트 콜 정부가 지지하는 정당이 승리하게 되면서 동서독 통일은 급물살을 탔다. 동서독은 연합국과 소련을 설득해 주권을 회복하고 동서독 마르크를 1대 1로 교환하는 파격적인 화폐통합을 하면서 통일을 향해 성큼성큼 나아갔다. 장벽이 붕괴된 지 10개월도 지나지 않아 독일은 다시 하나가 되었다.

용헌경

6

헬무트 콜이 잠든 슈파이어

슈파이어와 헬무트 콜

헬무트 콜(1930.4.3.–2017.6.16.)

2017년 6월 16일, 통일 독일의 초대 총리였던 헬무트 콜(Helmut Kohl, 1930-2017)이 서거했다. 그의 장례식은 프랑스 스트라스부르(Strasbourg)에 있는 유럽연합에서 거행되었고, 독일 슈파이어에 안장되었다. 슈파이어(Speyer)는 독일 서부 라인란트팔츠주(Rheinland-Pfalz)의 작은 도시다. 콜 총리의 장례 미사는 슈파이어 대성당에서 치러졌고, 유해는 아데나워 공원(Adenauer-Park)에 안치됐다.

유네스코 세계유산인 '슈파이어 대성당'은 루터의 종교개혁과 관련이 있는 교회 중 하나다. 슈파이어 대성당에서 가톨릭 신자였던 통일 독일의 첫 총리였던 콜의 장례 미사가 거행됐다. 그의 묘지가 있는 아데나워 공원은 서독 초대 수상의 이름인 콘라트 아데나워(Konrad Adenauer, 1876-1967)에서 가져온 것이다. 묘지 옆에는 성 베른하르트 평화교회(Friedenskirche St. Bernhard)가 있는데, 1954년에 독일과 프랑스의 화해를 상징하기 위해 세워진 가톨릭교회다.

슈파이어는 종교개혁 도시로 잘 알려져 있다. 1521년 슈파이어 대성당에서 열린 제국의회에서 개신교를 뜻하는 '프로테스탄트'(항의하는 자)라는 말이 시작됐으며, 이를 기념해 '프로테스탄트 기념 교회'가 세워졌다. 독일 통일과 관련해서는 독일 총리였던 콜의 묘지가 전부다. 슈파이어가 독일 통일에 있어서 중요한 이유는 바로 헬무트 콜 때문이다. 콜 총리는 생전에 서독뿐 아니라 유럽 내에서도 영향력이 컸고, 독일 통일의 기반을 다져놓은 정치인이었다.

공제하

헬무트 콜의 장례식은 유럽연합장으로 치러졌고, 유해는 슈파이어에 안장됐다.

아데나워 공원의 헬무트 콜의 소박한 묘지(왼쪽 사진)
가톨릭 신자였던 헬무트 콜의 나무 십자가 묘비(오른쪽 사진)

아데나워 공원 (Adenauer-Park)

주 소 Hirschgraben 4, 67346 Speyer

개방시간 4월~8월, 월-일 6:30-21:00
9월~3월, 월-일 7:30-19:00

통일 독일의 첫 총리, 헬무트 콜

정치 초기 시절의 헬무트 콜

헬무트 콜의 출생지는 슈파이어가 아니다. 그는 라인란트팔츠주에 있는 루트비히스하펜(Ludwigshafen)에서 태어났다. 루트비히스하펜 동남쪽에는 하이델베르크가, 남쪽에는 슈파이어가, 북쪽에는 보름스가 있다. 우연히도 이 세 도시는 루터의 종교개혁과 관련이 깊다. 1948년 18살이었던 콜은 독일 기독교 민주연합당(Christlich Demokratische Union Deutschlands, CDU)에 입당해 청년 당원으로 활동하기 시작했다. 그의 꾸준한 정치 활동의 첫 성과는 최연소로 라인란트팔츠주의 총리에 당선된 것이다(1969년 5월 1일). 그때 콜의 나이 39살이었다. 이는 독일 역사에서 최연소 주 총리 당선사례였다. 이후 콜은 CDU 정당의 총재로 선출돼, 1973년~1998년까지 25년간 총재직을 역임했다. 1973년 정당의 총재가 된 콜은 서독 총리까지 도전했지만 실패했다. 콜의 정치적 빠른 행보에 무리가 있었는지 정당 내 경쟁자한테 총재직까지 내주고 말았다. 하지만 콜의 침체기는 오래가지 않았다. 정당 내 경쟁자들의 연이은 실패로 정계를 떠나면서, 콜에게 기회가 찾아왔다. 1982년 콜은 마침내 총리에 선출됐다. 1982

년~1990년은 서독 총리로서, 1990~1998년은 통일 독일의 총리로서 16년간 재임했다. 그는 독일 통일을 이뤄낸 '최장수 총리'가 되었다. 콜은 베를린 장벽 붕괴와 통일에 참여한 초대 통일 독일 총리로 국민의 기억 속에 남게 됐다. 콜은 유럽의 단합을 위한 노력을 인정받아 1997년 '유럽을 위한 비전상'을 수상했다.

그러나 갑자기 이뤄진 통일은 다양한 문제를 일으키면서 16년의 콜 시대는 막을 내리게 됐다. 콜은 1998년에 있었던 선거에서 니더작센주의 총리였던 게르하르트 슈뢰더(Gerhard Fritz Kurt Schröder, 1944년 출생)에게 참패했다. 그 후 정치계에서 은퇴해 지내다가, 뇌졸중으로 투병 생활을 했다. 콜은 87세를 일기로, 2017년 6월 16일 오거스하임 자택에서 숨을 거뒀다. 콜의 영결식은 7월 1일 유럽 의회가 있는 프랑스의 스트라스부르에서 치러졌다. 동서독 통일과 유럽 통합 및 화해를 이룬 공적을 기리고자 유럽연합(EU)이 처음으로 장례식을 주관했다. 고인의 뜻에 따라 독일 정부의 국장은 하지 않았다. 콜의 관은 슈파이어 대성당으로 옮겨졌고, 장례 미사 후 아데나워 공원에 안치됐다.

유럽 의회 장례식에 참여한 독일 총리 앙겔라 메르켈(Angela Dorothea Merkel, 1954년 출생)은 콜을 애도하며 다음의 말을 남겼다. "콜이 없었다면 나를 포함해 1990년 전까지 베를린 장벽 뒤편(동독)에 살았던 수백만 명은 완전히 다른 길을 걸었을 것"이다.

공제하

통일 독일의 첫 총리가 된 헬무트 콜

베를린 화해의 교회 앞에서 한반도의 통일을 염원하며

7
독일의 통일, 그리고 한반도에도

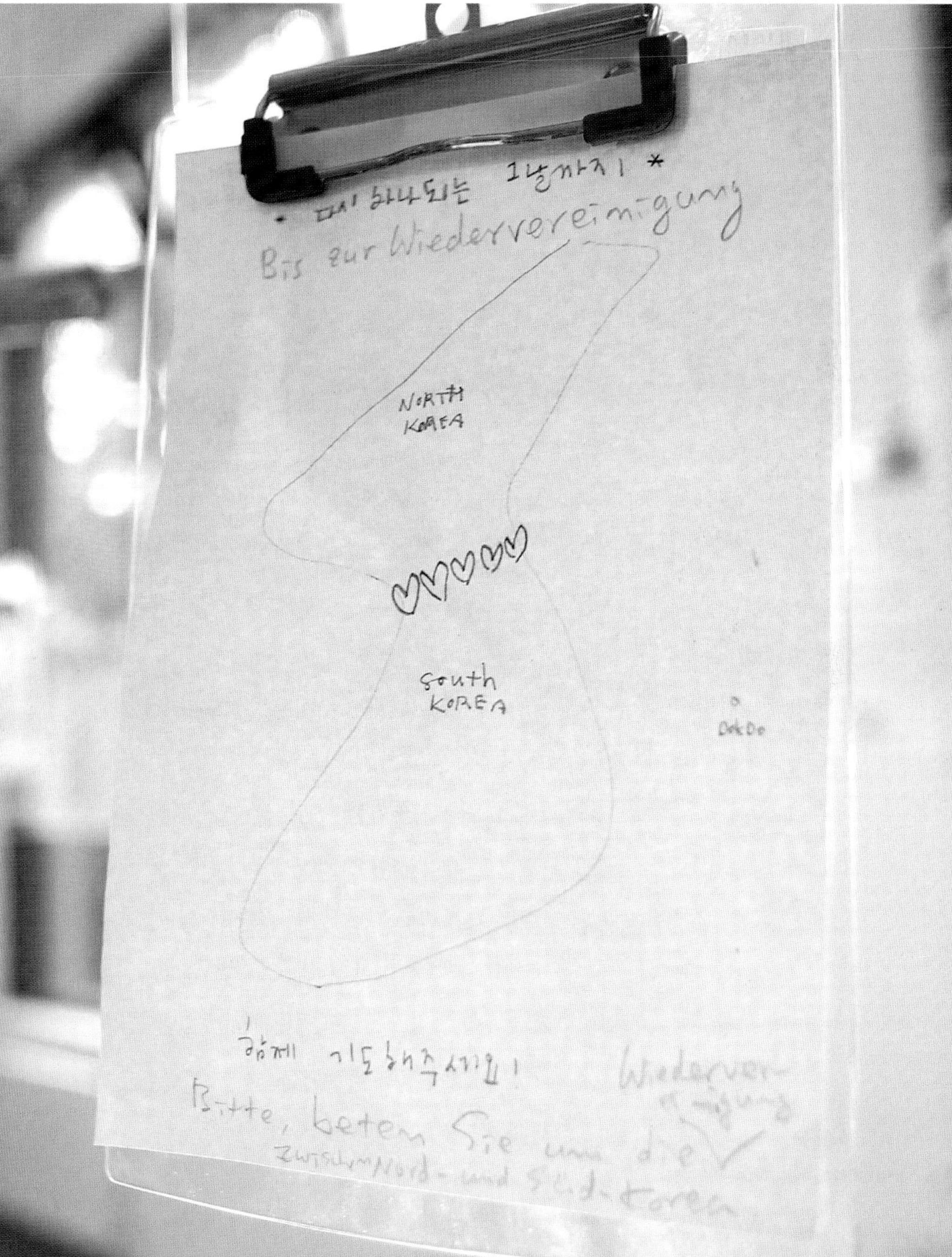

끝나지 않은 독일 통일

자유의 도시 베를린 포츠다머 플라츠 역 앞에 세워져 있는 장벽. 평화의 시작을 알리는 낙서가 있다.

독일이 통일을 이룬지 30년이 된 지금 독일은 아직도 통일을 이루어 가고 있는 중이라고 말한다. 독일 땅과 체제는 하나가 되었지만 동독과 서독에서 서로 다른 체제 속에서 살아왔던 약 30년 간의 세월이 보이지 않는 벽으로 작용하면서 30년이 지난 지금도 내적갈등을 겪고 있다. 이러한 부작용이 아직 남아있지만 통일은 성공적이었고 독일은 다시 강국으로 우뚝 섰다. 그러나 독일은 거기서 멈추지 않았다. 독일의 통일 작업, 하나가 되기 위한 작업은 계속되고 있다. 이는 독일이 현 상황을 외면하지 않고 직시하고 있으며 보이지 않는 벽을 허물고 상처를 봉합할 의지가 있음을 보여준다. 독일 통일은 누구도 예상치 못했던 시기에 이뤄졌다. 독일은 우연히 주어진 기회를, 언제 다시 올지 모르는 기회를 망설임 없이 잡았다. 독일 통일은 통일 계획에 의해 이루어지지 않았다. 다행히 서독이 그날을 위해 계속 준비해왔고 그 준비가 독일이 하나가 되는데 힘을 실어줬을 뿐이다. 막상 통일이 오자 독일은 동서독이 하나 되어가는 과정에서 눈앞에 보이는 과제들을 하나하나 해결하기에 바빴다. 모든 것을 고려할 충분한 시간이 없었고 참고할 만한 선례도 없었다. 바삐 앞으로 나아가다 보니 미처 돌아보지 못한 것들이 생기고 당초 예상하지 못했던 문제들이 드러났다.

서독이 동독과 1대 1 화폐통합을 하면서 사실상 동독은 서독에 흡수 통일되었다. 동독 주민들 중에는 서독에 흡수되기를 바라는 이들도 있었고 통일을 원치

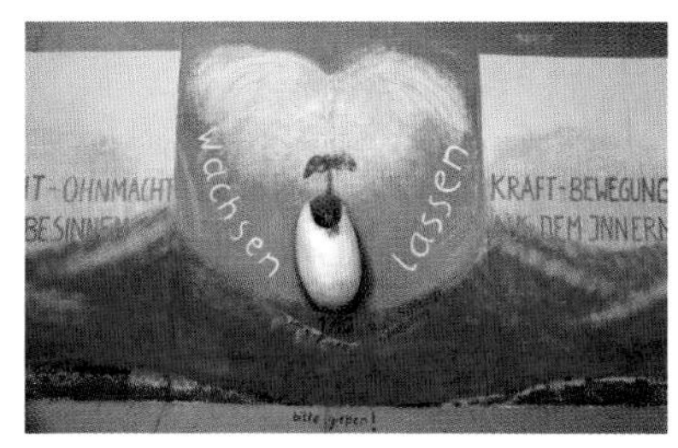

독일에 찾아온 평화와 자유가 지속되기를 소망하며 그린 이스트사이드갤러리 작품 중 하나.

않았던 이들도 있었다. 통일을 원하지 않았던 이들은 동독 시민이 주체가 되어 자유와 민주주의를 만들어 가기를 원했고 점진적으로 변화해 나가길 바랐다. 그러나 통일은 너무나 갑작스럽게 일어났다. 화폐통합이 독일 통일에 큰 역할을 했지만 화폐통합으로 나타나는 부작용 역시 적지 않았다. 통일 이후 구동독의 기업들이 줄줄이 문을 닫았으며 구 동독 지역 주민들은 일자리를 찾아 구 서독 지역으로 갔다. 그러나 그들이 넘어야 할 자본주의의 문턱은 생각보다 높았다.

구동독에서는 인정받던 일꾼들도 자본주의 문턱을 넘는 순간 낙오자가 되었다. 공산체제 아래서 최소한의 것을 보호받고 치열한 경쟁사회를 경험해보지 못했던 동독 주민들은 서독 주민들에 비해 경쟁력이 떨어질 수밖에 없었다. 동독 주민들은 자유와 민주주의를 갖는 대신에 공산체제 아래 있었다는 이유만으로 그들의 30년이란 시간의 삶은 열등한 것이 되어 버리고 새로운 체제에 맞춰 자신을 변화시켜야만 했다. 원하든 원하지 않든 서독의 체제에 맞춰야만 살아남을 수 있었다.

서독 주민도 서독 주민 나름대로의 힘든 시간을 견뎌야 했다. 세금이나 여러 가지 면에서 생각지 못한 비용을 지불해야 했다. 하나의 독일에 대한 막연했던 기대가 생각지 못한 현실의 문제와 만나면서 불만이 되었고 구 서독 주민은 구 동독 주민을 오씨(Ossi), 구 동독 주민은 구 서독 주민을 베씨(Wessi)라 서로 비하하며 불만을 표출했다. 이런 현상은 거의 사라졌지만 통일되고 30년이 지난 지금도 동독 출신과 서독 출신 간의 보이지 않는 벽이 존재한다. 대부분의 구

동독지역은 아직도 인구 감소와 실업률 증가로 어려움을 겪고 있으며 이들 지역에서 극우단체가 출현했고, 극우정당의 지지율이 높은 것이 보이지 않는 벽과 차별에서 기인한 것이라는 의견도 적지 않다.

한반도의 평화와 통일

독일의 통일 과정과 통일 이후의 이야기는 한반도의 통일이 어떠한 방식으로 나아가야 할지 고민하게 만든다. 우리가 떠올리는 통일이라 하면 아마도 독일의 경우와 같은 흡수 통일이 아닐까 싶다. 그렇기에 통일비용에 대한 부담을 이유로 통일을 반대하는 사람들이 많은 것은 아닐까? 통일로 가는 길은 외길이 아니다. 설령 우리가 할 수 있는 최선의 선택이 흡수 통일이 될지라도 독일의 선례를 보고 미처 생각하지 못한 부분들에 대해 보완하고 준비하면 우려하는 것보다 비용을 줄일 수 있을 것이다. 통일이 되면 처음에는 경제적으로 어렵고 힘들겠지만, 북에서 개발할 수 있는 물적 자원과 인적자원, 지리적 이점 등을 고려할 때 오히려 경제 대국으로 발전할 수 있는 잠재력이 있다고 한다.

경제발전으로만 보았을 때 현재 G4까지 성장한 독일의 통일은 과히 성공적이라고 할 수 있다. 그러나 독일은 아직 통일을 이뤄가고 있다고 말한다. 그 이유는 독일 내에서 들리는 소외된 자들의 소리나 불만의 소리에서 찾을 수 있을 것이다. 그 과정의 장단점을 본 우리는, 조금 더 나은 선택을 하고 조금 더 잘 준비한다면 경제적 번영과 남북주민 모두의 안녕한 삶을 이뤄낼 가능성이 있다. 물론 독일의 분단상황과 통일을 이룰 수 있었던 배경은 우리와 너무나 다르다.

독일에는 동독 라이프치히에서부터 일어났던 민주주의를 요구하는 평화시위가 있었고, 누구도 예상치 못했던 베를린 장벽 붕괴라는 사건이 있었다. 한반도에서 통일이 이뤄진다면 무엇이 발화점이 되어서 통일에 불을 지펴줄까? 독일 통일의 내막을 알게 되니 독일에서 한반도 통일의 답을 찾을 수 있을 것이란 기대는 허망한 것이 되어버렸다. 독일인들조차도 독일의 통일 과정을 우리가 참고할 수 있을 뿐 거기서 답을 찾을 수 없다고 말한다. 통일이 종착지라면, 독일에는 답이 없다. 한반도를 둘러싼 복잡한 문제들은 얽히고설켜 있어 풀 수 없는 실타래 같다. 무엇이 발화점이 될지 알 수가 없다. 언제 발화될지도 알 수 없다.

베를린 체크포인트 찰리 전시관에 있는 베를린 장벽

그렇기에 우리가 준비해야하는 것은 통일을 넘어 어떠한 형태로든 남북이 함께 왕래하며 살아가는 평화로운 미래를 준비해야 한다. 작게는 내게 주어질 평화를 위해, 소외된 자들의 자유와 평화를 위해 그리고 동북아와 세계의 평화를 위해 준비해야 한다. 독일이 유럽에 평화를 가져올 수 있었던 것은 빌리 브란트부터 헬무트 콜까지 동서가 함께 살아가기 위한 기반을 닦아왔기 때문일 것이다. 우리가 지금 할 수 있는 평화를 위한 작은 것부터 하나씩 해 나가다 보면 다소 시간은 걸리겠지만 우리 앞에 있는 보이는 벽뿐 아니라 보이지 않는 벽까지 넘어설 수 있지 않을까?

'우리의 소원은 통일' 이라는 노래 가사는 오랫동안 '통일을 해야 하는가' 라는 질문에 대한 답이 되어왔다. 지금은 많은 이들이 통일비용과 팍팍한 현실, 그리고 이런 저러한 이유로 이대로가 좋다고 말한다. 종전 선언에 관한 이야기가 다시 일깨워 주듯이 '이대로'는 언제 전쟁이 다시 터져도 이상하지 않은 휴전상태이다. 이것이 통일을 이야기하고 그에 앞서 종전과 평화를 말하는 이유일 것이다. 물론 종전을 하고 각자의 체제 아래서 지금처럼 살아가는 선택지도 있다. 그럼에도 통일을 해야 하는가? 이 질문에 대해 나는 아직 답을 찾지 못했다. '하나가 된다면 좋겠지' 라는 생각이 막연히 들지만 꼭 그래야만 하는 이유가 보이지 않는다.

그저 이번 투어를 통해 내가 바라게 된 것이 있다면 윗동네 사람들과 아랫동네 사람인 우리가 평화롭게 공존하는 것이다. 지금 내 생각이 가 닿는 곳은 아직 여기까지로, 만약 남북이 하나가 된다면 그 하나 됨은 너와 내가 만나 더 큰 나를 만드는 것이 아니라 너와 내가 함께 우리라는 하나를 만들어 갔으면 한다. 세계는 하나라는 말로 우리가 다르지만, 함께 존재함을 이야기하듯이 말이다. 그리고 그보다 먼저 저 윗동네에 사는 누군가가 도움이 필요하다면, 그들에게 손을 내미는 사람이 다른 이가 아닌 우리였으면 한다. 그들이 장애물을 넘어 세상 밖으로 나오게 되었을 때 안아줄 수 있는 사람이 70여 년 전 한 민족, 한 가족이었던 우리였으면 하는 바람이다. 말도 통하지 않는 타지에 갔을 때 나와 같은 언어를 쓰는 사람을 발견하는 것만으로도 의지가 되고 안심이 되는 것처럼, 우리가 그들에게 그런 존재가 되어줄 수 있으면 좋겠다.

용헌경

베르나우어 거리 장벽기념관에 평화와 통일을 기원하는 마음을 담아 남긴 메세지.
'다시 하나되는 그날까지 함께 기도해주세요!'

 여행후기

백문이 불여일견 : 루터 그랜드 투어

김명희(팀장)

백문이 불여일견

'백문이 불여일견'(百聞不如一見)이라는 말이 있다. 백 번 듣는 것이 한 번 보는 것보다 못하다는 뜻으로, 말 그대로 직접 체험하는 것이 누군가에게 듣는 것보다 훨씬 더 빠르고 정확하게 알 수 있다는 뜻이다. 모태로부터 개신교 신자였던 내가 '개신교의 정체성'을 알 수 있는 종교개혁 탐방을 생각하게 된 것은 2016년 여름이다. 학교 연구과제로 그해 여름에 독일을 방문할 일이 있었다. 독일은 다음 해에 있을 종교개혁 500주년 기념행사 준비로 온통 들떠있었다. 나는 독일에서 오랫동안 신학과 종교학을 공부하면서도 막상 종교개혁도시를 방문한 적이 없었다. 가난한 유학생 형편에 어디를 여행한다는 것은, 사치라고 생각했다. 뮌헨신학대학 재학시절, 강의를 통해서 배우는 루터의 종교개혁이 전부였다. 책을 통해서 만난 루터로 만족했다. 그렇게 세월은 말없이 흘러 강산이 두 번 바뀔 무렵 귀국했다. 그로부터 9년 만인 2016년에 루터의 도시를 여행하게 됐다.

2016년 여름, 뮌헨에서 연구과제 자료조사를 먼저 마치고 잠깐 틈을 내어 책에서만 보았던 루터 도시 몇 곳을 탐방했다. 루터가 95개 조 반박문을 붙였던 비텐베르크 성채 교회의 청동문 앞에 섰을 때, 그 감동을 잊지 못한다. 비텐베르크는 작지만 정말 아름다운 도시였다. 이 작은 '시골 마을'에서 세상과 교회

2019년 루터 그랜드 투어, 바르트부르크에서
(기철, 헌경, 채영, 명희, 영광, 정훈, 영찬)

를 바꾼 종교개혁자 마르틴 루터가 나왔다니 믿어지지 않았다. 아이제나흐의 바르트부르크 다락방 앞에서 한 번 더 심장이 멈추는 듯했다. 교황의 눈 밖에 난 루터가 쫓겨 가 숨어지내며 독일어로 성경을 번역했던 작은 다락방은 '백문이 불여일견'이란 말을 떠올리게 했다. 늘 사진으로만 보았던 장면을 눈으로 직접 보니 믿기지 않았다. 성 꼭대기 비좁은 옥탑방에는 루터가 사용하던 책상과 의자, 돌 받침대, 벽난로가 전시되어 있었다. 그렁그렁한 눈으로 열심히 사진을 찍고 있던 내게 독일 안내원이 다가오더니 '비밀'을 넌지시 알려주었다. "여기 있는 물건 중 루터가 사용했던 진품은 돌 받침대 하나뿐입니다. 나머지는 후대에 재현한 것입니다." 이 정보는 처음 듣는 거였다. 남이 모르는 비밀을 알게 되었다고 생각하니 내심 기뻤다. 이번에 발행한 우리 책에는 한국에서는 아직 잘 알려지지 않은 돌 받침대의 숨은 이야기를 소개했다. 한국에 돌아온 나는 영은교회 청년들과 함께 종교개혁 500주년의 해인 2017년에 종교개혁도시 탐방을 본격적으로 추진하기로 맘먹었다.

고일호 담임 목사님의 지원

2017년 1기 종교개혁 탐방팀,
비텐베르크 루터 하우스에서

2019년 5월 1일에 소천하신 고(故) 고일호 담임 목사님께서 청년들의 종교개혁도시 탐방을 듣고는 흔쾌히 허락해 주셨다. 아예 격년으로 청년과 장년이 번갈아 종교개혁도시를 탐방하자고 제안하셨다. 1기 종교개혁 탐방팀은 청년부 담당 교역자 노대웅 목사님과 교사 그리고 청년들, 총 16명으로 꾸려졌다. 2017년 7월 10일~7월 19일까지 9박 10일간 독일, 프랑스, 스위스, 체코 등 16개 도시를 탐방하고 돌아왔다. 종교개혁 500주년을 맞이한 해여서 인지 가는 곳마다 인파로 붐볐다. 그 이듬해인 2018년 여름에는 고일호 목사님과 함께 장년들이 종교개혁도시를 탐방할 계획이었다. 그러나 6월에 알게 된 고일호 목사님의 갑작스런 암 진단결과로 탐방은 진행되지 못했다. 독일 뮌헨 한인교회에서 5년간 목회하신 적이 있으셨던 고 목사님은 오랫동안 가보지 못한 독일을 다시 가게 되었다면서 좋아하셨다. 그런데 그 기쁨도 잠시, 하나님께서는 당신의 종 고일호 목사님을 더 좋은 곳으로 데려가셨다. 2018년 한 해가 저물고, 다시 맞이한 새해 1월에 청년들을 중심으로 2기 종교개혁 탐방팀이 결성됐다. 팀 이름을 '루터 그랜드 투어'로 정했다. '그랜드 투어'(Grand Tour)라는 말은 17세기 중반부터 영국을 중심으로 유럽 상류층 귀족 자제들이 사회에 나가기 전에 프랑스나 이탈리아를 돌아보며 문물을 익히는 여행을 일컫는 말이다. 다시 말해 '백문이 불여일견'인 여행이다. 우리는 '그랜드 투어'를 '교육 여행'으로 해석했다. 루터의 종교개혁현장을 눈으로 보고 발로 걸어서 둘러보는 교육 여행을 계획했다. '루터 그랜드 투어'는 이렇게 탄생했다.

2019년 루터 그랜드 투어

2019년에 결성된 '루터 그랜드 투어' 팀은 출발 직전까지 격주로 모여 공부했다. 우리가 방문할 독일 종교개혁 도시들을 조사해 와서 발표하고 토론했다. 이번 탐방은 특별히 책으로 펴내기로 했다. 또한, 종교개혁도시뿐 아니라 통일도시까지 탐방하기로 했다. 한국의 교회와 한반도의 통일을 위한 두 마리 토끼 잡기 프로젝트였다. 박정훈 전도사를 중심으로 김명희(팀장), 박기철(총무), 용헌경(회계), 공제하(서기), 신영광(사진), 신영찬(사진), 한채영(기록), 이렇게 8명이 한 팀이 되었다. 9인승으로 여행하기에 딱 맞는 인원이었다. 우리는 여행 내내 책 출판을 염두에 두고 준비하며 기록했다.

2019년 7월 22일~8월 10일에 있었던 종교개혁도시 탐방은 독일 루터 도시들을 중심으로 진행됐다. 총 17개 도시를 방문하면서 크고 작은 도시들에서 얻은 감동이 컸다. 특히 의도적으로 독일 남부 지역에 있는 슈반베르크 개신교 수도원에 2박 3일간 머물면서 자신을 돌아보는 시간을 가졌다. 아름다운 시골 마을에 있는 수도원은 묵상기도와 산책을 할 수 있는 영혼의 쉼터였다. 한국교회에서는 체험할 수 없는 소중한 시간이었다. 독일에는 개신교 수도원이 많다. 나는 영은교회 청년들에게 수도원의 일상을 경험하게 해주고 싶었다.

슈반베르크 개신교 수도원에서
에스더 수녀(중앙)와 함께

이번 여행에서는 지난번 여행 때 슬쩍 거쳐 간 아이슬레벤에서 하룻밤을 자며 꼼꼼히 둘러봤다. 아이슬레벤은 루터의 생가(生家)와 사가(死家)가 있는 작은 도시다. 우리가 루터 사가 박물관을 갔을 때, 독일 직원이 우리에게 "이 집

성 베드로-바울교회 세례탕 앞에서

은 루터가 죽은 집이 아닙니다. 진짜 죽은 집은 옆에 있는 호텔입니다."며 알려주었다. 더 놀라운 것은 우리가 머물렀던 숙소가 바로 그 호텔(Hotel Graf von Mansfeld)이라는 사실이었다. 소름이 돋았다. 루터가 하나님 곁으로 가기 전에 머물렀던 그곳에서, 우리는 하룻밤을 보낸 것이다. 루터의 숨결이 느껴지는 듯했다.

다음 날 아침, 주일 예배를 드리기 위해 성 베드로-바울교회를 찾았다. 이 교회는 루터가 세례를 받은 교회다. 예배당 안에 들어서자 작지만 아름다운 모습에 매료되었다. 예배가 시작되자 꽤 많은 사람이 자리를 메웠다. 루터가 세례를 받았다는 세례반과 세례탕 앞에서 헬미히(Hellmich) 여자 목사님이 예배를 인도했다. 성찬식도 거행됐다. 성찬에 참여하기 위해 우리는 세례탕 앞에 둘러섰다. 목사님이 건네주는 떡과 잔을 받았다. 그때 그 감동을 지금도 잊지 못한다. 내 삶에 몇 안 되는 감동의 성찬식과 예배였다. 마치 500년 전 루터 목사님이 부활해 내게 떡과 포도주를 나눠주는 듯했다. 이런 소중한 체험은 직접 가보지 않고는 불가능하다. '백문이 불여일견'이란 말이 다시 떠올랐다.

백각이 불여일행

'백문이 불여일견'이란 말에 조선 초 맹사성 때의 일화에는 두 줄이 덧붙여졌다. "백문이 불여일견이요, 백견이 불여일각이며, 백각이 불여일행"이다. 즉 "백 번 듣는 것(百聞)이 한 번 보는 것(一見)보다(而) 못하며(不), 백 번 보는 것(百見)이 한 번 생각하는 것(一覺)보다 못하고, 백번 생각하는 것(百覺)이 한 번 행함(

一行)보다 못하다."라는 뜻이다. 우리는 18박 19일 동안 루터의 종교개혁 발자취를 따라 종교개혁의 정신을 배우고 경험했다. 이제 남은 것은 '백각이 불여일행'(百覺不如一行) 하는 일이다. 500년 전 마르틴 루터는 본질로부터 멀어진 중세교회의 부패를 '보고 듣고 생각'하는 데서 멈추지 않고 '행동'으로 개혁하였다. '종교개혁'에서 '개혁'이란 곧 '행동'을 의미한다. 루터의 종교개혁도시를 탐방하고 돌아온 우리가 보고 들은 것에서 머물지 말고, '행동'으로 실천해야 할 과제가 남았다. 내가 루터를 사랑하게 된 것은 그가 '행동가이자 실천가'였기 때문이다. 한국교회는 '말하는 자'가 아닌, 하나님의 정의를 '실천하는 자'가 필요하다. 루터 그랜드 투어 팀원 8명은 이제 '백각이 불여일행'하는 일에 동역자가 되었다. 이 책을 읽는 독자들도 '백각이 불여일행'하는 일에 동역자가 되길 바란다.

"하나님은 시간과 공간을 초월하시는 분이다. 우리가 한국에서 예배드리던 그 하나님이 독일에도 계셨다. 그리고 독일에서 500여 년 전 루터에 의해 시작되었던 개혁정신이 오늘날 한국에도 필요하게 되었다. '개혁교회는 계속 개혁되어야 한다'(Ecclesia reformata semper reformanda est)는 게 개혁교회의 표어다. 베드로가 변화산에서 모세와 엘리야가 예수와 더불어 말하는 것을 본 후 '여기 있는 것이 좋사오니'라며 그곳에 머물기를 원했을 때, 주님이 산에서 데리고 내려가셨던 것처럼, 우리는 한곳에 머물러서는 안 된다. 개혁된 것조차 절대 진리가 되어서는 안 된다. 개혁된 교회는 계속 개혁되어야 한다. 이것이 루터 그랜드 투어를 통해서 얻은 깨달음이다. 이 글을 읽는 모든 이가 한국교회의 개혁과 한반도 통일에 주역이 되기를 기도한다."

(투어 총괄 : 박정훈 전도사)

"종교개혁이 과거에 있었던 역사적 한 사건으로 끝나버린 것이 아니라, 지금도 이 땅에서 하나님의 인도하심과 역사하심이 계속되고 있다는 것을 느끼게 되었다. 제2,

슈파이어 유대인 회당에서

제3의 루터를 통해서 말이다. 그래서 나도 부족하지만 지금도 이루고 계신 하나님의 역사에 참여하고, 그 사건에 함께 하고 싶은 소망을 절실히 품게 되었다."

(총무 : 박기철)

"하나님은 일하고 계신다. 나를 통해, 그리고 나와 함께한 사람들을 통해, 그리고 이 세상 모든 만물을 통해. 그 사랑을 보여주시고 하나님을 알게 하시고, 순종하게 하시고 모든 것이 합력하여 선으로 나아가게 하신다. 루터가 하나님 곁에 있고자 할 때, 그 뜻을 알고자 말씀을 붙들었을 때 하나님은 그를 선택하셔서 당신의 일을 이루셨다. 팀원들과 보고 느끼고 토론하고 웃고 떠들며 함께 나눴던 시간들 속에서 우리 속에서도 일하고자 하시는 하나님을 느꼈다. 여정 내내 매일 같이 하나님은 내게 말씀하셨다. '이건 내가 하는 일이야. 너는 걱정할거 하나도 없어. 나만 믿어.'"

(회계 : 용헌경)

"여행 중 날씨가 변덕스러운 것 빼고 다 좋았다. 독일 세금 제도는 잘 모르지만, 식료품과 생활용품이 정말 싸게 느껴졌다. 그렇다고 품질이 떨어지는 게 아니라서 놀라웠다. 도시들도 대부분 보기 편하고, 여유롭고, 멋있고, 아름다웠지만, 그중에 제일은 베를린이었다. 베를린에서 브란덴부르크 문, 베를린 돔, 국회의사당 전망대에서 큰 충격을 세 번이나 받았다. 이것이 나의 독일 탐방 하이라이트였다." (서기 : 공제하)

"루터 그랜드 투어는 단순한 여행이 아니다. 하나님의 계획하심을 눈으로 볼 수 있는 체험이자 경험이다. 하나님이 루터라는 사람을 통해 이 땅 가운데 어떻게 역사하셨는지 느낄 수 있었다. 그러한 경험은 루터뿐만 아니라, 우리 모두 각자를 통하여 하나님의 계획하심을 깨달을 수 있는 증거가 되었다." (사진 : 신영광)

"하나님은 꿈꾸는 자를 통해 일하신다. 사람의 꿈이 아닌 하나님의 꿈을 꾸는 자를 통해 일하신다. 하나님은 그를 불러 '나의 꿈, 나의 비전'이라고 말씀하시며, 그의 삶을 통해 주님의 완벽한 계획을 이루신다. 나에게 있어서 '루터 그랜드 투어'는 하나님의 꿈을 보고 내가 하나님의 비전으로 서는 시간이었다." (사진 : 신영찬)

"책을 읽는 모든 이가 루터를 통해 우리에게 역사하시는 하나님을 볼 수 있기를 바란다. 이 책이 세상에 나올 수 있도록 최선을 다해 준 팀원들에게 감사의 마음을 전하고, 이 모든 일을 허락해 주신 하나님께 영광 돌린다." (기록 : 한채영)